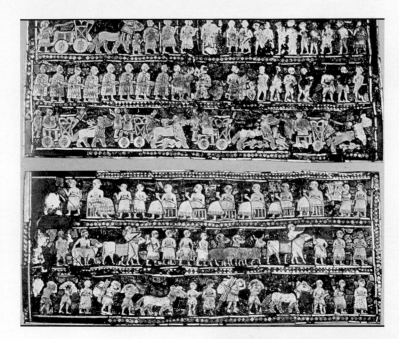

烏爾城的鑲嵌板　此板以金箔和青晶石製成。上方為戰爭和獻俘的場面，下方為統治者宴會及進貢圖。

棺木文　這是第十二王朝一具木棺內部的文飾，其中文字的部分即所謂的棺木文。

埃及壁畫中的巴勒斯坦人 在中王國時代一座墓室壁畫中，發現了一幅圖案，是描繪由巴勒斯坦地區來到埃及的一群人，其衣飾有明顯的巴勒斯坦地區風格，中間一人被註明為「外邦首領(heka-hasut)」，亦即後來所謂的「西克索」人。他們是否為以色列人的祖先？學者並無定論，但可以證明埃及和巴勒斯坦地區人民之間有著和平往來的關係，因為畫中有婦女、兒童以及牲口，顯然不是為了戰爭而來。

波西波利斯 由遺址的規模可以想見這座宮殿當初是花費了多少人力物力才建成的。

亞歷山大像　這是一幅著名的鑲嵌畫，描繪亞歷山大與大流士三世的戰爭。

伊特拉士坎壁畫　在一座墓室中的壁畫上，早期伊特拉士坎的工匠描繪宴會進行的情況，可能是希望死者在地下世界中仍然可以享受生活。

羅馬城中心　羅馬城中心地區稱為廣場，有各種公共建築，為羅馬政府行政的中樞。

耶穌殉難圖　在西元420年左右一件浮雕作品上，表現耶穌上十字架以及猶大被吊死的情景。

自　序

　　這本書是我在過去一些年中為了教學而準備的材料，主要的對象為大專以上的學生及一般社會人士。在中文世界中，對西洋上古文明的介紹一向多止於入門的簡介，少有深入的探討。這當然有其諸多原因。最主要的是，中文世界中尚未建立一個研究非中國文明的學術傳統，而中文之外的世界又何其廣大，少數對中國之外有興趣的學者，在其個人的研讀生涯中很難找到一個學術社群可以相互切磋。西洋上古史的研究乏人問津，只是這整體現象的一環。我個人的學術訓練為埃及學，對於古代埃及，乃至於古代近東的一般歷史文化，還算有一些比較專業的了解。但是古埃及以下的希臘羅馬，則只能是以閱讀二手研究為主要知識來源，這必然限制了我所能掌握的希臘羅馬文明和歷史的廣度和深度。但是，作為引導入門讀者的一部作品，除了能夠提供足夠的材料，敘述足夠多的史實，使得讀者能對歷史的發展大勢能有基本的掌握之外，也需要給讀者提供一些可以激起其好奇，引導其思考的問題。如同我在結論中所說，這本作品的目的，除了滿足一些基本的要求之外，並不打算，也不能提供讀者所謂的標準答案。人間世事，不論古今中外，總有無盡的謎團，歷史能給的答案，只是一些可能性，但如果對歷史知識的性質有深入的了解，就可以讓人們意識到，人的知識的有限性和偏狹性，而這類的認識，對於我們了解自己，了解他人，了解社會人群，應該是有一些用處的。本書的目標因而只是想利用一些有關西洋古代文明的材料，來提供讀者一些探索與反思歷史的機會。

西洋上古文化

——探索與反思

目次

第一章
導言：歷史與真相

　　世界史的概念在近二十年來逐漸為學界所接受。由於全球化的趨勢，大家感到世界是一個整體，人類的歷史發展，尤其是自十五世紀以來，由於海上交通的發達，已經連成一體，各地的發展彼此相互影響，似乎是一個不可改變的趨勢。不過，這個大網路的形成並不是一蹴而及的。早自漢唐時代的中國，就與西方藉著絲路開始彼此長期的交往；宋元時代，阿拉伯人的海上商隊經波斯灣和印度洋東來，又增加東西接觸的機會。這時陸上絲路雖因海上交通的發達而衰退，但仍繼續運作，將中亞各地納入一個龐大的交通網。到十五世紀末，西歐人越過大西洋到了美洲，將美洲拉入了日益擴張的世界交通網路，又繞過非洲西南邊緣東行到亞洲，建立了海上商路。可見這個世界性文化及貿易交流的網路是經過許多局部的發展而逐漸建立的。

　　對於西方，尤其是歐美學界而言，提倡世界史，是設法糾正長久以來西方中心和文化霸權的一種辦法，但是世界史的內容應該有什麼，仍然是人言言殊，各說各話。一般研究歷史的學者必須對於某種歷史文化有比較深入的研究，才不至於言之無物，因為似乎沒有人能夠以「世界史」為研究對象，除非他的研究是與近世世界的貿易或者文化交流有關的問題。在古代世界，雖然近來已經有學者在考古、語文、技術，甚至動植物的畜養和種植等方面，證明了古代世界人群之間的交流要遠比我們一般以為的要廣泛而密切，但是這些仍然尚未足夠建構一個整體的發展模式。然而世界史既然已經在某種程度上成為國際學界至少相當多人的共識，世界史的教科書也就應運而生。不過，目前所見到市面上許多所謂的世界史作品，只是將所有的歷史文明一概羅列出來，成為一篇大雜燴，或者是以西洋文明史為主軸，將其他文明依序穿插其中，讀來與

同時交換讀幾本書的感覺相去不遠。要如何在討論不同文明時造成有機的聯繫，是極富挑戰性的工作。

面對這樣複雜的歷史發展，我們要如何去了解？一個辦法是，想像我們面前有一幅巨大的銀幕，畫面分割為無數個小視窗，同時放映著世界各地人們自古以來的活動情況，我們也許會發現，對於不同文化圈而言，時間的進行似乎有不同的速度，社會和文化的發展也各有各的途徑，有的看來快速，有的似乎靜止不動；有的先是變化快速，繼而漸失動力，有的則是不飛不鳴，繼而一飛沖天。原來互不相涉的文化圈在時間推移之下，由接觸而產生千絲萬縷的關係，而時空相差甚遠的事物或觀念也許在物換星移之後，可以共同形成新的現象或動力。在每一個文化圈之內，情況也頗相類似。每個世代、各個階層、各個地區的自主發展或接受外來影響的程度和方向都不盡相同。追根究底，也許我們會發現，每個文化的邊緣都是糢糊的，因為在與另一個文化接觸的範圍和過程中，不論是主動或被動，人們無可避免的會接受或發展出新的文化因子。而在每一個文化的核心區，恐怕也很難找到一個可以稱為標準的個體，因為每個個體都同時雜有不同程度新舊強弱的文化因子。因而我們必須了解到，以文化圈為歷史發展的討論單位，只能是一種方便，同時，也必須想像，有許多不同的畫圈子的辦法。譬如，不以地區和族群為畫文化圈的主要參考，而以性別和年齡或以生產方式為主要的考量，那麼所得到的文化圈就會相當不同，所看到的問題也會相當不一樣。原來以為是核心的，在新的考量之下可能成為邊緣。但這些觀念要如何落實到實際的作品中，仍然有待努力。

本書的範圍，屬於較傳統的西洋文化史的主軸，以近東古代文明、希臘羅馬文明為主要的討論對象，因而作者並不宣稱這是世界史的格局。然而，衡諸目前中文有關這一時代的作品，問題不在是否為世界史，而在於某些基本資訊仍不夠充足，尤其是在議題和方法上，不能反映學界最新的發展，遑論提出獨立的論點。本書的目標也就在一方面設法提供基本資訊，一方面帶入多樣的議題，以供讀者參考。

任何一門學科，如果能夠追溯其形成與發展的過程，應該會對於它的特色、限制，以及將來的發展方向有所了解，歷史自不例外。在古代兩河流域，人們記錄過去的事，主要就在說明統治者的合法性，譬如敘述戰爭的經過、敵人的被征服，以及神明的賜福等等。但是這些都是個別的意義，他們並不曾將歷史本身作為思考的對象，提出關於整體人類歷史意義的想法。這可能是因為：人們以為人是眾神在世界間的奴僕，人存在的目的就是為了服侍神明；歷史的進行，朝代的興衰，基本上是神明所決定的。歷史的意義也許就在顯現神明的意願。古埃及人也有關於國家戰爭、個人傳記等歷史性的作品，但是它們的目的主要是在說明國王或個人的作為是合乎公理正義的。埃及人相信，宇宙間有一常道和秩序，也就是人世的公理和正義，是宇宙創生時最初的狀態，也是最終會回歸的狀態，人世間的變動基本上只是這永恆秩序中短暫的擾亂，因而是不重要的，歷史的意義，就在說明歷史沒有恆久的意義，因而所謂歷史性的作品，其本質也可說是宗教性的。

希臘思想，如果以哲學家或知識分子的想法為代表，其特點是對事物表相背後永恆真理的追求，因而對於變動不居的歷史，也並不十分看重，哲學家亞里斯多德就認為，詩所表現的是永恆的、普世的情感和意義；歷史則僅僅記載了個別的、偶然的事件。著名的歷史家希羅多德在希臘算是相當突出的例外，對於追尋事件的原因有強烈的興趣，但是他也企圖在不同的文化歷史中找出共同的規律,在變遷中找出不變的本質。只有在修西底的斯 (Thucydides) 的歷史作品中，我們才看到一種更深刻的對歷史知識的性質，以及對歷史寫作的方法所做的反省。

在猶太─基督教的教義中，歷史的發展是直線式的、有目的的。所謂的《舊約》基本上也就是以色列人的歷史記載，歷史事件的意義主要是在顯現上帝的旨意，而世界的終點是救世主降臨或再回來的時候。這種神學式的對歷史的了解，被基督教所繼承，在歐洲中古時代佔有主導地位。一直到了十四、十五世紀文藝復興開始，相繼而來的科學革命、啟蒙時代，使得人們對理性和知識及社會進步有了強烈的信心，再度將

注意力放在俗世的歷史上，認為人類歷史是一個不斷進步的過程，人可以，也應該用客觀的方法和態度去重視這過程。十九世紀達爾文所提出的進化論，最初雖只是一項有關物種演化的假說，結果卻被用來解釋人類社會的發展，更加強了人們對自然和社會進步的信念。不論是十九世紀日耳曼史家蘭克所主張的：歷史家的任務是「如實的發現過去」；或者是馬克斯主義所主張的：人類歷史演進的「規律」──由原始奴隸社會經封建、資本、共產等發展階段，基本上均是理性主義和進步觀的產物。這個基本態度一直到二十世紀仍然為大多數史家所採信，認為歷史是一個現代國家賴以建立其國家認同與合法性的重要根據，因而我們可以看到各種各樣的歷史解釋，目的就是在為了替某些特定的目標建立根據。這也就觸及了一個根本的問題：什麼是歷史？

　　什麼是歷史？這問題可以分幾個層次說。第一層，歷史是過去曾經發生的事，是客觀存在過的。第二層，歷史是人所了解到的過去曾經發生的事，是人主觀的重建。理性主義的說法是，人主觀的重建有可能與客觀事實相合，而近數十年來的學者則愈來愈多人抱持比較懷疑的態度，不但懷疑主觀的重建是否能與客觀事實相合，也懷疑那些主張主觀重建可以重現過去的人到底有什麼樣的動機。

　　實際上，我們一般看到的歷史，多半是客觀事實與主觀重建不同程度的混合。如果說：「1911 年 10 月 10 日發生了辛亥革命」，是陳述一件客觀的事實，基本上是沒有問題的，除非有其他的證據可以告訴我們這件事是發生在另一個日期。假設換另一種陳述：「1911 年 10 月 10 日發生了反抗滿清王朝的民族革命」，就是一種加入了主觀解釋的說法，因為革命兩字被賦予一種解釋，這解釋包括兩層：一是反抗滿清王朝，一是這反抗的基礎是民族問題。甚至，連革命兩字都是一種對事件的評價和解釋。然而這些解釋是否表述了客觀的事實，則是必須討論的。所以，過去發生過的單獨事件，也許是客觀的事實，但當人述說一連串的事件以構成一個故事，或者解釋這單獨事件之所以發生的原因，就是主觀的建構。主觀的建構當然也可能接近客觀的事實，但這不能改變其為主觀的本質。

　　如此說來，人是否能認識過去曾經發生的事，還真是一個問題。持肯定態度的人認為我們可以知道至少一部分的真相，因為我們有各種的材料可以運用：文字、藝術、考古……等等。史家可以藉各種辦法，也就是史學的看家本領，去利用這些材料，讓它們顯示出歷史的真相。

　　持反面意見的人則認為：人不可能真正知道過去曾經發生的事，一切我們所能看到的材料都是有某種立場、有偏見的材料，它們反映的不是歷史事實的真相，而是人們所呈現出的「圖像」，就像壁畫上的人像，我們看得出來是一個人，但畫中人不可能與真實的人完全一樣。同時，不同的畫者所畫的，即使是同一個對象，也不可能完全一樣。那麼，史家的作用是什麼呢？一種說法是，史家的任務，就在研究這些「圖像」之所以會以這種形像出現，以及為什麼會有這種圖像出現的原因。

　　這兩種態度，其實也許並不完全相互排斥，而是各有其適用的領域。能不能得到歷史的真相，要看問的問題是哪一種性質，因為對於不同性質的問題，真相的可追求度也不同。有些歷史事實，例如辛亥革命發生在 1911 年，是可以由一些史料證明的。如果我們所要求知道的僅止於此，我們可以說辛亥革命發生在 1911 年是歷史的真相。但如果我們繼續問，辛亥革命為什麼會發生？它是民族革命、民主革命，或者是否算是革命？這些問題恐怕就很難得到一致的說法，因而也就沒有一個清楚的真相了。因為這不但是研究材料是否充分的問題，還牽涉到研究者本人的態度：他是同情革命，或者同情革命的對象？研究者的態度會影響他對材料的判斷，也就會讓他的研究產生不同的結果。進一步說，研究者本身的態度和用心也是一個必須討論的問題。為什麼要問 1911 年的辛亥革命是否為民族革命，而不問 1911 年武昌城內百姓過什麼樣的生活？而當我們問百姓過什麼樣的生活時，我們要問的是他們的食衣住行，或者思想感情世界？為什麼？前者有可能找到客觀的事實，後者則多半是主觀的建構。

　　所以，史家問的問題和用心決定了歷史知識的內容和性質，也決定讀者知的機會。這也就是說，我們所知道的歷史，其實是因為某些史家基於某種特定的目的，問了某些特定的問題，再根據一些特定的材料而

提供的「說法」。如果史家心中有的是另一些問題，那麼所得到的歷史就會有很不相同的面貌。其次，對於某一問題，通常都會有不止一種材料和它相關，到底應該採用哪些材料？如果材料彼此相互矛盾，怎麼辦？還有，那些已經消失的材料是否是更重要的？為什麼用某一種材料而不用另一種材料？原因何在？看來史家個人的知識好惡品味會對他的作品產生很大的影響。

在思考過這些問題之後，我們也許可以了解，雖然有人說「歷史是過去所發生過的事件的總合」，實際上我們所知道的歷史都只是經過各種程序（史家的確定問題、選擇材料、解釋材料、動手寫作）而得到的結果，是對那曾經發生過的歷史的某一種說法，而不是抽象的或者客觀的第一層意義的「歷史」。作為一個歷史的讀者，如果能夠充分的體會到這一點，相信在看問題時會更有興趣，也會知道去分辨什麼是材料，什麼是史家的問題，或史家對材料和故事的重建和意見。至少，會了解到歷史作品中所提供的訊息並不一定是事實真象。畢竟，大多數的人都不是專業的史家，但我們在日常生活中又充滿了各種歷史的訊息，對歷史知識的性質以及歷史知識產生的過程如果有一些基本的了解，應該會對我們在面對生活和外在世界時有助益。

本書雖只是以西洋古代歷史為主要討論對象，但是對於歷史作為一門知識而言，任何時代和地區的歷史除了其本身的趣味之外，應該都可以提供讀者有關歷史知識的性質和限制的一些基本了解，這是本書的目標之一。本書也無意造成一種印象，認為我們所討論的對象，因為其年代的古老，又因為一直以來人們對古代文明這一概念所帶有的某種崇敬之意，因而值得我們的「景仰」。我們所欲達到的目標，是提供讀者思考的材料，不是崇拜的對象。作為一個二十一世紀的人，人類的歷史，不論古今，對我們個人及社會，到底有何意義？這是每個人必須自己決定的。至少，我們希望的是，每個人都多少能夠了解到，如果我們不能了解所謂的歷史知識是如何產生的，那麼我們只能是某種歷史解釋的信仰者，而不是歷史知識的探索者。

第二章
蘇美：由村落到城邦

第一節　兩河流域的史前時代

　　據考古學家和體質人類學家的說法，最早的人類祖先大約出現於距今三百三十萬年前的束非衣索比亞地區。這說法當然會由於新的證據出土而有所改變，但對我們了解現代人的歷史尚沒有立即的影響。總之，經過漫長的演進，大約在距今四萬年前，才有所謂的現代智人 (Homo sapiens sapiens) 出現。此時人類已逐漸散布到全世界各地，也逐漸形成各種不同膚色的人種。但不論外表長得如何，皮膚顏色是深是淺，頭髮是黑是黃，語言生活習慣有多不同，所有的人類都是同一種動物，可以交配而繁殖後代。現代世界中所謂的種族主義，將人分為不同的種族 (race)，以為有生物學上的基礎，其實是站不住的假設。

　　人類在長期的演進中，在最後這幾十萬年的時間裡，學會了使用工具、製造工具。最原始的工具是粗糙簡單的石塊，以及用石器製成的木器和骨器、皮革、繩索等其他器具。一般分為舊石器、中石器、新石器等幾個階段。舊石器時代的人開始使用最簡單的石器，摸索石器的用法和製造，一過就是幾十萬年。到了大約距今一萬年左右，人類社會在各地先後進入了新石器時代。這時的石器可以說是精雕細琢，具有相當細緻的技巧和審美觀。不過新石器時代的重要特徵不僅是石器的精良，還有另一不同於以往的變化，就是人們學會了生產糧食，也就是懂得農業和畜養牲畜。在新石器時代之前，人們有很長的一段時間是靠採集或獵取自然界的食物為生，這種取得糧食的方式受到各種自然和生物現象的限制，是相當不穩定的，人群也因而無法定居而多所繁衍。現在由於農業的發明，糧食來源穩定，人口開始迅速增加，人力資源開始超出求生

存所需，於是文化活動（即不以生產糧食為直接目的的活動）開始發展。可以想見，只要是在糧食充沛的社會中，這種文化活動就會如滾雪球般不斷的擴張和複雜化。相對於新石器時代之前長期而緩慢的發展而言，人類文明自此之下的發展雖只有相當短的時間，其速度相對而言卻是非常快的。現代學者常用「新石器時代革命」(Neolithic Revolution) 一詞，就是在強調這種變化的迅速、鉅大和影響的深遠，雖然對於任何個人而言，是無法感覺到這種變化的。

必須強調的是，由於地理、氣候和生態環境的不同，並沒有兩個地方的新石器時代具有完全相同的發展時程、內容和途徑。因而所謂新石器時代，只是描述文明進程的一個階段，而不具有絕對年代上和文化內容上的意義。因而本書所討論的兩河流域新石器文明只是文明發展史上的一個例子。

所謂的兩河流域，指的是幼發拉底 (Euphrates) 和底格里斯 (Tigris) 兩條河及其支流所經過的地區。這兩條河流發源於西亞塔魯斯山 (Tarus) 和札格洛斯山 (Zagros) 南麓，流到現今伊拉克首都巴格達 (Bagdad) 附近幾乎相遇，又向兩旁分開，到距波斯灣大約八十公里的地方匯合為一，進入波斯灣。從巴格達以下，兩河流域造成肥沃的沖積平原，就是古代兩河流域古文明所孕育和成長的地方。這塊沖積平原的南部古時稱為蘇美 (Sumer)，為最早產生文明的區域，北半部則稱為阿卡德 (Akkad)，為阿卡德王國的活動區，兩部分又可以合稱巴比倫 (Babylon)，則是後來巴比倫王國的版圖。而沖積平原的最南端，自艾瑞都 (Eridu) 以下，因為河床幾乎已經到達水平面，河水流速緩慢，河岸兩側多沼澤，也很不適合耕種。巴格達以比，地勢上升，河床切割入地面漸深，可耕地不多。這情況又以幼發拉底河比較嚴重。底格里斯河則由於支流多而彎曲，在東邊的山坡地區有比較多的可耕地和適牧地，可以發展較大的聚落，則是後來亞述 (Assur) 王國的根據地。

大約在西元前 8000 年左右，札格洛斯山南麓的坡地出現了農業，可能是環地中海區最早出現農業的地方。這些新石器時代聚落地點之選擇，

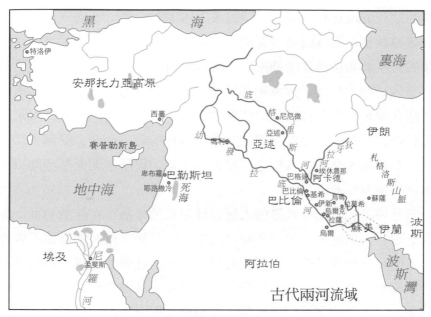

圖 2-1　兩河流域圖

到底是當時人理性思考所得到的結果？或者是經驗的累積？現代考古學者的解釋，基本上是以理性選擇的角度去思考，因而有下面的說法：聚落地點應該會設在能夠獲取最大利益的地區。他們認為，古人在選擇居地時，會考慮當地動植物之分布，是否可以在不同季節都能有所收獲？如果要有這樣的效果，那麼聚落所在，應在地形複雜交錯之地區，或者不同生態區邊緣，以獲得不同之資源。因此早期的聚落基本上在山麓地帶，並且呈分散狀態，目的就是為了獲取最大可能的食糧來源。當然，如果事實如此，在現代人看來是理性思考的結果，實際上可能是人們在長時間中不斷因經驗累積而逐步形成的習慣。因而所謂的理性考量，並非任何個人的理性，而是人群在討生活的過程中不斷嘗試和錯誤的成果。

　　為何早期的農業聚落並不在容易灌溉的河谷平原地區？這可能是與農業發展的過程有關。農業種植起源於人的收集穀物。在大量收集成為可能之後，才有可能在不斷的收集較強靭穀物（不易由稈上剝落）的過程中，將適合種植的穀物選出。這種程序不斷的重複，才有可能出現了

所謂的馴化 (domesticated) 的穀物。但即使農業出現，不表示採集之生產方式就被放棄，因為農業發展的初期，物產應該是相當不穩定的。人們收集的野生穀物在偶然的情況之下被發現可再生產，多半種植在居地附近，這居地原本是為了採集和狩獵的方便而選擇的山坡地區，而人們也不可能在發現農耕之後就立即放棄原來的生活方式，因而我們發現的早期農耕聚落並不一定位於在理論上適合耕種的河谷地區。要到人口不斷增加，農作技術進步，食糧生產量增加之後，聚落才開始逐漸向取水容易的河谷地區移動。

新石器時代，西亞地區的人過著什麼樣的生活？在住的方面，農業出現之前，人們的房屋多半為圓形的半地下建築。這些房屋以石塊為地基，牆壁和屋頂則可能是木料和皮革做成的。此時的聚落人口相當少，大約不超過三五十人，這可能是因為人們為了取得食物，不論是採集或者狩獵，往往必須作長程的移動，在這種情況之下，所形成的群體人數不能太多，否則在食物分配和移動速度上都會造成困難，因而不會有多數人聚集在一處。

到了農業時代之後，由於人口逐漸增加，聚落的規模擴張。此時小型村落中的房屋多作方形，以石塊為基礎，牆壁和屋頂所用的材料則為泥磚和草。據考古學者估計，每一間房屋約可住五至八人，而通常一個農村約由數個家族組成，形成一個部族社會，人口一般大約在五十人至二百人之間。同時，由遺址中動物遺骸可以推論其食物來源和使用工具的情況，由穀物和動物的遺留及其比例消長，可以推測由採集和獵取野生動植物到馴化為農作物和家畜的過程，而由遺址的地理位置及其散布方向，可以推測當時人與自然環境之間的互動關係。

農業的發明帶來的新發展是多方並進的：食糧生產技術的不斷進步，食物管理和分配遂成為社會必須解決的問題，在此同時，人際關係也因組織的必要而有進一步的發展，這些均造成社會組織的不斷複雜化，很難用單線演進的方式來描述。這個階段，我們雖沒文字材料可參考，但可確定的是，此時人們的頭腦決不是「原始」的。這可以由一些考古出

土的文物來說明，包括各種人物和動物的塑像，以及裝飾物品，如串珠、骨雕、石刻等。由這些物品可知人們對外在世界的認知和表達已經有相當長久的經驗和複雜的想法。同時，在西亞許多地區開始出現墓葬，這顯示人們對於社會成員的生死，生者與死者的關係等等問題已經有了某種思考，因為墓葬不止是處理死者的身體，也是處理社會成員彼此之間的關係的一種方式。考古學者發現死者的頭骨常常被糊上灰泥，造成一個似活人的頭像，有時還被塗上紅色。這種習俗代表什麼意義？我們雖不完全明白，但應與當時的人們如何想像死者的命運，死後世界的形象等等在後世歸類為宗教信仰的一些觀念，有相當的關係。

第二節　蘇美城邦的出現

西元前 5000 年左右，兩河流域河谷平原的聚落開始增加，最後創造了最早的蘇美文明。蘇美地區位於兩河沖積平原的下游，地勢比較平坦，河川流速緩慢，不過當上游降雨量增加時，常會造成氾濫。人們在沖積平原上開挖溝渠，以利農業灌溉，因而對溝渠的維修和管理相當重視。他們用小的分支渠道，藉排水閘門來控制水源。其結果是，蘇美地區的地形由於天然和人工溝渠縱橫，變得相當的破碎，人們在許多彼此分離的小塊土地上各自發展自己的聚落，逐漸形成了諸多彼此不相統屬的政體。由於這些政體常以一個城市為發展軸心，現代學者稱之為城邦 (city state)。

所謂城邦，顧名思義，是以一個城市為中心而形成的獨立政體。但何謂城市？這在人類歷史發展上是一個經常遇到的問題。由於城市形成的過程在各個地區不盡相同，曾經有考古學者在研究世界上不同地區的早期城市文明之後，歸納出一些特徵，以說明早期城市發展的模式：

㈠就大小而言，城市的地域範圍和人口均達到一定規模，這規模當然是相對於當地原本村落的大小而言，沒有一定的度量可言。但既然最早的村落人口一般不過數百人，那麼城市的人口至少應有數千人才合理。

㈡糧食生產的整體能力提高，生產所得除了供給生產者本身的消費

之外，剩餘物質能夠集中，在城市中再分配給非食糧生產者。非食糧生產者包括各種手工業者以及管理階層。這也意味著分工專業化的出現，人們不再全部以食糧生產為主要生業，可以有人力從事各種手工業。

㈢一旦有分工專業化，社會就開始有明顯的階級分化，上層階級成員主要為宗教、政治、軍事之主持者，他們組織並且統治社會，城市就是他們活動的主要場所。

㈣有了統治者和被統治者，政府組織形成，其中成員的資格是以其居住權為主，也就是說，人們彼此之間的關係從基於血緣而結合的農村居民，轉為基於地緣而聚居的城市公民。

㈤有公共建築物，如神廟、宮殿、倉庫、灌溉溝渠等等。這些公共建築的出現反映出社會結構的改變及其複雜化的過程。

㈥在許多城市中，人們願意為了得到某些特殊的物品而設法與從前不易接觸的遠方進行貿易活動，所交易的貨品不論在數量和專業化的程度上均有增加。但實際上這種遠程貿易是如何進行的，可能有各種方式，如商人直接長途跋涉，或者是接力式的由短程貿易輾轉獲得所需物資。

㈦具有紀念性質的大型工藝品開始出現，這些工藝品具有一致的形制，通常也都是為了公共目的而設。

㈧最重要的，是文字的出現。最初的文字基本上為記載物品數字和人物名稱而設，也就是為了組織和管理的目的，由品名發展成表達完整意義的文字系統，仍然有一段相當長的發展過程。

㈨在各種活動如農耕、手工藝、建築等過程中，算術、天文、幾何等較抽象的，後世稱為科學的思考方式也開始萌芽。

當然，在每一個早期的城市中，這些特徵是以不同的比重存在著，造成各個文明不同面貌。兩河流域早期的城邦則提供了最早且最完整的城市發展的例子。

考古學者在蘇美南方的烏拜 (Ubaid) 發現了此區最早的文明，稱之為烏拜文化期（約西元前 5300–3600 年）。烏拜文化諸遺址中又以艾瑞都 (Eridu) 最具代表性。考古學者在此處發現了神廟的遺跡，以及一些形制

圖 2-2　早期泥塑人像　約西元前 4500 年。

特殊，看來像具有昆蟲的頭部的小泥像。

　　烏拜文化期之後，是以烏爾克 (Uruk) 城為代表的文化期（約西元前 3600–3100 年）。此文化初期，人們開始大量使用陶輪製造陶器，代表農業和工藝的迅速發展。而到了後期，終於出現了原始的文字，進入了歷史時代。這文字是用蘆葦稈為筆，在半乾的泥板上刻寫而成。早期的文字基本上為象形符號，後來逐漸簡化為固定的音節符號。由於為了方便書寫，將所有的線條都簡化為或橫或直的線條，用蘆葦稈筆在泥上輕壓而成，線條的形狀因為筆尖的關係而呈楔形，因而現代學者稱之為楔形文字 (cuneiform)。楔形文字在兩河流域及周邊地區被使用的時間極長，由蘇美文，迄經阿卡德文、亞述文，乃至古波斯文，雖然語言不同，但都使用這樣的書寫系統。

　　烏爾克文化的晚期，以簡姆德納瑟 (Jemdet Nasr) 遺址為代表，有了比較成形的文字。此時流行使用圓柱印章 (Cylinder Seal)，其上的圖案有的具有宗教性，有的則是日常生活和政治活動。由於印章基本上為證明某人身分，或者證明某件物品所具有的品質，或者代表某種權威，這種

圖 2-3　早期的泥板文字　泥板上的符號為
象形，內容為有關土地及穀物的記載。

印章在此時大量出現，顯示社會活動逐漸複雜，活動範圍逐漸擴大，社
會中有一群人有必要以印章證明身分，執行某種行政管理的工作，因而
也證明政府組織的逐漸成形。

　　早期印章和泥板上的文字，基本上與當時的經濟活動有關，印章證
明身分，泥板上的文字多半為交易記錄，有牲口、穀糧、器皿等等貨品，
同時也有數字符號。

　　大約從西元前 3000 到 2350 年左右，蘇美地區在政治方面可以說是
處在一種分裂的城邦時代，一般稱為早期王朝時代 (Early Dynastic
Period)。在這段時間中比較強大的城邦為艾瑞都、烏爾克、拉葛希
(Lagash)、烏瑪 (Umma) 和基希 (Kish)。關於這段時間的歷史，雖有一些
與經濟活動相關的文獻，但在政治變遷方面極少有完整的資料可參考。
根據後世的文獻記載，此時王權在每個城邦之間流轉，也就是每一時間
只有一個統一全區的國王。實際上，所謂一統王國可能只是後世依當代
政局而做的推測，實際情況應該是各個城邦彼此互相攻伐，爭奪盟主的

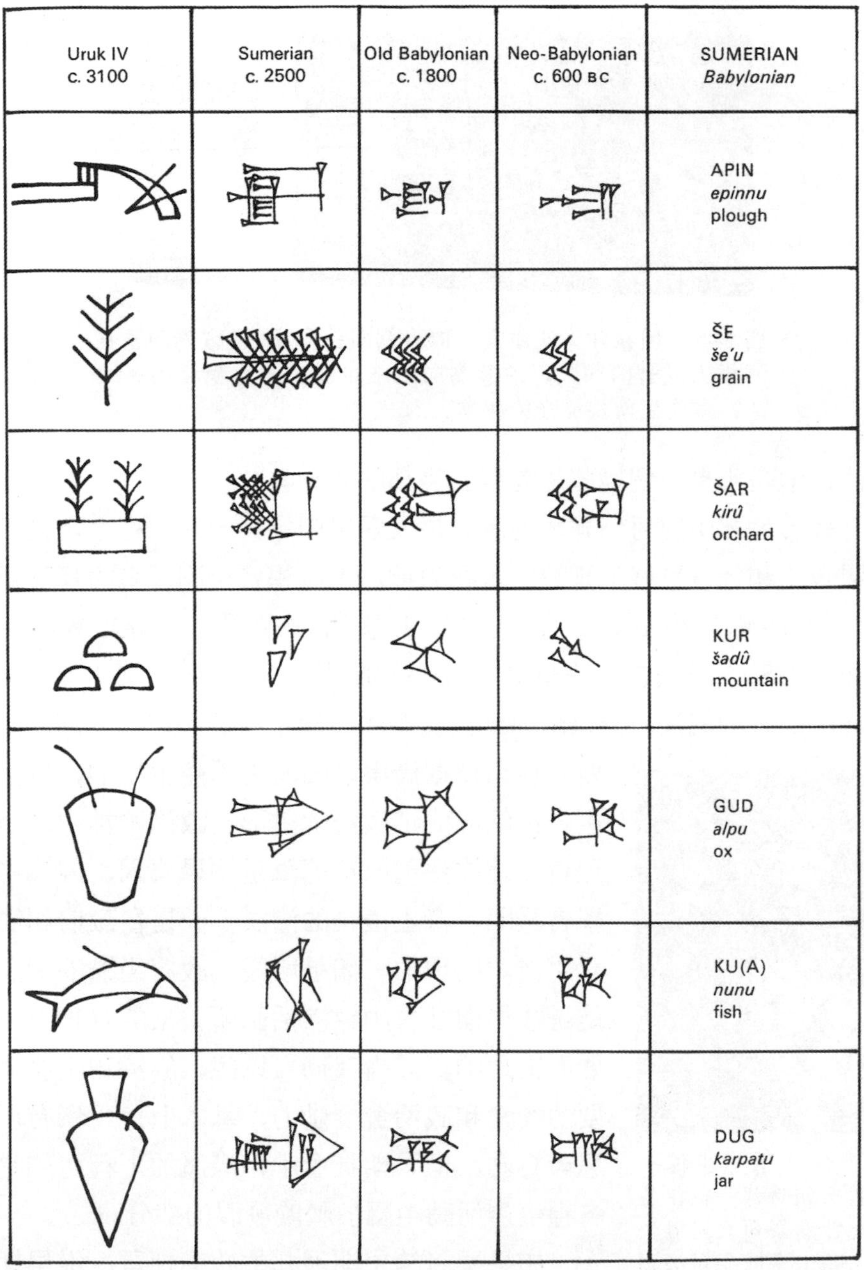

Uruk IV c. 3100	Sumerian c. 2500	Old Babylonian c. 1800	Neo-Babylonian c. 600 BC	SUMERIAN *Babylonian*
				APIN *epinnu* plough
				ŠE *šeʾu* grain
				ŠAR *kirû* orchard
				KUR *šadû* mountain
				GUD *alpu* ox
				KU(A) *nunu* fish
				DUG *karpatu* jar

圖 2-4　早期楔形文字演化表　可以看到由象形符號到抽象符號的演變過程。

圖 2-5　圓柱印章及印文　圖右為圓柱印章，左方為印章在泥板上滾出的印文，內容為向地下世界之神尼爾格的祈福文，希望尼爾格能保佑印章主人。

地位，但是沒有一個城邦能夠得到長久的勝利。

　　蘇美城邦由農村到邦國的發展是人類早期社會的一個樣本，提供了有關政治和社會發展的理論的重要證據，不少學者企圖用考古及文獻材料來建立解釋模式。二十世紀中葉學者維特佛格 (Karl Wittfogel, 1896–1988) 曾經提出一度甚為流行的「東方專制主義」(Oriental Despotism) 的說法，認為兩河地區文明的興起是由於人們為了灌溉的需要而必須挖掘溝渠，因而必須產生組織，組織的複雜化就形成了政府的雛形，政治領袖也即是管理者。這說法現已被認為是倒果為因，因為考古學者證明，真正複雜的灌溉系統是在政府組織成立之後才出現的。如前所說，政府組織的發展可能是在早期社會中經濟活動所帶來的管理上的必要而出現的。或者我們可以說，經濟和生產為主要的社會和政治發展動力，基本上是一個有用的思考方向，但早期社會中，灌溉的工程可能是在各種生產活動中屬於較晚發展的部分。

　　如果要討論早期城邦的政權性質，從早期蘇美城邦統治者的稱號來看，王權的起源有可能是

圖 2-6　祭司坐像　早期王朝時代一位伊喜塔女神廟祭司之石雕坐像，顯示當時祭司必須剃光頭髮，上身不著衣，下身為羊毛裙。

多元的。有些城邦的統治者稱為魯嘎 (Lugal)，意思是「大人」，似乎原為軍事領袖。另一個稱呼為恩西 (Ensi)，則又與神廟的管理有關。在神廟成為社會中重要的制度後，大祭司（稱為恩 En）是重要的人物，因他所管轄的神廟是城中最大的建築物，而控制了神廟也就意味著控制了相當大的經濟力量和政治力量。又有的城邦領袖稱為桑谷 (Sangu)，意思是「帳房」，這又似乎說明王權是從神廟中掌管錢糧的部門擴張而成的。因而一些學者認為，王權出於教權，教權出於經濟管理權。

因此，王權的起源不外乎是軍事和管理的需要。到了歷史時代早期，蘇美城邦的統治者主要都是依靠軍事力量以為統治基礎，以政治為主的世俗力量擴張，逐漸取代了宗教力量。這情況可從宮殿式建築和王室大墓以及其中各種精美的工藝品看出。但多半的時候，政權所有者會得到神廟祭司階級的支持，而其本身又為大祭司和宗教的保護者。

第三節　由蘇美到阿卡德

阿卡德王朝的興起

早期王朝時代的後期，約在西元前 2400 年左右，蘇美地區最有力量的城邦是基希和烏瑪。基希的國王自稱是全蘇美的統治者，但是實際上烏瑪的城主魯嘎察格希 (Lugalzagesi，約西元前 2340–2316 年在位) 的勢力似乎更為強大。他宣稱自己控制了由地中海到波斯灣的地區。不論這種說法是否為事實，可以確定的是，當時人已有了一種對於領土國家的嚮往，王權的榮耀被社會上的統治階層視為理所當然的追求目標。然而魯嘎察格希的光榮也只是及身而止。整個蘇美城邦和蘇美文化的早期王朝時代就在他在位的後期結束，因為此時一個新的王朝興起，取得了兩河中下游地區的領導地位，這就是阿卡德 (Akkad) 王朝。

然而，我們雖然看到蘇美早期文明的興衰，卻仍有一個至今未解之謎，就是最早在當地發展出文字的蘇美人，到底是從何而來。他們是否是由東北方山坡地區，也就是最早出現農業的地區南下？我們無法找到

任何證據。根據研究，以蘇美楔形文字代表的蘇美語自成一個系統，在西亞地區找不到其他相近的語言系統。他們很可能是在當地發展出的原生語系。不過，文字一旦被發明，就比較容易被其他人借用。當阿卡德人興起後，他們的語言成為兩河地區的強勢語言，但是阿卡德人沒有發明自己的文字，而是借用了蘇美文字的符號，用來作為音符，拼寫自己的語言，現在被稱為阿卡德文 (Akkadian)。對於不識這兩種文字的人而言，由外觀看來，蘇美文與阿卡德文並無區別。

阿卡德人為何能夠借用蘇美文？這可能是因為其實在蘇美時代，說阿卡德語的人已經和蘇美人混居在一起，有長期與蘇美人交往的經驗，因而逐漸醞釀出借用的辦法。阿卡德人和後來的巴比倫人都屬於所謂的閃米語系 (Semitic)，與後世的希伯來文和阿拉伯文為一脈相傳的西亞地區主流語文，而這些都與蘇美語完全不同。

阿卡德王國興起後，阿卡德語成為通用語言，蘇美語不再流行，蘇美文成為古典文字，主要使用在文學和宗教作品中，基本上只有與神廟和宗教活動相關的教士階級人士才有機會和需要去學習。後來阿卡德王國覆亡，烏爾第三王朝興起，蘇美語文得到一次短暫的復興，但到了巴比倫王國興起，閃族語文再度成為主流，從此蘇美語文就被打入冷宮，成為死文字。有趣的是，一直到西元前 1000 年，即使蘇美語早已不再使用，學者們仍然傳抄古代蘇美流傳下來的各類文學和宗教性作品。這說明了以蘇美文寫下的作品，在兩河文明的傳統中一直佔有重要的地位。這情況與歐洲中古時代拉丁文在歐洲各方言區所佔有的地位有相似之處。所以，儘管朝代更迭，不同的民族分別進入兩河成為主人，如阿卡德人取代蘇美人，巴比倫人（其實是由西方進入兩河的一種使用閃族語的游牧部族）取代烏爾第三王朝，卡賽人 (Kassite)（語言族屬不明）取代巴比倫人，而後亞述又取代卡賽，最後則由波斯取代亞述，這些政治和族群的諸多變動卻共享一個相當一致的文化傳統。這文化傳統大致上就是在蘇美文明興盛時期所建立的，它主要的特徵除了文字符號使用楔形文之外，在宗教信仰和文學、法律和社會習俗等等方面，都是自阿卡

德以下諸朝代所共同繼承和發揚的。我們因而也可
以將兩河文明作為一個單位來討論。

從阿卡德城發跡的薩爾恭（Sargon，約西元前
2330–2279 年）奪得了烏瑪城的統治權，擊敗魯嘎
察格希，統一了整個兩河流域下游時，他所建立的
王朝就被稱為阿卡德王朝。這個王朝的統治大約持
續了不到兩百年（約西元前 2330–2154 年）。

圖 2-7　青銅像　這
青銅像可能是薩爾恭
的容貌，但沒有文字資
料可以證實。

薩爾恭是一個能征善戰的英雄人物，在他在位
的五十年間，以武力將阿卡德王朝的勢力擴張到兩
河上游地域。一些有關他的故事後來被編入文學作
品，成為傳奇人物，但其實有關他的直接史料極為
稀少。事實上，有關這樣年代久遠的歷史，人們習慣滿足於傳說中的故
事。而所謂的歷史文獻，如某人征服了某地，其真正的意涵是極不容易
確認的。以薩爾恭為例，當我們說他的勢力擴張到某地，這到底是什麼
意思？是表示他曾經打敗當地的敵人？或是他在當地設官封職，實施統
治？或是接受當地原統治者為臣屬，並定期或不定期貢獻？如果不能確
定這許多的可能性，對所謂勢力擴張的說法就無法有具體的了解。問題
在於我們應該如何看待這些古代政治和軍事相關的文獻。大部分的政府
文獻，尤其是有關軍事勝利的報導，都有可能是某種宣傳。要驗證政府
的說法，就必須要有其他的資料來核對。可惜的是在古代兩河流域，民
間資料雖多，多半是經濟文獻，極少能夠配合政府文獻來檢驗某項重大
的軍事或政治活動。那麼我們不禁要問，現代學者如果宣揚薩爾恭為一
個「偉大的統治者」，到底目的為何？

實際上，阿卡德人對各城邦的控制，可能最多只是由國王派遣總督
（稱為恩西）率領少數軍隊駐紮在當地，城邦原有的統治者和政府官員
一般並沒有被廢除，他們對於阿卡德王朝的義務就是定期納稅進貢。這
雖是一種相當鬆弛的統治方式，但也和蘇美城邦時代在觀念上有所不同。
城邦時代，各個城市是不相統屬的獨立體，阿卡德王朝則藉著設在各城

圖 2-8　納蘭辛碑　納蘭辛
的勝利碑，圖上方足踏敵人的
是納蘭辛。此碑現存巴黎羅浮
宮。

的總督把各個城邦組成一個整體，而有了領土國家的概念。國王所統轄的行政部門也因為這擴大的統治機構而膨脹。

阿卡德王朝的初期，在政治上雖有所擴張，但是其統治並不是很順利的。一方面，靠武力征服得到的土地或是城邦會因武力的退出而反叛，而王位的傳承常在宮廷政變之後才解決，也增加統治的不穩定性。薩爾恭的晚年就已有叛亂發生，其子靠謀殺自己的哥哥而得到王位。這些都說明當時人們對於一統王權的接受度並不是很高。

薩爾恭的孫子納蘭辛（Naram-Sin，約西元前 2254–2218 年）所控制的地區據說更為廣大。1970 年代在北敘利亞地方發現的艾布拉 (Ebla) 城，是當時一個強大的獨立城邦，與阿卡德王國之間有密切的貿易關係，也可能是毀於納蘭辛之手。在納蘭辛時代的文獻中，國王的頭銜加上了原來給神明的稱呼，國王的像也戴上了神明戴的冠冕，即附有數對牛角的尖頂冠。這又顯示出一種王權神性的思想，與蘇美人對其統治者的觀念是不同的。納蘭辛一生的戰績雖然輝煌，後來卻大敗在東方山區來的古提人 (Gutian) 手中。他自己當然沒有提到這不光彩的記錄。但是後來有一首詩歌中說到納蘭辛由於不敬尼普爾城的神明，而受到神的咒詛，被神明所遣來的古提人所擊敗。這首詩流傳甚廣，很可能反映了一些史實。

納蘭辛之後的諸王較乏征伐的才能。一些力量較大的城邦，如拉葛希和烏爾克等，又漸漸取得了獨立的地位。此時，古提人不斷侵擾兩河，終於造成阿卡德王國的崩潰，毀滅了阿卡德城，至今考古學家尚不能確定它的遺址何在。

烏爾第三王朝的復興

阿卡德王國在古提人的手中崩解，但是古提人在兩河流域的活動卻鮮為人知。除了有幾個城邦的統治者具有古提人的名字之外，古提人似乎沒有留下任何顯著的文化特徵，因而有學者認為他們已經完全同化於他們的敵人的文化之中。在這段時間中，烏爾克和拉葛希等蘇美地區的古老城邦又恢復了獨立的地位。拉葛希的統治者尤其有才能，他們在商業上極有成就，在文化上開始復古，使用蘇美文，在工藝傳統方面也有意模仿古代蘇美的形制。拉葛希的極盛期為恩西古第亞（Gudea，約西元前 2141–2122 年）在位時期。

接替拉葛希成為兩河流域新統治者的，是那有悠久歷史的烏爾城。在古提人被烏爾克城的領導者逐走之後，烏爾城的將領吾爾納姆（Ur-nammu，約西元前 2112–2095 年）趁機建立了一個新的王朝，統一了混亂的局面，是為烏爾第三王朝（The Third Dynasty of Ur，約西元前 2112–2095 年）。它之所以被稱為第三王朝，是由於在早期城邦時代烏爾已經有兩個王朝統治。這一時期可以說是蘇美文化的最後一次復興期，也許是烏爾的統治者意識到蘇美文化在烏爾城長久以來的傳統之後所做的選擇。吾爾納姆自稱「蘇美和阿卡德之王」，顯見他在文化上有包容前代的想法。

烏爾第三王朝在文化上繼承蘇美最明顯的標誌就是烏爾城中的梯形祭壇 (Ziggurat)。經過了千年以上的發展，這種祭壇終於在此時定形，成為兩河流域建築的代表。這一時代烏爾城乃至於整個蘇美地區的經濟極為繁榮，可以從這一時期出土的建築物以及為數超過十萬塊的泥板文獻得知。另外值得一提的是一些製作精細的雕像，可以部分反映出這一時代的工藝水準和審美觀念。

圖 2-9 古第亞雕像 古第亞手中所持的水瓶有水流出，其中有魚，應是象徵他為社會帶來豐饒。這水瓶和流水的母題也在一些其他神明的圖像中出現。

　　烏爾第三王朝的統治範圍大致上和阿卡德王朝相當，但其統治方式和阿卡德時代又有所不同。阿卡德時代的各城邦雖有中央派遣的恩西監察，自治權仍大。吾爾納姆將他的領土劃分為幾十個行政區，各派一恩西管理，直接向他負責。他並且設法調動恩西，使他們不在一地建立個人的勢力，也不得子襲父位。因此烏爾第三王朝時代的政府組織較前朝更為複雜而龐大，以應付王室和各地方的經常性聯繫以及各種稅收、開支等工作。

　　烏爾第三王朝的盛況在吾爾納姆的孫子伊比順 (Ibbi-Suen) 時開始走下坡，主要是由於又有一批外族入侵。這次是由西方沙漠中來的阿姆爾人 (Amorites)。他們在伊比順即位之前就不時騷擾邊境，最後終於導致烏爾王朝的瓦解，而伊比順在烏爾城中雖然勉強支撐，仍然逃不了失敗的命運，為東方山區新興的伊蘭人 (Elamites) 攻破城池，淪為俘虜，蘇美文化的政治生命至此正式終結。

第四節　城邦經濟

　　早期蘇美地區在政治上雖不統一，各城邦的經濟情況卻可算是相當繁榮。由於政府能夠統籌水利灌溉工程，各城邦附近的農田一般均得到充分使用，生產足夠的糧食。當然，這也就意味著，政治秩序和農業生產之間有密切的關係，如果政治秩序崩解，水利灌溉不能順利，農業發展自然受到影響。

　　兩河流域下游大多數農田種的是大麥、小米、燕麥等穀物，每年秋季栽種，隔年四、五月收成。此外，當然也有各種菜蔬和豆類，如扁豆、豌豆、萵苣、胡瓜、洋蔥、蒜、蘿蔔等以及無花果、葡萄、棗樹等果類。由於累積長期的農耕經驗，農民已有休耕的概念，對於農田播種和產量的計算與控制也相當有經驗。同時，他們也發展出利用不同作物的生長特性而交替輪種的方法。他們相當重視和農業有關的知識。在一份「農作手冊」式的文獻中，作者談到農人應如何的從事灌溉，如何整理田地，使用何種工具，如何下種、澆水，何時應收割、儲存等等。

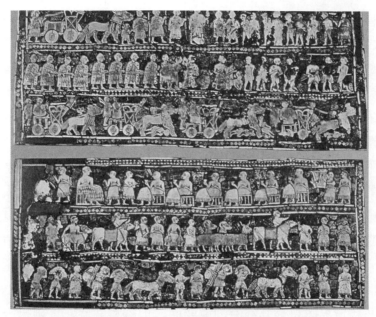

圖 2-10　烏爾城的鑲嵌板　此板以金箔和青晶石製成。上方為
戰爭和獻俘的場面，下方為統治者宴會及進貢圖。

　　當時人如何的重視農作知識，可以由一份有關如何準備農具的詳細
指示中看出：

　　準備你的器具，牛軛佩件應該固定好，你的新鞭子應該掛好在釘
　　子上，讓工匠把你的舊鞭子的把手修好。鑿子、鑽子、鋸子應該
　　放整齊。籃子、繩子、皮套、鞭子都應該固定好。播種的籃子要
　　事先測試，兩側要牢靠。所有必須物件都應該隨手可得。小心地
　　檢查你的工作。〔S. N. Kramer, *The Sumerians* (Chicago: University
　　of Chicago Press. 1963), 304.〕

　　畜牧業也有很好的發展，牛和驢為耕作和運輸的主力，羊毛和乳酪、
牛油成為重要的牧產品。毛皮製品是兩河城邦重要的產業。當時畜養羊
群已經成為人們投資的對象，城市居民雖不親自放牧，可以委託專職牧
羊者替他們牧養，甚至政府神廟也是投資人。有文獻顯示當時的農人已
經開始用雜交的方式，將已馴化的牛羊再與野生的同類動物交配，來培

育新品種的牲口。

　　考古材料顯示，兩河流域遺址中有一些本地不產的物質，如黑曜石、銅等，這表示在史前時代，兩河地區的人們可能就已經和遠方有貿易關係，交換一些本地缺乏的原料。進入歷史時代，在食糧生產和手工業產品有餘的情況下，城邦彼此之間以及和遠方的貿易行為有更多的資料可循。早期的貿易多半是由各城邦的神廟主持，這是由於神廟擁有大量的土地和附在其上的農民，農工產品的收成和分配都是由神廟來主持，分配剩餘的物資就可以用來作為貿易的商品。實際從事貿易的商人一般是由神廟或王室的倉庫中支領物品以為交換的資本，因此他們的身分有如王室行政組織中的一員。當然，其中也不乏以私人身分從事貿易的商人。這些商人有的旅行到很遠的地方，如小亞細亞的中部，並且在當地建立貿易根據地，進行長程和長期的貿易。

　　商業和貿易雖是城邦經濟的重要面，但歸根究底，土地是一切經濟活動的源頭。農民耕種土地，但他們是否能夠擁有私人的土地呢？在蘇美城邦中，神廟誠然佔有相當多的土地。這是因為在早期的宗教觀念中，城邦屬於神明，人們所居所耕的土地也自然屬於神廟。不過在歷史時代中，神廟所擁有的土地實際上只佔城邦所有的土地的一部分，而神廟把這些土地一部分分配給廟中神職人員耕作，收入即作為薪水，再將其餘的土地分租給一些佃農耕種，收取部分收穫所得作為租稅。政府的稅收情況也相類似。從一些契約書可以看出，土地買賣是一件事實，各個階層的人，從國王到一般平民，都可以買賣土地。而從一件國王向平民購地的契約中可以知道，即使是國王，也不能隨意強佔百姓的房地，而必須付錢購買。

　　在早期的城邦經濟生活中，稅收已經是一個重要的項目。人們不但在買賣、農牧生產等方面要繳交固定的稅額給政府或神廟，在日常生活中許多時候也不免受到那日漸擴張的政府組織的壓榨，而必須繳交各種雜稅。一份拉葛希城的文獻中提到，在西元前 2400 年左右，該城的人民在應付政府官員的不斷要索之外，還必須繳交離婚稅、埋葬稅等等雜稅。

繳稅的方式當然仍是以實物繳付。人們已經開始使用固定重量的銀塊作為交易的標準，不過尚未發展出錢幣。

由土地的佔有形態，可以顯現社會階級的結構。蘇美城邦中主要的人們分為貴族、平民、佃農、奴隸等四類。佃戶和奴隸主要的工作就是替他們的僱主或主人從事各種農牧業和手工業。但同是佃戶，替神廟或貴族工作的又比替一般平民工作的生活為好。奴隸的來源主要是戰俘，但是一般平民若是犯了罪，也可能被罰為奴。在蘇美人的觀念中，奴隸是主人的財產，可以自由買賣，若企圖逃亡，會受到嚴厲

圖 2-11　戰俘圖　兩河流域城邦之間的戰爭為戰俘的來源，也有的俘虜來自域外，如東方山區。

的懲罰。不過奴隸也有某些權利，如他們可以從事買賣、借貸，並可以用錢贖身。一個成年男奴的身價有時與一匹驢子相當。

手工業方面，如紡織、陶器製造等，均和農牧業有相應的發展。在紡織業中，甚至有奴工在其中工作，顯示出大量生產的性質。在許多城市中，考古學者發掘出各種手工作坊，顯示城市作為工業和商業中心的性格。手工業者有相當多的行業，如製造飾物的金匠、製造雕像的石匠、製造傢俱的木匠、製造皮革的皮匠、製造布匹的織工等。手藝的傳承通常是父子相傳，或者在同一家族中傳遞。同一行業的從事人員通常會聚居在城中某一區域，顯然是為了相互團結照顧。

第五節　宗教信仰

宗教信仰在任何一個早期人類社會中都是重要的文化活動，但通常我們很難追溯其起源或最早的形式。前面已經提到，在兩河流域，史前時期農村中的埋葬習俗，如頭骨糊上灰泥以及人骨塗朱，表現出人們可能已經有某些宗教觀念。

　　進入歷史時代，藉著神話、祭文、詩歌，和各類圖像資料，我們對兩河流域的宗教信仰有比較多的了解。基本上我們可以認為蘇美人的宗教是所謂的自然崇拜和多神信仰。所謂自然崇拜，是他們認為每一種自然現象背後都有一個神明，自然現象千千萬萬，神明自然也就充滿於天地之間。不過，蘇美人對於神明形象的想像卻不太豐富，因為他們通常認為神明具有人的形象，並且生活在和人類社會相似的社會組織中。早期神話中，眾神在決定大事時，採會議議決的方式。曾經有學者認為，如果這可以反映當時社會中的情況，也許可以說是一種「原始民主制」。這種說法其實反映出的是現代學者的主觀願望，實際上在早期社會中的部族長老共同議事，是情勢使然，與「民主」二字，不論是古希臘的有限民主，或是現代意義的民主，都有相當大的距離。

　　在所有的神明中，地位最高的原是天之神安奴 (Anu)，祂是烏爾 (Ur) 城的主神。祂的地位後來被空氣和風暴之神，尼普爾 (Nippur) 城的恩尼爾 (Enlil) 所取代。恩尼爾在兩河流域各城邦擁有相當高的權威，因而在各城邦的競爭中，有野心的政治領袖常常祈求恩尼爾的祝福。此外，大地是由恩克依 (Enki) 所統治，但又有一位母神伊南娜 (Inanna)。伊南娜為地母 (Mother Earth)，又和生殖之神杜木基 (Dumuzi) 的神話有關。在蘇美神話中，杜木基每年死亡一次，後又復活，是植物生命循環的象徵。

　　此外，兩河神話傳說中又有創世故事：

　　　　當上天尚不存在，地土尚無名字，
　　　　它們的生父，原初的阿普蘇 (Apsu)，以及生母蒂亞瑪 (Tiamat) 將它們的水混合為一，
　　　　當草屋和島嶼尚不存在，當神明尚未出現，尚未起名，尚未定命，
　　　　它們之中有神明形成。(J. B. Pritchard, *Ancient Near Eastern texts relating to the Old Testament*, 61)

當神明們一個個被生出之後，他們混亂的行為吵得阿普蘇不得安寧，於是阿普蘇密謀要摧毀眾神，但不巧祂的計畫被伊亞 (Ea) 識破，於是伊亞以咒語使得阿普蘇昏睡，然後殺了阿普蘇。當後來蒂亞瑪糾集一批神明

圖 2-12　圓柱印章　這件阿卡德時代的圓柱印章中刻有太陽神夏瑪喜由兩山之間升起，肩上有光線射出，水神伊亞 (Ea) 在右邊，肩上有河流及游魚，太陽神左方女神可能是伊南娜，最左方持弓的可能是雷電之神。最右方的神明則身分不明。但所有的神明頭上均有五對角，顯示他們都是重要的神明。

想要復仇時，眾神在無計可施之下，請到馬杜克 (Marduk) 來和蒂亞瑪對抗，終於殺死蒂亞瑪，以她的身體造了天地日月星辰和世間萬物，馬杜克也被尊為眾神之主。

　　這神話故事雖然想像豐富，但亦反映出早期兩河流域城邦政治的某些現象，而神明的鬥爭也可能是城邦之間爭奪領導權的暗喻。

　　除了這些較重要的神明之外，尚有數以百計的次要神祇，他們分別掌管世間萬物，如溝渠有溝渠之神、斧頭有斧頭之神等等。

　　宗教活動中最重要的部分，不外乎向神明祈福，於是發展出各種宗教儀式。蘇美宗教亦不例外，發展出了一些非常複雜的崇拜儀式。在祭儀中，有各種職司不同的神職人員，如掌香油者、頌咒者、作法者、占卜者、謳歌者。祭品則包括所有日常生活中的精美食品和衣物。在神廟中，除了每天的獻祭外，尚有定時或不定時的節慶。前者如新年祭典，後者則如神廟的啟用典禮或國王的即位大典等。有的時候，神明也會出巡，到城郊附近參加與農業有關的儀式。藉著出巡的儀式，人們共同分享一種宗教與文化傳統，有助於兩河地區文化的統合。

　　兩河神廟中的祭司和埃及一樣，都要將身上的毛髮剃乾淨，以示其

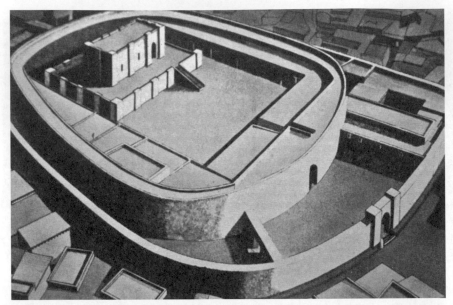

圖 2–13　蘇美神廟復原圖　早期蘇美人的神廟形式並不固定，但將神殿置於一高臺之上，則是共同的原則。神殿旁邊一般為祭司和神職人員的住所和貯藏室。

圖 2–14　烏爾城遺址　左上方為神廟祭壇。

潔淨。在驅除惡運的儀式中，行儀式的祭司必須先淨身，以檉柳樹汁洗澡，再用檀香、松香、香水，以及硫磺薰身，以去除體味。如果能夠用特別的水來洗潔就更理想，這特別的水是馬杜克神廟中蓄水池所取來的。

除了洗淨之外，食物的取用也有限制。為了要保持潔淨的狀態，行祭禮者不可吃魚、大蒜、韭菜等食物，以免在行禮時口中氣味冒犯神明。此外，在行儀式之前，不應有性行為。一些可吃的食物則包括麵包、啤酒、牛肉、鴿子等。人們相信，如果有不潔的情形發生，就會遭神明處罰，遭到不幸，或者生病。

兩河宗教系統的另一個基本假設是，統治者是神明在世上的代理人，因而統治者必須負責修繕神廟，因為神廟的完善代表整個社會的豐足，而社會的豐足是統治者的責任。統治者之獲得權力，被認為是神明挑選的代理人，因而他的權力在理論上是及身而止。不過事實上父子相傳，成為實際的王朝統治，也是歷史的常態。

宗教信仰往往可以表現出一個民族的特質。蘇美宗教除了自然崇拜和多神信仰等外在的現象之外，具有什麼特質？從神和人的關係來看，蘇美人相信人是神所創造的，人在世上的目的就是事奉神明。不過，蘇美人又認為人很難了解神明的旨意，因而也就無法真正為自己的命運創造好的路途。

人生的遭遇是否為應得的？神明是否能主持正義，讓好人得好報，惡人得到懲罰？人的受苦如果沒有原因，神明的懲罰是否公正？這些，人最終是無法知道的。兩河的智者告訴他們，人的遭遇如果不好，完全是他的惡，他的錯誤。人只能在神明面前祈求，希望神明能夠回心轉意，不再懲罰他。他所祈求的是所謂的個人保護神，是代表他在眾神面前發言的神明。他們又相信，世間的惡事也是神所創造的，人在面臨不幸時所能做的只是接受他的命運，向神明認罪乞憐，希望神明能開恩賜福。當人的祈求終於被神明聽到之後，如果神明接受了他的祈求，就會重新賜福，讓他的痛苦成為歡樂。在一篇作品中，我們可以看到下面的句子：

我的公正的話語變成了謊言，

說謊的人迫使我成為他的僕人。

鄙視我的人在祢面前羞辱我，

祢讓我不斷地受苦，

我回到家中時，心頭沉重，

我出到街上，心中受迫，

我的牧者（國王?）對我發怒，對我敵視，

我的領導引導邪惡的力量來對付我，而我並非他的敵人。

我的同伴對我不說真話，

我的朋友以謊言回報我的實話。

欺騙者用計對付我，

而祢，我的神明，並不阻止他。

……

我是個有智慧的人，怎麼會和那些無知少年在一起?

我是個有知識的人，怎麼會被以為是無知的人?

到處都是食物，而我的食物是飢餓。

當所有的人都分配到食物的時候，我所得到的卻是苦難。(J. B. Pritchard, *Ancient Near Eastern texts relating to the Old Testament*, 590.)

這篇作品與希伯來《舊約‧約伯記》中的情況相似，總之是要人完全的信服神明，相信神是公正的，人的受苦一定是人有某種尚未自覺的罪過，或者原罪，因為「沒有一個小孩生下來就全無罪」。

　　這種宗教心態，可以說是比較深沉的對人性和命運的省思之後的結果。人世間的各種傾軋活動，在某種意義之下，也可說是對於人的命運的詛咒。當人無法在人的邏輯之中尋得解釋，神明成為命運的最後裁決，大約也是自然的。在一段沉思命運的文字中，作者表現出對命運的不可預測的看法：

我只想到向神明祈禱，

祈禱與獻祭是我唯一關心的事，

向神祭禱的日子令我愉快，

我的女神出巡的日子令我得到好處和財富，

敬重國王也是我的快樂，我享受獻給他的音樂。

我教導我的國家遵守神聖的規範，崇敬女神之名，

我將國王認同為神明，並且要求軍隊尊敬王宮。

但願我明白這些事是否都能令神明歡喜。

人以為好的在神眼中可能是惡，

人以為是壞的神卻認為是好的。

誰能了解天上眾神明的旨意？

神的意旨有如在深水中，誰能知道？

哪兒曾有人明白神明的行為？

昨天還活著的人，今天就死了，

他一會兒就被弄得憂心忡忡，突然就被擊潰，

他前一刻還高興的唱歌，下一刻就如喪考妣，

他們的心情日夜般的改變，

他們飢餓的時候像屍骸，飽足的時候又向神明誇示，

好運的時候他們說要上天堂，倒楣的時候又抱怨會下地獄。(J. B. Pritchard, *Ancient Near Eastern texts relating to the Old Testament*, 435.)

宗教要解決的問題，不但是生命的來源為何，人生的意義何在，也必須對人死之後去到何處有所交代。有些蘇美人認為人死後靈魂進入地下，入地之門就在烏爾克城中。也有的說法是，人死之後經過一片有惡魔的草原，越過草原之後，再渡過庫布爾 (Khubur) 河，經過七重門，最後才進入死後世界。另一種說法是，人死之後是乘船經某條河流，越過地下的水流，進入地下世界。不過，在地下的生活情況到底如何，他們也不太能想像，只知道人死之後，原有的精氣和力量都消失，成為影子般的東西。大部分的人在地下世界中都過著極悲慘而痛苦的日子。

有關死亡與地下世界最重要的文獻，是一篇神話故事，也許也是在

女神伊南娜的祭典時朗誦的。文中說到，不知為何，天空女神伊南娜決定去造訪地下世界，所謂「不歸之國度」。這地下世界由尼爾格 (Nergal) 與艾瑞史奇葛 (Ereshkigal) 兩位夫婦神明統治，艾瑞史奇葛具有無比的神力，任何人只要被她的眼神看到，就立即死亡。她是伊南娜的姐姐，也是敵人。為了怕她姐姐將她處死，伊南娜做了一些準備，她告訴她的信差寧舒布爾 (Ninshubur)，如果三天後還沒有見到她回來，就去向天上眾神求助。如果眾神不肯，他要去尼普爾城 (Nippur) 向恩尼爾 (Enlil) 求救，若恩尼爾也不肯，就去艾瑞都城 (Eridu) 向智慧之神恩克依 (Enki) 求救，恩克依一定會來救她。

然後伊南娜下到地下世界去，走向艾瑞史奇葛用天青石建的廟宇，在門口，她遇見守門人，問她是誰，為何而來。伊南娜說了個謊，守門人就領她穿過七道門，每過一道門，她身上的衣服就必須脫一件下來。當她經過最後一道門，身上也變得一絲不掛，她被帶到艾瑞史奇葛和七個法官面前。當他們用死亡之眼一看著她，她就成了一具屍體，被掛在一根柱子上。三天之後，她的信差寧舒布爾開始去求救。結果如她所預言，最後只有恩克依出來救她。他先造了二個沒有性別的東西，令他們攜帶生命之食糧和生命之水給伊南娜，結果終於救活了伊南娜。

在這故事中，有一段描述地下世界的文字：

不歸之地，艾瑞史奇葛的領域，

辛（月神）之女伊喜塔（即伊南娜）決定前去；

辛之女決定前去，

去那黑暗之屋，伊爾卡拉之居處；

走在那單行道上，

去到那房子的人都被剝奪了光明，

他們的食物是霉菌，他們的麵包是灰塵，

他們住在黑暗之中，永遠看不見光明。(J. B. Pritchard, *Ancient Near Eastern texts relating to the Old Testament*, 107.)

這地下世界也有一個官僚系統，有各類官僚，包括專司死者名冊的官員，

與中國的司命有些相類。不過人們又相信人死之後成為鬼魂，是可能會對活人造成傷害的，神明和法術師也會命令鬼魂去害人，而人則可以用各種法術去防範鬼害，或者給鬼獻上足夠的祭品。鬼之所以會回來害人，有部分的原因就是因為沒有得到適當的葬禮或者祭品。這種觀念其實和許多其他社會，包括中國，有很相似的地方。

　　在另一個故事，一個亞述王子想要看看地下世界是什麼樣子，他在夢中終於看見尼爾格與艾瑞史奇葛的世界。文中提到地下世界中的各種神祇或者怪物。可見地下世界和地上世界相似，均有一個官僚政府。其中的角色如下：

　　　那姆塔 (Namtar)：地下宰相

　　　那姆塔圖 (Namtartu)：宰相之妻，頭像怪獸，身手像人

　　　死神：蛇頭人身

　　　阿魯哈普 (Alluhappu)：獅頭人身

　　　惡神：鳥頭人身，羊頭鳥身 (J. B. Pritchard, *Ancient Near Eastern texts relating to the Old Testament*, 109.)

　　總之，兩河人對死後世界並沒有一個固定的想法。地下世界或是恐怖的地方，其中的神明和死者都甚為兇惡，或者是一個沒有什麼活動的地方，死者只有無聲無息的存在著。不論如何，死後世界中沒有此生中所有的各種正面的性質：陽光、熱鬧、快樂、行動等等。用中國的詞彙，死後世界是陰間，與陽間相對。在這種死後世界觀之下，人們對死亡的態度是相當如實的，人死之後既然只有一種模糊的存在，建立永久的紀念物是沒有太大意義的，這也許是為什麼他們的墳墓大多只有簡單的覆土而已。

　　在日常生活中，當然也不免會有與神明和惡魔的交往。兩河人認為世上有許多無以名其狀的邪惡力量，其中最著名的是拉瑪希圖 (Lamashtu)。拉瑪希圖是天神安奴的女兒，專害懷孕的婦女、年輕的母親和嬰兒。如果要對付拉瑪希圖，除了各種咒語之外，也可以掛另外一個惡魔帕珠珠 (Pazuzu) 的小雕像來驅逐拉瑪希圖。用咒語來抵抗各種疾病

圖 2-15　惡魔帕珠珠像　像背後有一行銘文：我是帕珠珠，惡風魔之王韓比神之子。

和惡魔是普遍的行為。咒語適用的範圍相當廣泛，可以用來對付疾病（也有針對單一病痛的）、驅逐惡魔及各種蛇蟲害物、求子、求愛、制敵等等，不一而足。以下舉一段為小孩壓驚的咒語：

> 在黑屋子裡的小傢伙，你從哪兒出來，你看見了天光，
> 你為什麼哭？為什麼抖？為什麼不在那裡面哭？
> 你吵到了家中的神明，牛神說，「誰吵了我？誰驚動了我？」
> 是這小傢伙吵了你，這小傢伙驚動了你。
> 像個酒鬼，像個酒店女侍的小孩。
> 讓昏睡降在他身上！(Benjamin R. Foster, *Before the Muses*, I, 139.)

這壓驚的咒語中透露出，當時兩河流域的人和中國人一樣，相信小兒哭鬧是可以經由咒語的施行而制止的。也就是說，小兒哭鬧是因為受到惡靈的影響，咒語則有收驚的效果。

　　整體而言，蘇美人的宗教情懷可說是相當悲觀的。有人將這種情況歸因於兩河流域的天氣，尤其是那難以預測的洪水，使得河畔的農人飽受命運的捉弄，因而產生悲觀的心態。的確，洪水的主題在兩河流域神話中佔有相當重要的地位。以色列《舊約》中所提到的洪水和諾亞方舟的故事，其實是源於兩河流域神話中一個大洪水的故事。這個故事不但與《舊約》的洪水故事有平行情節，其中也有重要的關於宇宙創生的想法，包括人的被創造、王權的起源等等。故事的輪廓如下：在眾神 (Anu, Enlil, Enki, Ninhursag) 創造了人類之後，世上萬物亦被造出，王權由天上降下，建立五個城池 (Eridu, Badtibira, Larak, Sippar, Shuruppak)。但日子久了之後，人類做了一些令神明不高興的事，於是眾神決定要以洪水毀滅人類。但有些神明不同意此種決定，於是他們將世界將毀於洪水的消

息告訴了正直而虔敬的丘蘇德拉 (Ziusudra)。他在夢中聽到有神告訴他此事，並且告訴他如何造一艘船以逃難。於是他造了一艘船，在七天七夜的洪水之後，太陽神烏圖 (Utu) 出現，丘蘇德拉得救，最後得到永生。

這個大洪水的故事有許多版本，有的以蘇美文寫，有的以阿卡德文寫下，但故事的基本要素都是一樣的，也更因而讓我們有理由認為，以色列《舊約‧創世記》中的諾亞方舟和洪水的故事是流傳在古代兩河文明周邊的共同文化遺產。

但是任何一種文化現象不可能是單一因素造成的。兩河宗教即使與當地的地理和氣候有某些關係，但從另一方面來看，人們的悲觀心態也可能與一個長期極權的政治社會形態有某些關係。當人在世間的遭遇，甚至整個社會的安危，常因統治者個人的因素而定，一般人對自身命運的控制便顯得無能為力。於是人們除了向神明祈禱，也求助於法術和卜兆。實際上，兩河人民對法術的依賴可說無所不在。他們可以用巫術來害人，也可以用巫術來幫助自己迴避任何惡魔或人所可能造成的傷害。卜兆的目的是要預知可能發生的事，因為人們相信神明會用自然現象來向人顯示未來的事。最常用的方法是觀察獻祭動物的內臟，或者觀察星象。這些都得靠一些專家來進行。

在宗教氣氛充斥的時代，即使是一些經驗科學，如醫學和天文學，也和當時的宗教結合在一起。譬如醫學方面，咒術和草藥治病同時並用，有的時候，咒術可以說是現代身心治療的前身，因為咒術具有心理治療的功能。這當然有部分原因是醫學本身發展的程度所造成的。醫學能了解或處理的愈多，對咒術或者占卜求神的需求就愈少。因而我們看到一些有關病症的診斷常和占卜文字合在一起，如下例：

　　如果〔法師〕看到一隻黑狗或黑豬，病人會死亡。

　　如果〔法師〕看到一隻白豬，病人會存活。

　　如果一條蛇掉到病人的床上，病人會康復。

　　……

　　如果一個病人不停的叫：「我的頭殼，我的頭殼！」那是一位神明

的手所造成的。

如果他右邊的頭痛，那是阿達（神明）的手所造成的。

如果他的頭痛，並且咳血，那是雙胞胎（神）的手所造成的，他會死亡。

如果他嚼牙、手足發抖，那是辛（神明）的手所造成的，他會死亡。

……

如果在病了四天之後，病人一直把手放在肚子上，臉色轉黃，他會死亡。

如果在病了四天之後，病人全身出汗，病會減輕；如果他病了四或五天，那是阿哈祖（惡魔）的手所造成的。(H. W. F. Saggs, *The Greatness that was Babylon*, 462–63.)

總之，就如任何一個文明的醫療系統一樣，兩河流域的人們經由經驗的累積，逐漸對病症、病因和診斷有了比較有系統的觀察和判斷，對於治療也由巫術療法和藥物療法混合逐漸向比較合理的方向演變。

蘇美人的宗教信仰是兩河流域地區宗教的基礎，此後巴比倫人和亞述人的宗教不論在神明譜系、宗教精神和神話傳承上都是根據蘇美宗教的系統而發展的。後世以色列人的耶和華一神信仰，其醞釀的背景也是兩河流域。

第三章
巴比倫：兩河文明典範之建立

第一節　巴比倫王國的建立

　　話說天下大勢，分久必合，合久必分，在許多地方的政治史上都可以找到例子。在古代兩河流域，由於沒有天然屏障，外來勢力只要夠強，就可能進入兩河平原，取代原有的政治力量。在烏爾第三王朝之後，巴比倫統一全境，進入另一個由分裂到統一的循環。巴比倫帝國統一全境的時間雖不算長，但是在兩河流域文明發展史上佔有很重要的地位。這一時期中的文藝、法制和一統帝國的觀念成為後世仿效的對象，巴比倫城也成為兩河流域文明的精神象徵。巴比倫帝國崩解之後，另一批由東方山區入侵的卡賽人統治兩河流域達四百年之久，但此一期間留下的文物不多，因而後世對其了解有限。同時，兩河流域的政治重心轉移到兩河中游東北方新興的亞述王國。以下的篇章，就對這段故事做一回顧。

　　在烏爾第三王朝最後一個國王伊比順被伊蘭人擄走之後，蘇美地區再度陷入混亂。在史前時代末期就出現的一些較重要的城邦此時又各自為政，競逐領袖的地位。由於材料稀少，我們所知無多，只知最先取得此區領導權的是伊新 (Isin) 城。它的領袖伊希比艾拉 (Ishbi-Erra) 原來是向伊比順效忠的瑪利 (Mari) 城主。瑪利位於幼發拉底河上游，為一重要的商業都市。伊蘭人雖毀滅了烏爾，卻並沒有長期佔領兩河，於是在伊蘭人離開兩河流域之後，伊新城乘虛而起，承襲了烏爾第三王朝在當地的領導地位。大約有一百年之久的時間（約西元前 2000–1900 年），伊新的統治者自稱「烏爾王」，用這個在蘇美歷史上有重要意義的名稱，以示其擁有蘇美城邦共主的地位。不過它的勢力範圍較前代已經小得多。到了西元前 1900 年左右，南方拉薩 (Larsa) 城的勢力逐漸強大，開始與伊

新發生衝突，其中一個問題就是灌溉水渠的控制權。這時蘇美地區的灌溉系統已經相當進步，各城邦的渠道彼此相連。由於控制渠道和城邦的糧食生產有密切的關係，城邦之間爭奪水權就成為衝突的焦點。有關這些事件的文獻記載極為支離破碎，但是足以讓我們看出此一時期的蘇美已再度陷入分裂，伊新與拉薩的爭執沒有明顯的勝負，一些其他的小王朝則以烏爾克、克伊希和巴比倫等城為中心，先後興起。

當蘇美地區城邦互相攻伐時，位於底格里斯河中游的亞述城也逐漸的發展成為一個軍事和經濟的強權。亞述人的語言是阿卡德語的一支方言，宗教和社會習俗也和阿卡德人相近。在烏爾第三王朝覆亡之後，亞述就默默的發展其力量，善於貿易的商人將兩河流域的羊毛、底格里斯河東方山區所產的錫，由驢隊運送到小亞細亞的中部，利用當地所產的銅而煉製成為青銅，再出售到西亞各地以謀利。

到了西元前 1800 年左右，亞述在小亞細亞的商業受到當地新興的西臺 (Hittite) 王國的打擊而告中斷。有關西臺王國的故事，下文將另有交代。總之，在一度混亂之後，亞述王夏姆西阿達（Shamshi-Adad，約西元前 1815–1728 年）統一了兩河流域的北半部，成為新的共主。從幼發拉底河上游瑪利城所發掘的大量泥板文獻，我們得知此時的亞述與敘利亞地區的關係相當友好，敘利亞的小邦領袖經常致送禮物給亞述王，也准許亞述人在敘利亞的一些礦區採銅，在他們的草原放牧。

夏姆西阿達也有相當有效的政軍組織，例如他應用一種烽火傳信的系統，可以在短時間之內將訊息傳到全國各地。在他控制之下的城邦中，他派遣總督，駐紮軍隊，有必要時還隨時徵兵。不過在亞述勢力範圍之內，情勢似乎不甚安寧。許多此時的文獻中都有軍隊調動、駐防，甚至派遣間諜刺探敵方軍情的記錄。在一份信件中，我們可以看到人性的真實面。當時瑪利城的統治者為夏姆西阿達的長子，但此人不好軍旅，成天享樂。他的父親於是寫信責備他道：

　　當你的弟弟在殺敵致勝時，你卻躺在女子們當中！現在，你隨軍
　　隊去卡塔奴時，要像個男子漢！

此時在南方蘇美地區，拉薩王林辛 (Rim-Sin) 也終於征服了伊新王朝，統一了此區的勢力，與夏姆西阿達形成南北對抗的局面。不過他們的盛況也不能延及子孫，因為這時在南北之間的巴比倫城的勢力在漢摩拉比 (Hammurabi) 的領導之下迅速成長，對他們造成很大的威脅。在一份極有趣的文獻中，我們看到亞述王派遣到南方的眼線的報告：

> 漢摩拉比的兩名官員，塔布埃利馬丁和辛貝阿比林，已經到了巴比倫，他們在馬什千夏布拉城駐紮了很久。有四個拉薩人乘驢護送他們。我得到他們所帶（拉薩王）的信息，他們準備要（對漢摩拉比）說：「關於你一直要求我派遣的軍隊，我沒有派的原因是由於我聽說敵人的注意力正集中在另一個國家。但我仍然讓軍隊準備停當，如果敵人攻擊你，我的士兵會來助你。反之，如果敵人攻擊我，你的軍隊應該來幫助我。」這是林辛送給漢摩拉比的信。漢摩拉比也寫信給林辛詢問那些由穆提亞巴逃難到雅穆特巴的人的近況。林辛的回答是：「我以生命起誓，如果我和那些人有所接觸，我會讓他們安心，並且送他們回去。」(A. L. Oppenheim, *Letters from Mesopotamia*, 105)

看來林辛與漢摩拉比之間有相當密切的來往，並且林辛也在計畫與漢摩拉比聯手對付亞述人。我們雖然只知道這計畫的一些片斷，但已足以讓我們推想當時的國際關係和祕密外交，似乎與後世並沒有太大的本質上的差別。然而漢摩拉比最後終於在這三角關係中得到勝利，建立了巴比倫王朝。在一封給瑪利王奇姆利林 (Zimri-lim) 的信中，作者說：

> 沒有任何王可以獨自稱雄。十到十五個王追隨巴比倫的漢摩拉比，同樣的情況有拉薩王林辛，埃休農那王伊巴皮埃，卡塔努王阿姆皮埃，而二十個王追隨雅姆哈德王雅瑞林。(J. B. Pritchard, *Ancient Near Eastern texts relating to the Old Testament*, 628).

顯然漢摩拉比在當時群雄並起的混亂中得到最後的勝利。

漢摩拉比一共統治了巴比倫達四十年之久（約西元前 1792–1750 年）。在還沒有絕對的把握之前，他總是很小心的和各強邦保持友好的關

係，與拉薩王林辛的來往就是一個例子。一直到了他即位的第三十年，他才直接和亞述、伊蘭等國家發生軍事衝突。此時，亞述王夏姆西阿達已經去世，漢摩拉比沒有了顧忌，全力發展巴比倫的勢力。他先背叛了盟友，征服了拉薩，最後，在他在位的第三十九年，征服了亞述，成為兩河流域的唯一領袖。他自稱：「偉大的王，巴比倫之王，阿姆如之王，蘇美與阿卡德之王，世界四方之王。」他建立的王國範圍到底有多大，我們很難確定，但大致上應包括從前蘇美和亞述兩王朝所有的地區。由他的頭銜中，也可以知道蘇美和阿卡德的傳統光榮仍然為當時人所嚮往。

然而這看似宏偉的王國也是一個短命的王國。在漢摩拉比死後，巴比倫受到北方和東方來的入侵者的攻擊，失去了不少領地。同時，兩河流域南方地區一些古老的蘇美城邦也集結成一個新的政權，以其近海之故，稱為「海濱王朝」(Sealand Dynasty)。這個王朝不但獨立於巴比倫的控制範圍之外，最後甚至比巴比倫帝國多存在了一百五十年之久。可惜的是我們對這個王朝的實際情況所知甚少。

雖然漢摩拉比的統一王朝並沒有持續很久，但是卻是兩河流域政治史上重要的里程碑，巴比倫也由一個小城成為兩河流域最重要的政治和文化中心。而此後的歷史中，巴比倫一直是兩河流域的王權象徵，而巴比倫的主神馬杜克 (Marduk) 也因為該城的地位上升而代替了尼普爾城的恩尼爾，成為兩河流域最主要的神明，與王權有密切的關係。

由此時所留下的文獻中，我們可以發現漢摩拉比是一個相當勤於政事的君主。特別是對於法律的執行，他有極大的興趣。在他之前，處理人民彼此之間法律糾紛的法官可能和神廟有很大的關係，漢摩拉比將這些法官的任命權收為己有，創造了所謂的「國王的法官」一詞。這也代表著王權的進一步擴張。而國王本人則是所有糾紛的最後仲裁者。有關法律的問題，下文將有所介紹。

在巴比倫的行政系統中，城邦的總督負有地方治安、公共建設（如灌溉系統的維持和開發）和通信等任務。但是他們必須直接向漢摩拉比負責，而漢摩拉比也花了許多精力在各種大小的事務之上。例如有一次

漢摩拉比要求一位總督分配土地給一些軍人耕種，但久不見下文，於是他就送了一封信給這位總督，要求他立刻行動。漢摩拉比甚至連一些土地分配的小問題也要親自過問。不過在每一個城市中，地方性的小事務，如民事糾紛、收稅，在名義上仍有一個「長老會議」來執行。

　　巴比倫社會中，一般人民大致可以分為三類，一是自由民（可以包括統治者和教士階級），一是依附在政府組織之下的「依附民」(Mushkenu)，最後是奴隸。「依附民」的身分相當特殊，他不若自由民那樣可以擁有土地和財產，而是以他們的服務來換取政府的糧餉。奴隸的來源主要是負債無法償還者、戰俘，以及由外地（如亞述地區）買進的人口。他們之中，戰俘主要成為王室和政府的奴隸，他們的工作主要也是和公共建設有關的築路、掘溝、建廟宇、宮殿，及耕種屬於王室的農田等等。他們集中住在特別的營房中。私人擁有奴隸並不算普遍，主要是在富人的家中服務。在巴比倫帝國時代，奴隸的價格遠比僱傭勞工為高，因此擁有大量農田的地主只要在農忙時僱工下田即可，不必擁有奴隸。而當時的農業生產普遍採用的是租佃制，佃農不但租用地主的土地，也可以無息向地主租用農具、牲口、種子，而以收成的固定比例償還。二十世紀中西方史學界有關古代奴隸社會的爭議有很大一部分是用兩河流域的社會作為例子。由巴比倫的情況看來，奴隸既然不是社會中主要的生產者，而且身價亦不低，那麼所謂的奴隸社會到底應有什麼特徵，實在是不易斷定的。如果奴隸社會指的是以奴隸為社會主要生產力的社會，那麼古代兩河流域就很難被認定為奴隸社會。論者也常用羅馬時代的奴隸為例，我們在以後談到羅馬時，會再度討論這個問題。但是我們知道，奴隸社會一詞的使用，自十九世紀末以來，就帶有某種價值判斷，以為代表一種不人道的社會，一種應該被批判的社會，因而它被貼上一種不良的標記，也常被用來作為政治論述的方便符號。但探索歷史上的奴隸和奴隸社會，可以讓我們知道，一個社會是否被稱為奴隸社會，與那個社會中的人們生活是否痛苦，其實是兩回事。就譬如在一個沒有所謂現代法律的古代社會中，人們的生活和安全是否必然比較沒有保障，並沒有一個簡單的答案。

第二節 巴比倫文化

法 律

古巴比倫時代最為現代人所知道的文化成就是所謂的《漢摩拉比法典》。在兩河流域的法制史上，這部「法典」佔有極重要的地位。法典本身刻在一塊石碑上，內容共分為三部分：主要的部分是 282 條律法，律法前後各有一段序言和結語。在序言中，漢摩拉比自述自即位以來承神意而以「增進人民福祉」為念而成就的各種功業。在結語中，他重述自己的善政，而他所訂立的正義之法，不但使國家穩定，政治清明，也可以為後世模範。在律法的條文中，大致可以分為土地租佃、婚姻、農事合約、皇室成員、財產糾紛、盜竊、搶劫、身體傷害等等，幾乎包括了社會生活中的各方面問題。下面舉一些例子來看看它的內容：

若一個人控告別人謀殺，倘不能證明，原告應被處死。

若一個人從神廟或宮殿中偷竊財物該被處死，接受贓物者一併處死。

若一個人幫助不論屬於政府或私人的男女奴隸逃亡，應該處死。

若一個商人將穀物、羊毛、油，或是任何貨物借給一個販子出售，這販子應該立約說明貨物價值，並且償還給商人，同時應取得他付錢給商人的收據。

若一個人娶得妻子，但沒有立下婚約，她不能算他的妻子。

若一個人毆打父親，他的手應被砍下。

若一個人打瞎一個貴族的眼，他的眼也必須被打瞎。

若他打斷了同等身分人的骨頭，他的骨頭也應被打斷。

若一個人打瞎一個平民的眼，或打斷了他的骨頭，他應付一米納的銀子。

若他打瞎了一個奴隸的眼，或打斷了他的骨頭，他應付此奴隸身價的半數。(J. B. Pritchard, *Ancient Near Eastern texts relating to the Old Testament*, 166f.)

由這些法條看來，當時社會中階級之間的不平等，是很清楚的事實。法律之前人人平等的概念，只能適用於同一階級之中。這些法條一個常為人所談論的特點是它的「以牙還牙，以眼還眼」的原則。其實這原則仍有它的限制，就是它必須在同一階級中實施。譬如一個自由民殺了另一個自由民，他必須償命。但如果他殺的是奴隸，則只須賠錢了事。有些學者以為「以牙還牙，以眼還眼」是一種原始的殘酷觀念，倒是在一些較《漢摩拉比法典》更早的法典中（如吾爾納姆 Ur-Nammu，利比特伊希塔 Lipit-Ishtar，埃休農那 Eshnunna），人身傷害可以用金錢賠償。不過反過來說，我們也可以認為，只有當人們認識到，某些過失是不可以用金錢來衡量的，以牙還牙也許代表了一種比較嚴格的防止罪犯和維持社會正義的方法。

　　《漢摩拉比法典》是研究古代巴比倫社會的重要材料，但是它本身的性質如何，卻仍然為學者所爭論。爭論的焦點是，這部「法典」究竟是不是能完全代表當時社會中所實行的法律？由於它以條列式的辦法舉出一些例子，顯然並沒有包括社會中與法律相關的所有問題，又沒有足夠的抽象性原則可供引申，所以應該不能算是一部完備的法典。這就牽涉到當時究竟有沒有一種「成文法」，以及巴比倫社會中的法律行為到底是否必須參照既有的法條等問題。同時，成文法這概念要能夠成立，還得要一個社會能夠承認有一組法律是具有某種獨立於個人之外的權威，這在君王統治的古代社會中要能夠出現，其實是相當不易的。目前比較穩健的看法是，《漢摩拉比法典》中的各種法律條文其實原本是真實的案例，是漢摩拉比為了向神明顯示自己的功績而編集的，其中的法條原來可能是散布於王室檔案中的記錄。根據許多資料顯示，在巴比倫的法庭上，國王可以親自審案而下判決，也可以在有關的地方表示原則性的意見，然後將案件交給法官處理，但是從來不曾援引先例或某一特別的法條作為審判的根據。因此，當時國王和法官的判斷足以解決法律問題，就沒有訂定成文法的必要。漢摩拉比將這些法律判決的條文收集起來，很可能的原因是，漢摩拉比要向神明表示他是一個有為的國王，因為法

圖 3-1　漢摩拉比石碑　此為漢摩拉比石碑上端，漢摩拉比正向坐著的太陽神夏瑪喜祈禱。圖下方的文字即為所謂的法典。

典石碑其實是放在馬杜克神廟中，作為對神明的敬禮，恐怕不是用來給法官參考用的。假如法官真的要參考判例，他們應該可以在政府的檔案室中找到相關的泥板文書。這個例子清楚的呈現出現代人對過去歷史的研究是如何被現代的思維方式和文化邏輯所影響。

如果我們回顧與兩河流域歷史相關的文獻，可以看出絕大多數的文獻都是某種形式的「法律文獻」，如買賣契約、借據、收據、帳目、婚約、法案記錄等等。這些文獻的存在，顯示兩河流域的人們，不論是蘇美人、阿卡德人，或巴比倫人，都有一種遵守契約的社會習俗。而只就類似漢摩拉比的文獻而言，在漢摩拉比之前的三百年之間就至少有三種，分別是烏爾第三王朝的建立者吾爾納姆 (Ur-namu) 所頒布的法典，出於埃休農那 (Eshnunna) 城的法典，以及伊新王利比特伊希塔 (Lipit-Ishtar) 的法典等。這些「法典」的基本形式和《漢摩拉比法典》相似，有「前言」、「條文」、「結語」三部分。其中的法條有些和《漢摩拉比法典》的法條極為相似，有的則在法律精神上略有不同，如「以牙還牙」的原則在較早的這些法典中都由「金錢償還」的原則代替。那麼《漢摩拉比法典》這種比較嚴屬的處罰方式是否代表一種進步的法律精神？有一些學者認為這是一種原始社會殘酷法律風俗的遺留。不過，從重視人的生命和身體這方面來看，「以牙還牙」的原則是以較重的處罰來表示其重視，而不僅是賠償了事，因而也可以代表一種比較嚴肅的對犯罪和社會正義的道德觀，在法律倫理上可以說是一種進步。總之，這些法律條文的彙編，以及後來亞述人和新巴比倫時代的法律，顯示出兩河流域人們重視法律的傳統。而由《漢摩

拉比法典》「前言」中所說國王由神明那兒接受法律的說法來看，兩河流域的君主們雖然可以出言成法，也必須承認在他上面仍有一個主宰。若與埃及比較，埃及人認為國王本身是神的化身，因而他的話語也就是神的旨意，因而在最終權威的根源上是與巴比倫王不相同的。

教育

由考古發掘所得到的數以萬計的泥板文獻來推測，兩河城邦中有一個相當活躍的知識階層。當然，所謂的知識階層，主要是指一批能夠寫字的文書人員。他們有專門的學校可以學習書寫的技能。由出土的學校教學用的泥板文獻來看，學生們的學習過程是由簡單的字彙開始，逐漸的抄寫比較困難的文句，最後抄寫史詩、詩歌等文學作品。不過對於大多數的書記人員而言，只要能夠應付日常公務和買賣所必須的各種契約、合同，就可以勝任了。一般而言，能夠進學校受教育的大多是上層階級的子弟，總是要有錢有閒才能負擔學習的花費。

但是，古今中外的學生可能都有個共同的問題：上學是件苦差事。在一塊泥板上有如下的記載：

　　　　我在學校中的日子是如下所記的：

　　　　我自由的日子一個月中有三天，

　　　　一個月有三天的節日，

　　　　總計我在學校中的日子每個月共二十四天，

　　　　它們是漫長的日子！ (K. R. Nemet-Nejat, *Daily life in Ancient Mesopotamia*, 57.)

如果與現代的學生相比，一個月有六天假，他們上學的日子其實也不能算太多。學生大約自五歲到七歲之間入學，直到成為青年。在學校中都學些什麼？由一件被稱為「失敗的考試」的文學作品中可以得到大概。一個學生在考試時，面對的問題包括了下面的範圍：

1. 書寫的工具是一枝楔形筆，有六種寫字的方式，……你知道它的名字嗎？
2. 蘇美文的祕密意義。

3. 由蘇美文翻譯成阿卡德文，由阿卡德文再翻譯為蘇美文。

4. 替每一個阿卡德字找三個蘇美文的同義字。

5. 蘇美文法術語。

6. 蘇美動詞變化。

7. 各種書寫體。

8. 用拼音來寫出蘇美文。

9. 了解所有各級上司的術語及其他行業的術語，如銀匠、珠寶匠、牧人、書記等。

10. 如何寫，製作封套，並且封印文件。

11. 各種歌曲，以及如何指揮合唱團。

12. 算術，分割土地，分配糧食。

13. 各種樂器。

由這考試題中也可以看出當時的教育內容，基本上是為了實用的需要而設。同時，我們也看到，在阿卡德時代，甚至到了巴比倫時代，學生必須要學習「外文」，即蘇美文。由於兩河流域的人們注意契約和法律的習性，在數以萬計的泥板中，90% 都是有關商業和行政的文件，這些文件頗能幫助我們了解蘇美人的經濟生活，也可以對他們社會中的法律習慣有所了解。

宗教與文學

此外，學者們也發現了至少五千塊以上的泥板，是屬於宗教性和文學性的文獻，而我們對古代兩河流域宗教和思想的認識也就是從這些文獻而來。這些文獻包括讚美詩、神話、史詩、故事、格言，以及歷史性的記錄等，可說具有相當的多樣性。在有關諸神事蹟的神話和史詩中，最著名的人物就是吉爾格米希 (Gilgamesh)。關於他的事蹟有許多不同的故事在兩河流域流傳著，其中最膾炙人口的是他追尋不死之草的故事。在故事中，吉爾格米希歷經艱苦，找到了能令人長生的不死之草，但最後卻終於失去，表現出人不能免於死亡的命運。這故事雖是保存在後來

的巴比倫文獻中，一般均相信是由蘇美文傳抄而來的。在這篇著名的史詩中，有一段發人深省的文字：

> 吉爾格米希，你急著去哪兒？你永遠不會找到你想要的生命。當神明創造人時，他們給了他死亡，將生命留給自己。至於你，吉爾格米希，只管把你的肚子填滿各種好東西，日日夜夜，跳舞作樂，宴會狂歡。穿著華麗的衣服，在清水中洗澡，珍惜牽著你的手的小孩，讓你的妻子在你的懷中快樂，因為這是人所分到的命運。(J. B. Pritchard, *Ancient Near Eastern texts relating to the Old Testament*, 90.)

在面對著人生無奈的命運時，人應該如何反應？當詩人要吉爾格米希及時行樂時，是當真如此想？或者只是一種反諷的手法？這問題並未隨時間而消失。

　　另一個流傳甚廣的故事就是前面曾提到的大洪水的傳說。這一傳說與希伯來人的《舊約聖經》的諾亞方舟故事有不少相似的地方，很可能就是諾亞故事的原型。

科　學

　　此外，兩河文獻中也有不少和科學技術相關的材料，其中包括醫學、算術、天文等作品。由於經濟活動的頻繁，蘇美人在算術方面有相當多的經驗。他們發展出一套六十進位的數字系統，一直到今日仍被使用著。不過他們也知道使用十進位的原則，在他們的數字符號中，有 1, 10, 60, 600, 3600, 36000 等位數，是十進位和六十進位的混合方式。同時，由於對天象的興趣，在長期觀察天體運行之後，建立了一套天文學，對於星座的運行有相當精確的計算。他們的曆法是陰曆，每個月 29 或 30 天，一年約 354 天，另外每三年再加一個閏月。此外，將一天分為 12 分，每分有兩個六十分鐘。到了西元前三世紀左右，希臘化時代的天文學者才將每天均分為 24 小時，每小時 60 分鐘，這也就是現代我們計時方式的來源。

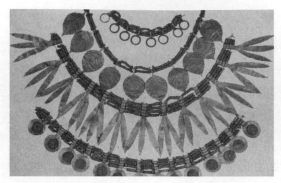

圖 3-2　仕女頭飾　在一座早期蘇美墓葬中
出土的仕女頭飾及項鍊，由金箔與青晶石製成。

衣　著

　　兩河流域的衣著材料主要是毛、皮、麻等，到了西元前 700 年左右
才開始使用棉花，絲的使用就更晚了。織布工業是經濟活動中相當重要
的一行，布的染色也是一種特殊的技術。染色最著名的是西元前 1200 年
左右在敘利亞地區的紫紅染，其染料是由一種小貝類的汁做成的。

　　蘇美人的衣服一般相當簡單，男士通常上身無衣，下身穿一件裙子。
女士則穿披肩長衫。到了阿卡德時代，男人也開始穿長衫，女士們的各
種飾物也愈形多樣性，其中也包括了各種耳環和首飾。在早期蘇美的國
王墓中考古學家發現了許多燦爛的金飾和寶石，不但是女性使用，也供
男性穿戴。這穿戴珠寶的習俗一直延續到亞述時代。

住和行

　　兩河城邦中一般居家住屋都是泥磚砌的牆壁，木樑草頂，塗以泥土。
比較講究的，為了防止水泡，牆的下半部用燒磚，也可以有二樓，但一
般而言，除了王室和神廟之外，人們的房子是不太能持久的。不但是由
於材料的關係，有許多時候也是由於建築的不良。《漢摩拉比法典》中甚
至規定，如果房子建好後倒塌並且壓死了人，建房子的工匠必須償命。

屋內的設備，最重要的是廚房的灶，以及廁所。在比較好的房屋中，都設有排水溝，可以將汙水排到屋外。問題是，汙水常常是直接排到河中，造成水源汙染。

城邦的建設基本上必須要在有水源的河流旁，人們才可以方便取水供生活所需，如果水源遭到汙染，當然對於人們的生活有很大的影響。不過兩河流域的人們並沒有因而發展出環境保護的想法。一些手工業作坊，如皮革業或製陶業，由於需要用水，常常會聚居在城邊比較靠近水源的區域，但同時也因而造成水源的汙染。當時人因為水源汙染而生病的不在少數。如果相鄰的兩個城邦共用一條河流，可以想見會因為水資源的爭取而有糾紛發生，甚至發生戰爭。早期城邦時代的確有這類的記載。

城中的房屋除宮殿和神廟之外，通常都相當擁擠，部分原因是由於城牆建好之後，當城內人口增加，能夠使用的空間自然縮小。城牆外，以城為中心四向散布著農村，形成大約十五公里半徑，也就是相當於一天行程範圍之內的城邦—農村共同體。平時，這城外區域的農業生產和畜牧與城內的手工業相互支援，遇有戰爭，則人們可以避到城中尋求庇護。

至於交通，船是主要的交通工具，史前時代的印章中已有船的形象，在埃及早期的圖像資料中，也可以見到與兩河流域所使用的船隻相同的造形。這是否代表兩河流域的人在史前時代末期就已經由阿拉伯半島南端抵達埃及，學者尚無定論。但兩河人們用船隻與阿拉伯半島南部及波斯灣西南岸進行貿易，則是可以確定的。兩河流域主要的駄獸是牛和驢，在早期蘇美時代的圖像資料中，已經有牛車的例子，馬車的使用較晚，馴馬的技術則是在巴比倫帝國時代由小亞細亞和麥坦尼 (Mitanni) 地區傳入的。在亞述帝國時代，馬車成為國王的必備交通工具，也是王室圖像必有的主題。

 飲 食

至於日常食物，兩河人民最常喝的飲料是用大麥等穀物釀成的啤酒，

而主食則是麵包。麵包的種類甚多，有混合各種原料而成的，如中間摻以牛油、蜂蜜、水果、牛奶、果汁、乳酪等，其概念和我們現代的麵包作法相去不遠。肉類在兩河的食品中算是比較貴的，牛羊豬以及各種家禽都是他們的肉類來源。魚類當然也是重要的蛋白質來源。此外，他們也有各類的蔬菜及香料。他們顯然相當講究烹調藝術，考古學者在文獻中居然發現了巴比倫時代的食譜，可以讓我們知道兩河人民是如何下廚做菜的。其中一份的內容如下：

> 將雞剖開，用冷水清理，放入一個缽中乾烤，然後由火上拿下，再用冷水洗淨，灑上醋，再抹上碎薄荷和鹽。
>
> 把啤酒倒入乾淨的缽中，加入油。用冷水把雞洗淨，同所有的香料一起放入缽中。當缽熱的時候，將它拿離火爐，灑上醋，拍上薄荷和鹽。或者，用一個乾淨的缽，放入清水和雞，再放在爐上煮。然後由火上拿下來，用清水洗淨，抹上蒜汁。
>
> 把香料放入一盆水中，加一塊去了軟骨的肥油，一些醋，隨意的一些泡過啤酒的香木，以及芸香葉。當水滾了之後，加入沙米都（一種香料）、韭菜和蒜泥、洋蔥。把雞放進去煮。(K. R. Nemet-Nejat, *Daily Life in Ancient Mesopotamia*, 161.)

這道菜的工夫不下於北京烤鴨。不過，食譜中沒有提到用料的量，也沒有仔細的說明烹調的時間。看來，仍然有些部分是要靠師徒相傳的。

婚姻與家庭

婚姻的成立，通常要由男女雙方提出聘禮和嫁妝，並且要立下契約。在結婚之日，男方還要提供餐點供親友享用。一般而言，婚姻是一夫一妻制，但當有必要時（如妻不生子），丈夫可以納妾。有的時候妾也就是家中女奴。蘇美的婦女擁有某些法律地位，如可以持有財產、從事商業行為、在法庭上有資格作證等。但是她們並不能脫離受男性主宰的命運，丈夫可以因細故休妻，而若沒有子女，丈夫也可以要求離婚，不過，丈夫必須將妻子的嫁妝歸還，有時還要付罰鍰。反過來說，妻子不能主動

提出離婚的要求，在有些時候，如果妻子要求離婚，會受到嚴厲的懲罰。通姦是構成離婚的條件，如果丈夫當場捉姦，可以任意處置妻子和情夫，不過兩人的懲罰必須一致。至於子女，則完全為父母的權威所主宰，父母甚至可以將子女出賣為奴。當然，如果有需要，人們也可以收養子女。

家庭的成立基本上是一夫一妻制，但是實際生活中，家庭的結構有城鄉的不同。城市中多小家庭，鄉間則多大家庭，可能是生活空間和稅收制度的差別所造成的。但是即使是所謂的城市小家庭，並不表示人與其他親戚的關係就不密切。

娛　樂

有錢有閒的階級在任何社會中都免不了會尋求各種娛樂活動。兩河王室和貴族喜好的活動包括狩獵、摔角、拳擊、各式棋盤戲、音樂、舞蹈、吟詩等等，當然也包括了宴會狂歡。這些活動，有許多可以在亞述時代宮殿的壁上浮雕畫作中見到。亞述王族甚至設有專門養野獸的林園，好讓他們有動物可以狩獵。在壁畫中常可見到國王射殺或刺殺獅子的景象，雖不一定是真實畫面的重現，仍然表現出當時人心目中國王作為一個英雄人物的心態。

以上所談到的文化與生活諸面相，大致是以蘇美時代到巴比倫時代為主，但是也雜有一些後世的情況，因為整體而言，在政權和人群的構成上，兩河長期的歷史中有諸多的變化，但在文化上，蘇美與巴比倫及亞述是一脈相傳，雖亦有變化，一些基本的特徵仍然貫穿各時代。

第三節　卡賽時代

前面曾提到，當亞述勢力初起之時，西臺 (Hittite) 人也在小亞細亞興起。西臺人屬於印歐民族的一支，約於西元前 2000 年左右進入小亞細亞，征服了當地土著。到了西元前 1700 年左右，一個名叫拉巴尼斯 (Labarnes) 的強人建立了一統王國，定都哈圖沙斯 (Hattusas)，自稱哈圖西利斯 (Hattusilis)。他和他的養子穆西利斯 (Mursilis，約西元前

1602–1595 年）開疆拓土，向南發展。

此時漢摩拉比的繼承人無一能支撐大局，在一百五十年的時間之內，巴比倫的版圖縮小到了兩河流域中游一帶。雖然如此，這些巴比倫王仍然在他們的能力範圍之內修建神廟、開鑿溝渠、維持法律、推展商業。在這一百五十年間所留下的無數文獻使古巴比倫時代成為兩河流域歷史上資料最豐富的時代，特別是有關經濟生活的文獻，有人說比歐洲中古時代留下的更為詳盡。

但是威脅力量終於超過了巴比倫的負荷。這些力量來自何處？除了南方的「海濱王朝」(Sealand Dynasty) 之外，在東方山區有一支名為卡賽 (Kassite) 的民族在漢摩拉比死後不久就不時與兩河地區有所接觸。有時他們以和平的方式滲入，成為農業社會的一分子，但也有不少時候他們之中的好戰者會以武力入侵。巴比倫的力量在他們的侵蝕之下，減弱了不少。在巴比倫最後一位國王沙姆蘇地塔那（Samsu-Ditana，約西元前1626–1595 年）在位時，巴比倫表面上的繁榮終於經不起最後的考驗。在西臺王穆西利斯的一次南侵行動之下，巴比倫的軍隊不堪一擊，土崩瓦解。巴比倫的歷史從此進入一段黑暗時期。

穆西利斯在攻陷巴比倫之後並沒有在兩河流域停留，反而匆忙返回西臺老家，處理一次政變，結果失敗被害。西臺人一時沒有佔領巴比倫，代之而起的是南方的海濱王朝。大約有一百年之久，海濱王朝的君主自稱為巴比倫王，不過這段時期的史實我們所知甚少，到了大約西元前1460 年左右，原先就已在兩河建立了相當勢力的卡賽人正式取代了海濱王朝的統治，成為巴比倫的新主人。卡賽人在巴比倫統治了有四百年之久，是兩河流域壽命最長的政權。對於這一段歷史目前我們所知雖不多，但是可以推測，卡賽人的統治應該是相當成功，才可能讓分裂傾向甚強的蘇美和巴比倫諸城結合為一個整體。在文化上，卡賽人則完全接受了巴比倫的語言和宗教。事實上，有學者認為，自從卡賽人的統治之後，兩河流域的政治形態才真正擺脫了城邦政治，成為大一統領土國家，如繼之而起的亞述帝國和新巴比倫王國等。這種大一統領土國家的形成也

似乎是當時的一種趨勢。不但西臺的力量逐漸壯大，在兩河流域上游也有一支印歐民族據地建國，這就是由赫侖 (Hurrian) 人所建立的麥坦尼 (Mitanni) 王國。於是在西元前十五、四世紀的時候，卡賽、麥坦尼、西臺這三大強權和北非的埃及遙相對峙，他們之間的折衝往來，以後會再談到。由現代學者對所謂大一統領土國家的考量，我們也可以發覺，當現代人試著想去了解古代社會時，要如何自覺到他是否以現代的概念去套用在古代社會，實在是必須時時面對的問題。

第四章
埃及舊王國：金字塔時代

第一節　埃及的地理與人文環境

 地理環境

　　自古以來，埃及與尼羅河 (Nile) 幾乎是同義詞。尼羅河發源於東非高山區，由南方向北蜿蜒而來，在現今的開羅城附近分叉，河面由轉寬而分支，最後流入地中海。在古代，據說有七條支流，最主要的是西邊的羅塞塔 (Rosetta) 支流以及東邊的達米葉塔 (Damietta) 支流。這些支流所帶來的淤泥累積形成所謂的三角洲，適合農業。三角洲從古希臘時代開始被稱為下埃及 (Lower Egypt)，這是因為希臘人從地中海方向，也就是埃及的北方來，首先見到的是三角洲，也就是尼羅河下游，因此稱三角洲為下埃及，三角洲以南的上游河谷區為上埃及 (Upper Egypt)。活躍於西元前五世紀中的希臘歷史家希羅多德 (Herodotus) 的說法是這樣的：「任何親眼看見埃及的人，縱使他在以前從來沒有聽人提到過埃及，如果他具有一般的理解力，他也一定立刻會知道，希臘人乘船前來的埃及，是埃及人由於河流的贈賜而獲得的土地。」〔希羅多德著，王以鑄譯，《歷史》（臺北：商務，1997），頁 109。〕這就是所謂「埃及是尼羅河的贈禮」這說法的來源，而指的是三角洲地區。後人引用此話來說整個埃及是尼羅河的賜禮，當然也不無道理。希羅多德自稱在埃及各地旅行，曾經抵達南方的艾勒方坦 (Elephantine)，因而對埃及的風土人情有第一手的了解。自開羅以南的上埃及，是狹長的河谷地形，河的兩岸是綠色帶狀的沖積平原，土質肥沃，可供農作。這沖積平原一般都相當狹窄，有些地方至今仍然是以沙漠直接與尼羅河相接。其實，古埃及人自己也一向認

圖 4-1　埃及與努比亞

圖 4-2　尼羅河沖積平原　圖中可以清楚的看到，河水不及的地區即為乾燥的沙漠。

為埃及分為兩大部分，南方為 "sw"，北方為 "bity"，他們稱埃及為「兩地」(tawy)，國王的頭銜為「上下埃及之王」(Nsw-bity)、「兩地之主」(Neb-tawy)，所以希臘人稱的上下埃及可能也不是他們的發明，至少，將埃及分為兩個區域，是隨著埃及人的自稱而來。

　　尼羅河水位的消長，自古以來大部分年頭都相當規律，因為河水來自每年夏季降在東非高山區的季節雨，加上山區融雪，隨著夏初開始的季節雨，河水自山區直沖而下，到了中下游，由於宣泄不及，溢出河岸，造成氾濫。由於季節雨基本上相當規律，因而每年的氾濫期也就相當固定。由 7 月至 10 月是河水上漲的氾濫季，古埃及文稱為 Shemu，河岸的農田大多被水淹沒，是農閒期。由 11 月至隔年 2 月是所謂的退水季，稱為 Peret，農人在肥沃的淤泥尚未乾涸前開始播種。3 月至 6 月則是乾旱季，稱為 Akhet，此時河水降至最低點，作物在此時收成。為了要利用尼羅河水這種規則的特性，埃及農民很早就發展出一套預測洪水高低的辦法，能夠相當準確地在氾濫季開始之初測知未來幾個月中水位的高低，因而也可以針對下一年的收成多寡早作預防，而且能更進一步利用洪水來作為灌溉之用。由於埃及的氣候乾燥，除了北部靠地中海的區域稍微潮濕之外，其他地區幾乎全年無雨，因此尼羅河水就成為埃及農業發展

的唯一水源，也就是埃及人的生命之泉。難怪古埃及人的宗教中，尼羅河成了崇拜的對象，尼羅河神奧塞利斯 (Osiris) 則是生殖之神。當然，在埃及幾千年的歷史中，由於全球氣候的變化，也有潮濕和乾旱的長期循環，也就是說，尼羅河的水位曾有長期的低水位期，這大約是在西元前 2000 年至 1500 年左右，也就是中王國至新王國時代。由於尼羅河幾乎年年都帶來大量的淤泥，埃及農人很少擔心土地不夠肥沃。而因為土地的顏色呈黑色，埃及人稱尼羅河谷為「黑鄉」(The Black Land, Kemi)。相對而言，埃及四周的沙漠則是不毛的「紅土地」(The Red Land, Desheret)。

值得注意的是，尼羅河三角洲在埃及歷史上是重要的農業區，人口也相對稠密，但是由於三角洲地區長期在尼羅河氾濫範圍之內，所有的古代居住遺址不是被水沖毀，就是深埋地下，因而此區的考古遺址甚少，當然也造成我們對古埃及歷史文化了解的一大漏洞。近幾十年來，考古學家在三角洲東緣進行考古，發掘了中王國至新王國時代的遺址，尤其是對西克索 (Hyksos) 時代的發掘，總算填補了一些空白。至於上埃及，大部分遺址均分布在沙漠邊緣，河水氾濫所不及的區域。

圖 4-3　艾勒方坦　河中布滿亂石急流，兩旁為沙漠，形成天然的阻隔。

自開羅向南航行約一千公里，到今日艾勒方坦 (Elephantine) 地方，會遇到一處急湍，河中亂石遍布，水流湍急，無法行船，稱為第一急流區 (First Cataract)，是古代埃及南方的天然疆界。根據古埃及傳說，尼羅河水在此由地下湧出。其實這類的急流區在上游還有五處，也是埃及勢力南向擴張的標的。舊王國時代，埃及南方疆界在第一急流區，艾勒方坦為邊境貿易站，由非洲中部輸入象牙、毛皮和其他珍品。此城古代的名稱就叫象牙城 (Abw)，其現代名稱顯然由大象一詞而得名。中王國時代的疆界南移，到達第二急流區。新王國時代，埃及勢力擴張到第四急流區的那帕達 (Napata)，此地的小王國為埃及附庸，後來還曾經一度成為全埃及的統治者。

除了三角洲和尼羅河谷之外，埃及人的活動也延伸到沙漠中的綠洲。在尼羅河西岸的沙漠中有一些綠洲，自舊王國時代以來就有埃及人在當地活動，這些綠洲之間的通路有時也是埃及人與非洲中部地區進行貿易的路線。托勒密時代，巴哈利亞 (Bahria)、法拉夫拉 (Farafra)、卡爾給 (Khargeh) 等綠洲還是重要的葡萄酒產地。近年在綠洲發現重要的托勒密時代墓地，出土成千上萬的木乃伊及彩繪木棺，顯示此地區在當時是相當繁榮富庶的。

產　業

埃及的農業大約始於西元前 5000 年左右，此時人們已經在尼羅河谷活動相當長的時間了。農人種植的作物主要是小米、大麥和燕麥。而在畜牧方面，牛羊為主要的牲口。此外，埃及人也養鴨、捕魚，但是雞卻是直到托勒密時代才開始在埃及出現。由墳墓壁畫中我們可以看到，埃及人也想要畜養沙漠中的羚羊，卻從未成功。在菜園中有各種蔬菜，如洋蔥、萵苣、茴香、蒜苗等，水果的種類不多，有無花果、椰棗、葡萄等。而葡萄的種植和葡萄酒的製造則是有錢人家的享受，一般農人只能喝用麥釀的啤酒。

與農業生產密切相關的是曆法。埃及人使用的曆法有陰曆和陽曆，

早期以月亮盈虧而定的陰曆，以三十日為一月（實際上是 29.53 天），一年十二月，但由於總共只有 354.36 天，比實際的太陽年少 10.88 天，故每三年必須加入一個閏月，並不十分準確。至於陽曆，則是以日出時天狼星同時升起於地平線上之日，同時又是尼羅河水開始氾濫的那日，為第一次新年之始。但這種曆法比太陽年少了 1/4 天，故以後每次天狼星升起時會較前一年慢 1/4 天，每隔 1,461 年 (4×365.25) 會輪迴一週期。由於最後一次有記錄的天狼星與日俱升和尼羅河水開始氾濫為同一天的新年是西元 139 年，倒推回去兩個輪迴，則應該是西元前 2783 年，屬於舊王國時代。可惜目前我們還找不到當時的記錄，可以確定這套曆法的確是在那時候開始實行。

在天然資源方面，尼羅河谷從來就不生產高大的樹木，因而自舊王國時代就從黎巴嫩山區進口木材。這些木材多半用在建築房屋，製造傢俱，而由舊王國時代一些墓葬中至今保存相當完整的木棺看來，這些木材的品質是相當好而耐用的。不過在中王國時期以前，尼羅河東邊的山並不是荒蕪的，因此小型的木材仍然有來源。山區也有大型和中型的野獸，如象、羚羊、長頸鹿、駝鳥、犀牛、驢、鹿等。因後來人口的增加，木材的需要量大，大規模的墾伐導致環境逐漸惡化，最後終於完全的荒漠化，東方山區才成為目前的不毛之地。可見人類對地表環境的破壞並不是現代才有的現象。

金、銀、銅這三種礦產是埃及的主要貴重金屬資源。金礦與銀礦主要產在東方山區之中。埃及的多金，在古代世界中相當著名。新王國時代，巴比倫王曾寫信給埃及王要求送金子去，因為「在埃及，金子就如塵土一樣般多。」銅礦則出於西奈半島，埃及人自舊王國時代早期就已去西奈半島採礦，而當地除了銅之外，也有土耳其玉。此外，埃及人用金子與南方努比亞地區交換香料、毛皮與象牙等土產。埃及的富庶在當時是相當有名的。

語言文字

現在的埃及人都講阿拉伯語，這是由於西元七世紀中阿拉伯人征服埃及，將伊斯蘭文明帶入埃及，阿拉伯語遂成為埃及人所使用的主要語言。現代埃及人是自西元七世紀中之後進入埃及的阿拉伯人和埃及本地人混血而成的，而當時的埃及本地人是在希臘和羅馬統治之下由所謂的本地埃及人和希臘人所混血，在那之前，埃及也自古以來就和外在世界有所接觸，因而就人種而言，很難說什麼是純種的埃及人。這種情況其實在全世界各地的文明區都相去不遠，所謂的種族，尤其是近代民族國家興起之後所建立的「民族」，雖然有一些看來客觀的分類標準，如膚色、語言、宗教等等，但這些多半是主觀的文化因素，或者環境因素，在嚴格的生物分類上是沒有什麼客觀基礎的。

在語言方面，語言學家將西亞各地語言分成閃米語系 (Semitic) 與含語系 (Hamitic)。閃米語系包括了現在的阿拉伯語族與希伯來語族，在古代則有阿卡德語和亞述語。含語系包括現代北非的勃勃語 (Berber)。古代埃及語則是一種獨立的語言。它與前兩種有遠親的關係，但發展相當不同。

埃及的文字系統是造成埃及文明神祕面貌的重要原因，因為所謂的埃及象形文，基本上是由一個個的圖像所組成，對於不明就裡的人而言，很直覺的會認為圖像具有某種神祕的象徵意義。一直到十八世紀末，人們仍然認為古埃及的象形文字是一種象徵性的神祕符號，每一個圖像有其隱藏的意義，而各圖像加在一起，若能解讀，則可以得到至高無上的智慧。這種態度，其實在希臘古典時代就已經出現，以希羅多德和哲學家柏拉圖等人為代表的一些人認為埃及文明具有古老深邃的智慧，而其代表就是那些懂得文字的神廟祭司。實際上，象形文符號其實有些代表聲音，有些代表意思，但基本的構成原則是拼音。法國學者尚保榮 (Jean-François Champollion) 在 1823 年成功的解讀埃及文，就是正確的了解了埃及文為拼音文字系統的一種，雖然它不能說是純拼音文字。至於

書寫方式，一般人最熟悉的雕刻在神廟牆壁、方尖碑、墓碑，或雕像上的圖像符號，中文稱為象形文，是由中文的構造來理解，但希臘人稱之為「神聖文字」(Hieroglyph)，因為希臘人看見的象形文字主要是使用在神聖的空間，如神廟中。至於埃及人自己，倒是沒有特別的稱謂。

　　另一種書寫埃及文的方式，希臘人稱為 Hieratic，指的是祭司們所使用的書寫體，其實是簡化的圖形符號，它和象形文字的關係，可以用中文行書和楷書之間的關係來做比喻，可稱為「行書體」。這種書寫體在文字出現不久之後應該就已經存在，考古學家在第一王朝時代的墓葬中找到用來書寫的紙草卷，可以說明當時人在日常生活中已經開始運用行書體。至於第三種書寫文體，為行書體的更進一步簡化和符號化，是在西元前七世紀左右才發展出來的，希臘人稱之為「庶民體」(Demotic)，可說是象形文字的「草書體」。在希臘羅馬統治時代，它是一般日用文書體，包括書信、文件、文學作品等等，都使用它。到了西元二世紀之後，由於基督教在埃及的傳布，開始有傳教士利用希臘字母，加上七個由庶民體變來的符號，創了一種拼音系統，用來拼寫埃及語，成為所謂的「科普特文」(Coptic)。科普特一詞，其實仍然是埃及 (Aegyptus) 一詞音轉而來。由於科普特文主要用在基督教徒圈內，亦有基督教經典的翻譯，因而在基督教會內流傳甚久，它的解讀一直不成問題，在十九世紀破解埃及象形文的過程中，也擔任了重要的角色。

第二節　由史前進入歷史

　　埃及在西元前 6000 年左右開始進入農業時代，比西亞地區晚了大約一千多年。考古材料顯示，史前時期的埃及有幾個發展階段，在上埃及以那卡達 (Nagade) 為中心發展出的文化社群最為重要，共分為三期。由於尼羅河的沖積和淤積，自中游以下，乃至於三角洲地區，史前考古材料極為零散，只有在沙漠邊緣地區的麥林達 (Merimda) 和馬地 (Maadi)等地有大約與那卡達文化一、二期在時代和特徵上相類的文化遺存。考古學者推測，史前時代末期以赫拉康波利斯 (Herakonpolis) 為中心的那

卡達文化三期首先形成一個統一國家，也就是所謂的上埃及王朝。不過我們對此一時期的了解在材料方面極不平衡，這是由於十九世紀以來的所謂現代考古學，基本上都在上埃及進行，因為下埃及三角洲的地下水位高，考古發掘相當困難。一直要到二十世紀下半葉以後，埃及政府才開始有計畫的鼓勵考古學者在三角洲地區進行發掘，而上埃及地區由於開發已久，則以古蹟維護為主。

　　由史前時代進入歷史時代，埃及是另一個有比較完整記錄的例子。傳統的理論主張人群的發展由聚落而部落，由部落而聯盟，由聯盟而國家；較新的說法，如資源控制，認為人們對於生活資源的爭奪常是一種推動人群聚合發展的動力；遊戲理論 (game theory) 則認為，最早的時候是一些小社群一同競爭，但一段時間之後，由於地理、環境、心理、機會等等因素的作用，開始出現領先的社群，最後出現主導各小社群的領袖社群，成為資源的主控者，也就是國家的雛形。當然，定居農業生活本身，由於必須佔有土地，基本上就設定了以土地為發展重心的領土國家的傾向。這種與土地的認同感，再加上佔有更多資源的野心，也許是推動國家成形的基礎動力。當然，這並非說在初有國家之時，所有的社群都有相同的發展和意識，更不是說所有的土地都有人群宣稱擁有權，而所謂的擁有權意識也不見得只有一種。這種發展的不平衡，可能是人類歷史上所以有霸權形成的根本原因。

　　不論何種理論，最後都必須建立在具體的考古和文獻證據之上，始有說服力。但埃及史前考古向來的研究方式是偏重於器物的研究和分析，而比較缺乏對整體聚落和環境之間的互動關係的了解，因而對於早期人群的分合和擴張，或者國家的形成過程，仍然需要更多的證據。

　　到了西元前 3150 年左右時，埃及出現了一統王朝。根據後世的傳說，建立第一個王朝的國王名為曼尼斯 (Menes)。西元前二世紀中，也就是托勒密時代，一位名叫曼尼多 (Manetho) 的埃及祭司用希臘文寫下了一部埃及史，可以說是埃及人所寫的第一部埃及歷史。不過這部歷史現在只有一些片斷在後人的著作中保存下來，因而也包含了極多的混亂和矛盾。

由現存的部分來看，除了最接近作者的年代之外，其餘的篇章是謬誤百出，不但人名和事件混亂，也包含了許多神話傳說，其中有一段談到埃及第一位國王曼尼斯的事蹟：

> 在那些半人半神的祖先之後，埃及的第一個王朝有八個王，第一位是來自提斯地區的曼尼斯，統治了六十二年。他被一頭河馬載走而消失。他的兒子阿托提斯統治了五十七年。他在孟斐斯建了宮殿，他的解剖學著作仍存在，因為他是個醫生。(W. G. Waddell, *Manetho*, 27–29)

這段文字中，可注意的是作者所提供的一些消息，雖不一定真實，但在某種程度上也反映出埃及歷史的片段。首先是提斯這地名，它正是第一王朝的首都，即後世所謂的赫拉孔波利 (Heraconpolis)。不過，曼尼斯之名在考古材料中尚未被發現，河馬的主題倒是饒富趣味，因為在埃及宗教中，河馬是混亂的象徵，曼尼斯被河馬載走，是否表示他亡於一次動亂中？至於阿托提斯是否為醫生，無從查考，但埃及的醫學，尤其是外科手術，在古代世界中相當著名，因而有此附會，也是可以想見的。

　　如果文獻資料不可靠，只能在考古材料中尋找線索。最早有銘文為據的國王可能是一個名為納米爾 (Namer) 的人。在開羅埃及博物館中藏有一塊石製胭脂盤，兩面有淺浮雕。這塊胭脂盤製作精美，顯然具有相當重要的紀念價值，因而也說明了其上圖案的重要性。其中一面的圖案中，國王納米爾頭戴圓頂的上埃及王冠，手握權杖，擒服了下埃及人，而在盤的另一面，他戴著平頂的下埃及王冠，檢閱被征服的敵人。這兩幅圖案常常被用來作為納米爾是統一上下埃及的國王的證據。當然這也許不是定論，但一般學者都認為，在統一之前，埃及狹長的河谷平原為許多部族所分據，三角洲地區也由於地形破碎，分裂為許多小部族，每一個部族有其主要崇奉的神祇。後來上下埃及各自結合為一聯盟，最後由上埃及征服下埃及，完成統一。在此後的埃及歷史中，所謂的上下埃及，始終是埃及人的政治運作中重要的觀念，國王的頭銜之一為「上下埃及之王」(Nsw-bity)，而上埃及 (sw) 放在下埃及 (bity) 之前，也象徵了

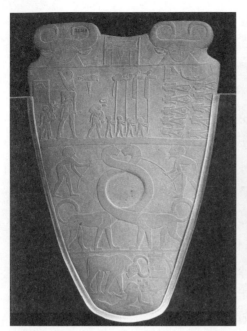

圖4-4　納米爾石盤（正面）　盤的最上方仍然是兩個牛頭神明的像，國王的名字在中間。其之，納米爾王頭戴下埃及王冠，前面是他的首相，再前面是四名手持標桿的人員，代表四個或者更多的地方部落，最右方躺在地上的兩排敵人，均被斬首，顯然是國王在檢視的戰果。敵人上方是代表霍魯斯神的老鷹，霍魯斯也就是國王本人。中間的兩頭長頸獸交頸造成的圓圈，其實表現出這個石盤的原始功能：它是供人研磨顏料的盤子，圓圈是研磨顏料的區域，有如中國的硯盤。在史前時代末期的埃及這類石盤是常有的日用物品。在這裡它應該是作為紀念品而製成的。最下面的一頭公牛正在攻擊一座城池，公牛應該也是國王的化身。

圖4-5　納米爾石盤（反面）　此盤為埃及由史前時代進入歷史時代的見證，上有最早的象形文字，如國王的名字納米爾，寫在碑上端正中間的宮殿符號中。另外，圖中被國王捉著頭髮的敵人也有名字，叫做哇息(Wa-sh)。國王對面的老鷹則為國王的化身，或者說，是霍魯斯神的形象，牠手上的繩子牽著一個人頭，頭身是象形文土地或地域的意思，身上有六根蘆葦稈，也是象形文的數字符號，代表六千，於是圖案的意義可以解讀為：霍魯斯神俘擄了六千個敵人。國王身後提鞋的是掌印大臣，國王腳下兩名敵人代表被征服的城市。左邊那個人面對的符號即城池的意思。

上埃及的地位較重要。當然，上下埃及的統一多半是長期演進的結果，並非一夕之間完成的。

　　統一國家的建立和文字的發明是大約同時的。在早期王朝時代（第一、二王朝，約西元前 3000–2686 年），根據許多陶器封泥上的各種官銜和地名，可知埃及已經有了中央集權式的政府組織，上下埃及也各有一個行政主管，向國王負責，而史前時代的各部族所在地則規劃為行省（希臘文稱 nome），各有一個省長 (nomarch) 統領地方事務。這些行省的數目，大約在上埃及有二十二個、下埃及有二十個，各有其崇拜的神明。

　　由文獻和圖像材料看來，後世埃及所常見的一些重要的神祇在早期王朝的時代已經出現。這些神祇包括天空之神霍魯斯 (Horus)、太陽神雷 (Re)、塞特 (Seth)、掌管墓園的阿奴比司 (Anubis)、女神哈托 (Hathor)、掌管智慧的圖特 (Thot)，而奧塞利斯 (Osiris) 的信仰在早期王朝時代尚不十分重要。大致而言，因為有阿奴比司和奧塞利斯，埃及人的死後世界觀已經形成。其實來世的觀念應該早在史前時代就已出現，史前墓葬中許多隨葬品就是可靠的證據。歷史時代早期許多大墓葬中，也以實物隨葬，可見當時的想法是人在死後世界所過的日子和世間相似。

圖 4-6　國王與霍魯斯神二位一體　這是第四王朝國王卡夫雷的座像，他的頭後面的老鷹即為霍魯斯神。這像的意義是，國王即霍魯斯神，或者，霍魯斯神在國王背後保佑他。

　　和政權關係最密切的，是霍魯斯和塞特兩位神明。早期王朝時代國王名號上方常寫有霍魯斯之名，代表國王為霍魯斯之化身，或者表示國王的保護神為霍魯斯。但有的國王名號上方寫的是塞特，意味著有不一樣的保護神。這種國王主神不同的情況很可能代表了不同的宗教勢力和政權傳統。第二王朝時代一位國王名為哈色肯姆伊 (Khasekhemwy)，意思是「兩位神明同現」，名字上方霍魯斯和塞特並列，很可能表示兩種勢力的妥協。不論如何，此時的塞特似乎尚未成為日後奧塞利斯神話中那個邪惡的弟弟，但神話中霍魯斯和塞特相鬥，為奧塞利斯復仇的主題，卻可以在此找到一些淵源。第三王朝之後，霍魯斯的勢力得到勝利，塞特

圖 4–7　馬斯它巴 (Mastaba)（長方形墓）　此類型的墓葬為早期
王朝時代國王所通用。舊王國及中王國時代，一般貴族也可以用。

從此和王權絕緣。到了舊王國時代末期，國王的名字前又加上「雷之子」
的稱號，國王成為太陽神雷 (Re) 的兒子，表示另一層次的王權和神權的
結合。

　　第一及第二王朝時期的文獻資料極少，基本上只是人名、地名和官
銜，因而考古材料極為重要。由考古材料看來，此一時期的工藝水準接
續史前時代末期的發展，已能製造相當精美的石器，如盤、罐等，但尚
未能自由運用石材建造大型建築。第一、第二王朝的墓葬基本建築概念
與史前時代並無不同，泥磚仍是建築的主要材料，分地上與地下兩部分。
地下墓穴採豎穴土坑式，墓室分隔為若干小間，除棺室外，為放置隨葬
品的空間，整體而言頗似中國的豎穴木槨墓。地上部分外形長方，後來
阿拉伯人以其形似長條形板凳，遂以「板凳」(Mastaba) 一詞稱之。石材
的使用只限於作為國王墓中的地磚，一直要到第三王朝時期，才開始以
石材作為建墓和神廟的主要材料。除此之外，人口和財力的增加都代表
第一、第二王朝為日後埃及的黃金時代的準備時期。

早期王朝時代的最主要發展，應該是埃及文化主體的成形。雖然許多自史前時代以來繼續存在的地方性宗教和工藝傳統並沒有完全消失，但一個以一統王權為主的大傳統已經逐漸成形，這大傳統包括了王權和神權的結合，文字系統的發展，加上與宗教和王權配合的制式藝術風格。統治者以發展這種傳統為分配及控制各種資源的手段和條件，逐漸將埃及的國力凝聚，並且推向一個發展的高峰。

第三節　金字塔時代

第三到第六王朝，是所謂的舊王國時代（約西元前 2700–2200 年），也是所謂的金字塔時代，埃及文明在這一段時間中不論是政府組織、宗教系統、工藝美術等各方面都發展到了相當成熟的地步，也為此後埃及文明的發展立下了規模。

第三王朝第一位國王名叫卓瑟 (Djoser)，他開始利用石材來建造自己的墳墓，開創了埃及的金字塔時代。卓瑟的墳墓在今日開羅西方的沙卡拉 (Saqqara) 地區，呈長方形六層蛋糕式，是第一個完全用石材建成的建築物。

與卓瑟階梯式金字塔類似的王墓尚有幾座，大約都是屬於第三王朝國王的，但現在均已毀壞。而由卓瑟的階梯金字塔到第四王朝開始，金字塔的建築技術已經在半個世紀中達到完美的程度。在沙卡拉南方的達舒 (Dahshur) 和麥敦 (Medum) 地方有三座金字塔，是銜接階梯式金字塔和第四王朝時代三角錐金字塔的重要建築。其建造者可能為第四王朝的第一位國王史那夫魯 (Snefru)。

這三座金字塔在短短的數十年間建造完成，一座比一座大，形狀也終於成為真正的三角形，顯示埃及的建築技術在此一段期間突飛猛進，而巨大石造建築所必須牽涉的龐大經濟力量，又是令人無法忽視的事實。不過有關此一時代的具體歷史事件，我們所知不多。據說史那夫魯在位時曾經和南方努比亞地區發生戰爭，並且擄回七千戰俘，二十萬牛隻。這數字是否可信並不重要，重要的是這訊息間接證實史那夫魯時代是埃

及充滿活力的時代。而他為何要建三座金字塔？也是很難有答案的問題。

　　史那夫魯之後，古夫王（Khufu，希臘文作 Cheops）建於吉薩 (Giza)
的金字塔則是空前絕後的鉅構。這個金字塔底部為 230 公尺見方，高 147
公尺，斜角 51°50′，由大約二百三十萬塊石塊建成，每塊石塊重約二噸
半，最重可達十五噸。最驚人的是它的四邊分別對正地理上的四極，最
大的誤差不超過 5′30″，而四角呈現幾乎完全的正方形，顯示當時埃及工
匠和建築設計者已經掌握了十分精確的測量和工程知識。古夫的兒子卡
夫雷 (Khafre/Chephren) 緊接著他的父親又在吉薩建了他的金字塔，雖然
稍小，底部也有 215 公尺見方，高 143 公尺，同時，它的地基較高，所
以看起來比古夫金字塔還雄偉。卡夫雷之子門考雷

圖 4-8　階梯金字塔　這新的嘗試，是基於早期王朝時代馬斯它巴的造
形，不同的是，卓瑟不以一個長方形的馬斯它巴為滿足，建造過程中幾經
修改設計，最後增加為六層，每層的大小遞減，如同生日蛋糕，如今被稱
為階梯金字塔 (Step Pyramid)。它的高度約 60 公尺，底部為 121 公尺長，
109 公尺寬。在階梯金字塔的地下，是一些極為複雜的地道和地窖，應該
是隨葬品的貯藏室，考古學家在其中發現了三萬多個陶器，足以顯示這墓
葬的重要性以及國王所能動用的財富。

(Menkaure/Mycerinus) 時，所建的金字塔體積突然縮小，底部只有 102 公尺見方。

　　然而金字塔只是國王陵墓的一部分。除了這存放棺柩的建築物之外，在金字塔東面尚有廟宇，為祀祭國王的地方。由廟宇到尼羅河邊，又有一座石製走廊，供葬禮時運送國王的木乃伊之用。在陵墓區看守金字塔的，除了各有所司的祭司之外，尚有各種官吏、工人，以及替他們生產糧食的農人，形成了所謂的「金字塔城」。

圖 4-9　麥敦金字塔　麥敦的金字塔目前呈二層階梯式，其最外的覆蓋層已剝落，據推測原本可能是一座七層的階梯式金字塔，經過兩度修改，最後成為三角錐形，也就是一般習見的金字塔，底部為 144 公尺見方，高 92 公尺。而在達舒則有兩座金字塔，可能同屬於史那夫魯王 (Snefru)。其中較早的一座呈三角錐形，唯斜邊在半腰處折角，所以現在被稱為「折角金字塔」。這可能是設計變更的結果，因為原設計的角度可能過大，以致石材無法負荷自身的重量，只有半途將角度改小，由 54°27′ 改為 43°22′。此金字塔的底部為 188 公尺見方，105 公尺高。而在它不遠處又有另一座金字塔，呈三角錐形，底部有 220 公尺見方，105 公尺高，斜邊亦為 43°22′。這座金字塔的底座其實已經與古夫的大金字塔相去不遠，是所有金字塔中第三大的，不過現代一般人被吉薩金字塔群所吸引，反而很少注意。

金字塔的建築很具體的顯現了埃及整體國力和財富。以古夫金字塔為例，它到底花了多少人力和時間來完成，我們並不清楚。希羅多德在二千年後聽到的說法是，十萬人用了二十年的時間才建好。這數字顯然是一個方便的說法，表示「很多人建了很久」。1990 年以來，考古學者

圖 4-10　卡夫雷之金字塔　此圖乃站在古夫金字塔頂所攝。金字塔是如何建成的？目前尚無定論。西方人自十九世紀以來就有許多金字塔迷，專門研究金字塔的祕密。有一群人甚至主張埃及金字塔是外星人所造。坊間此類書籍相當多，也顯示一個時代大眾的文化品味。我們知道，古埃及人並不懂滑輪的原理，一切都必須靠原始的人力去搬運。一說認為石塊的運輸在工地是利用斜坡，以人力推拉而上。然而當斜坡隨著金字塔的高度升高時，整個斜坡本身龐大的建構就會是一個問題。因而有人認為在實際建築時，搬運石材的斜坡是繞著金字塔而上，因此減少了建構斜坡的材料和困難。此說頗為合理，仍然缺乏證據。還有一種說法是利用槓桿原理將石塊由下向上吊動。不論如何，看來埃及人應該是用了相當簡單的方法完成一件不可思議的成果。可以舉一例說明。金字塔的底部必須是完全的水平，否則石塊的壓力不平均，會造成滑動。在沒有現代水平儀的時代，要如何去製造一面 230 公尺見方的水平面？埃及人想到一個極簡單的方法。考古學者發現，埃及人先在地基上挖出格子狀的小水溝，再灌水進去，自然就形成水平面，再把每格中高出水平面的部分削去，最後就得到一大塊水平地基。

在吉薩地區已經發現建築金字塔的工人所居住的工寮，據估計，同一時間居住在工地的人最多大約是二、三千人，而不太可能十萬人一起工作。但即使是二、三千人，在組織和管理上也是相當困難的。

金字塔的建造顯然是一項極為勞民傷財的事。門考雷的金字塔比他父祖的小了許多，原因當然可能很多，但自第三王朝末期以來不斷的建造大金字塔，必然消耗了大量的資源，因而有可能是因為資源的拮据，使得他只能建一座較小的陵墓。而金字塔的建築在第五和第六王朝時期愈來愈小，同時品質也較第四王朝差，恐怕也表示國家的財力或者人們對國王的崇拜開始走下坡。

由於金字塔特殊的形式，數千年來人們對於它的作用和意義產生了種種的猜測，中古時代歐洲甚至有金字塔為穀倉的說法。為什麼埃及人要建造這樣一種形式的陵墓？我們當然可由建築史的角度來看這問題：國王的大墓自第一王朝起的長方形墓演變為第三王朝卓瑟的階梯式金字塔，最後變為第四王朝的正三角錐金字塔，似乎循著一個合理的發展途徑，即不斷的擴大、增高。這是建築技術進步、資源集中，以及王權高

圖 4-11　第五王朝時代金字塔　在背景中的金字塔即為第四王朝的三座大金字塔。

漲的結果。但金字塔的形狀是否還有宗教和象徵的意義？根據埃及神話傳說，在今開羅附近的「太陽城」Heliopolis 的太陽神廟中供奉一塊尖形石碑，埃及人稱之為「奔奔」benben。有些學者遂認為這可能是金字塔的原形，也就是說，金字塔的形狀和太陽神的崇拜有關係。

也有人認為三角錐金字塔的形狀正如太陽光束突破烏雲而射向地面的形狀，也象徵了太陽神對國王的照顧和國王升天的情景。這說法有一些合理的地方，因為國王死後升天在舊王國時代的確是埃及宗教神學中的說法。在「金字塔文」中，有下面一段咒文：「我乘著你（太陽）的光芒，好似足下的斜坡，我上升到我母親，雷額頭的聖蛇那兒去。」又有一段說：「天為你加強了太陽的光芒，好讓你能夠將自己提升上天，成為雷的眼睛。」這些譬喻式的文句也的確讓人會聯想到金字塔的形狀是太陽光芒的象徵。問題是，這並不能解釋金字塔在成為三角錐之前的發展。

金字塔作為國王陵墓的形式，由舊王國時代一直延續到中王國時代，幾乎每一任國王都在尼羅河西岸為自己建一座金字塔，據統計，金字塔的數目大大小小約有九十座之多。不過中王國時代的金字塔基本上均為泥磚建造，至今也多已傾頹。新王國之後，除了一位國王阿摩司一世 (Ahmose I) 之外，所有其他國王的陵墓都移至底比斯 (Thebes) 西方山谷中，改為岩洞墓，不再使用金字塔的形式。這中間有宗教觀念的改變，也有為了防止盜墓的實際考慮。不過盜墓賊並沒有因此而罷手。值得注意的是，新王國時代之後，在南方努比亞地區新興的勢力，建立了第二十五王朝。這王朝地區的努比亞人自古以來就受埃及文化影響，可能為了證明他們在埃及統治上的正統地位，因而其國王的墓葬選擇了古老的金字塔形式。以下八百年的時間內，在努比亞地區建的金字塔約有一百八十座之多。不過它們的體積都遠比古埃及的要小，最大的不過四、五十公尺高，一般只有十幾公尺高。

當希臘歷史家希羅多德在西元前五世紀中葉抵達埃及時，他所見到的金字塔已經存在了二千年之久。在當時，埃及屬於波斯帝國的統轄之下（西元前 525 年 –404 年），古老的埃及文明正逐漸步上衰敗之路。當

然，活在當下的人們很難察覺時代的變遷。埃及人仍然普遍生活在古老的宗教信仰和習俗中，阿夢神仍為底比斯的主宰，奧塞利斯、艾西斯、霍魯斯一家三口對抗邪惡的塞特的傳說仍在民間流行，有錢的人家仍然將死者交由專門的祭司和葬儀社處理，製成木乃伊。希羅多德走訪埃及各地，記下所見所聞，構成了他的巨著《歷史》的第二卷和第三卷的一部分。由於他的記載是除了埃及文獻之外，現在所能見到最早而且最詳盡的材料，對於後世的影響極大。譬如說，有關木乃伊的製造，希羅多德的說法仍然是我們今天能夠掌握的唯一資料。有關波斯統治前的埃及歷史，尤其是距離較近的第二十六王朝（西元前 664 年 –525 年），希羅多德的記載也相當可信。至於許多年代荒遠的事蹟，就連埃及人自己也很難追述，遑論作為過客的希羅多德了。

在希羅多德有關金字塔的記載中，有二段文字特別受到注目。首先是金字塔的建造。當希羅多德在驚訝之餘詢問金字塔的建造時，他得到的答案是：十萬人花了二十年的時間。這個答案是否正確，他無法評估，也許時至今日，我們終於可以有一個大概的估算。不過，十萬人的數字，如果是指同一時間有十萬人在工作，大約是不太可能的。以大金字塔所在的吉薩臺地附近的面積來看，大約只容得下同時有三、四千人一起工作。這還不算所有後勤人員：伙食、清水、工具、醫療、住宿等等，都得有人提供。總之，我們也許可以想像希羅多德在聽到這答案後的反應：這答案的意思是說，很多人花了很久的時間。

希羅多德的線民對於大金字塔的主人，也就是著名的古夫王，似乎並不太認同。他給希羅多德講了一個故事：

> 古夫王在建金字塔時由於缺錢用，就派他的女兒去妓女戶工作，並且要她收取一定的價碼——雖然不知道到底是多少。她不但遵旨照辦，並且還加上她自己的要求。她要求每一個顧客都給她一塊石頭，好用這些石頭來為她自己建一個金字塔，以為後人所紀念。這就是古夫王金字塔旁三個小金字塔中間的那座。

(Herodeotus, *The Histories*, 179.)

線民也告訴希羅多德，古夫王為了建金字塔，弄得全國人仰馬翻，並且強迫人民為奴工。站在現代人的立場來看，像金字塔這樣的建築，一定是在相當嚴酷的情況之下完成的。我們眼前可以浮現一幅圖像：一大群的奴工，在法老鷹犬的鎮壓之下，日以繼夜的趕工。

這故事是否可信？我們當然仍無法判斷。不過有趣的是，它至少告訴我們，在希羅多德的時代，至少有些埃及人並不盲目的崇敬古代的名王。實際上，中王國時代的埃及文學作品中，就有一篇以古夫王的宮廷生活為主的傳奇故事。故事大意是說，古夫王在宮中生活得無聊，就要求臣子提供一些娛樂，臣子就找來一個魔術師，變了幾招魔法，以供國王解悶。古夫王的形象在這篇作品中是既不莊嚴，亦無睿智可言。所以我們一般印象中以為古埃及人視其國王為神的化身，其實應該是在特定的政治神學之下的觀念。在實際的生活中，埃及人也許和世界上其他地區的人民一樣，對他們的統治者是「恭敬的鞠躬，默默的放屁」。就拿古夫金字塔本身來說，在中王國時代，他的金字塔前寢廟中的柱石就已經被國王阿曼尼赫特一世（Amenemhet I，約西元前 1991–1962 年）拆去建自己的金字塔了。

不論如何，時至今日，金字塔仍然是世界上最重要的古蹟之一。它的存在，是人類過去一段歷史的見證，不論現在人要用什麼樣的角度去詮釋這段歷史。對於今日的埃及人而言，古代埃及人的世界也許仍然有一部分存留下來：尼羅河雖然不再每年氾濫，河流兩岸的景致仍然有其舊觀；沙漠的風塵和烈日仍然驅人向棕櫚樹下尋求蔭庇；鄉下農村中，農民的耕作與生活雖不免有現代化的痕跡，但許多地方仍嫌現代化不夠快，因為驢馬仍然是不少農人的交通和運輸工具。但是今日的埃及人是伊斯蘭的子民，在主流文化和宗教上無可否認的與古埃及文化和宗教有巨大的隔閡。因而，當埃及的埃及學者不斷強調古埃及和現代埃及之間有很強的聯繫時，我們不禁會想到：這看來又是另一次建構文化傳統的努力，是基於民族主義和國家主義的理念而發出，為了要鞏固現代國家對那一塊土地的歷史遺跡的擁有權和解釋權所做的努力。對於埃及之外

的世人而言，金字塔可以是古埃及人智慧的結晶，可以是古代統治者自大、殘酷和狂妄的表現，也可以是古代信仰力量奇妙的見證，或者全部都是。今日的金字塔，除了表面上的壯闊和莊嚴之外，應該可以訴說一段發人深省的故事：古埃及人在什麼樣的情況之下建了金字塔，為什麼建金字塔，為什麼又不建金字塔，後世的人又以為金字塔是什麼，為什麼會有那些想法，而現在的人又是如何的看待，或者利用金字塔。金字塔的故事，其實也就是人類歷史的一個版本。

第四節　政治與社會組織

　　一個國家的發展如果不能得到持續的力量支撐，就不可能長久。國家力量主要表現在公共建築和軍事力量兩方面。所謂的公共建築，其實主要就是宗教性建築，在埃及，就是神廟與金字塔。國力的來源是被統治者所提供的各種勞力和物力。要運用這些勞力和物力，就必須有一套組織和運作的方式，也即是政府各個部門的建立。埃及的政府組織到了第四王朝之後，逐漸的趨於完備。在司法、工程、稅收、檔案管理等方面都設有專門的行政系統，而由一個或兩個宰相總其成，最初政府官員主要是由國王的親戚充任，他們的權力來源是由於他們是國王所指定的代表。這種家天下的統治模式並不少見，但是政府組織不斷擴充、事務愈形複雜之後，有才能的平民進入政府官僚體系成為無可避免的趨勢。

　　以宰相這一最高行政首長為例，在第四王朝初期尚為王子的專職，到了第四王朝後期就逐漸由非王室的貴族擔任。有時王子仍保有此頭銜，但不負實際的責任，有時只要是擔任此職務的人，就會被賜予王子的頭銜。

　　與政府日常運作有直接關係的是稅收和錢糧的運用。在稅收方面，由於埃及的經濟主要是靠農業，穀物是主要的稅收項目，政府在上下埃及各設有一個總管，負責點收各省繳來的穀物，而這些財物的運用，如政府人員的薪耗和各種賞賜的開支，則由所謂的財政部來掌管。此外，每二年有一次全國牲口普查，藉以估算人民的財富。

　　地方政府的力量在舊王國時代末期才開始擴充，相對應的是中央政

府官職的事權縮小。有學者認為這是舊王國最後終於崩潰的原因之一。

相對於世俗政府組織的，是宗教組織。這主要是分布在全國各地的神廟。神廟神祇的供奉和祭典的舉行需要一批教士，他們的生計必須由國家供給。在早期，這些花費由國王提供，因為國王在理論上是唯一能和神明溝通的人——他是神明的化身。不過到了第三王朝之後，神廟逐漸累積國王的賞賜而擁有大批土地以及附著於土地上的農民，成為一種自給自足的經濟體系。教士階級不但負責神廟中的事務，也負責照顧墓地，如國王金字塔陵園和貴族墓葬都有專門的教士定時舉行祭典，他們也都有足供衣食所需的田產。

不過所謂的教士階級，並非一封閉的集團。他們並不是如後世基督教會中那些「傳教」的教士，而是一批執行祭典的行政人員，因而他們可以改變其教士的身分而轉入政府工作。不論在神廟中或政府中工作，一項基本的能力就是書寫文字。和蘇美的情況類似，在國家政府組織愈形複雜之後，行政工作的進行必須靠一批文書人員來保存各種記錄，而能夠因認識字的技能而進入行政體系，就是一個好的事業的開端。

農民是人口的主體，農業是經濟的命脈，然而在埃及社會中，務農並不是理想的職業。農人除了在農忙期間要耕作、灌溉、收成之外，在農閒之時還得負擔各種強迫勞役，如建造國王的陵墓、挖掘灌溉溝渠等等。遇有戰事，他們還得充任士兵，因為埃及一直要到新王國時代才開始有職業的軍隊。

理論上，國王是全國唯一的地主，因為在埃及人的宗教觀念中，神明擁有世界，而國王是神的化身。實際上，土地以各種形式分配到人們的手中。有地產的通常是上層階級，包括王室成員、政府官員、神廟組織。他們的土地則由沒有土地的農民耕種，這些農民通常是附著在他們所耕種的土地之上，他們有權耕種，但必須隨著土地所有權的轉移而改變其僱主。然而他們的身分並非奴隸，因為他們有人身的自由。只是在當時的生產形態下，很少有農人能脫離土地帶給他們的束縛。當然，如果他能夠有某種手工藝技藝，就可以進入工匠業者的行列。在舊王國時

代，由於民間的手工、建築大都是自給自足，有專門技藝的工匠大多為政府各機構所僱用。他們的生活情況也許較農民為佳，但亦不能免除強迫勞役。至於奴隸，數量並不多，且多半為家僕，不是生產的主力，其來源主要仍為戰爭俘虜。

　　一般而言，當時人的社會地位為家族世襲，但不同社會階層之間的流動亦非不可能。一位名為普塔和泰普的宰相曾說：「如果你到一位長官家為客，而你知道他的身分本甚低下，不可因此而輕視他。」顯然這是承認人可以由低向高攀升。在第六王朝時代，一個名叫溫尼的高官在他的墓誌銘中追溯自己的生平，是一個典型的由卑微而至高官的例子。由此段銘文中，我們一方面可以看到一些歷史性的細節，如對王宮內某些陰謀事件的調查等，使我們得以對當時的社會事物及人心趨向有所了解，另一方面，我們也必須認識，這類銘文中不乏所謂的典型意識形態，要藉著銘文來了解墓主人真正的性格是幾乎不可能的。

文獻

溫尼墓銘

　　尊貴的長官，上埃及總督，宮廷總管，內恆城監督，內赫布鎮長，侍衛長，在奧塞利斯人前受崇敬的溫尼，他說：

　　〔我幼年時〕在鐵提陛下之前受教育，當我的官職是穀倉管理時，被任命為王室僱傭監督。當我是裴皮陛下之前的衣飾官時，王上任我為侍衛以及他的金字塔城的祭司監督。當我的職位是〔……〕時，王上弘命我為內恆城的法官。他對我比任何其他的臣子都滿意。只有我和大法官及宰相一同聽取所有的機要事宜。我以王上之名任事於宮中和六廳，因為王上對我比任何其他的官員、貴胄或僕臣都滿意。

　　當我請求王上賜我一套用土拉白石做的石棺時，王上就命財政官率領一隊水手去土拉為我搬運這套石材。他將它用宮中的大船運來，包括蓋板，一座門框，門楣，二根門柱，以及一座祭壇。這是從不曾給任何臣子的，因為我在王上心中

很傑出，因為我在王上心中很可愛，因為我令王上心滿意足。……

當調查王妃烏爾特標特絲的案件在祕密進行時，王上召我獨自一人前去調查，沒有大法官、宰相或任何官員在場，只有我自己，因為我的能幹可信，又能滿足王上的心意。我獨自把調查結果寫下，旁邊只有一名內恆法官。而當時我的職位只是一個王室僱傭監督。從來沒有如我這樣身分的人能夠聽到後宮的祕密，但王上讓我聽到，因為我在他心中比任何其他的官員、貴族、僕臣都能幹。

當王上攻擊敍利亞地方的游牧部落，他召集了數以萬計的部隊，整個上埃及南從象牙城地，北至麥登尼，下埃及從三角洲到塞吉爾及肯塞吉魯，以及伊爾切特、梅加、雅姆、瓦瓦特、卡烏等地的努比亞部落，加上帖滅合地方。

王上遣我率領這支軍隊，其中有大臣、王室財政官、侍衛長、上下埃及的首領和鎮長、侍衛、僱傭兵領隊、上下埃及的大祭司，來自上下埃及各城鎮的將領，以及那外邦的努比亞人。我發號施令，雖則我的職位只是王室僱傭監督。但由於我的品德，沒有人和他的同伴相爭，沒有一個人搶劫路人的糧食和鞋履，沒有一個人從任何市鎮搶奪食物，沒有一個人從任何人手中奪取牲口。……

這支軍隊平安歸來，它摧毀了游牧部族的土地，

這支軍隊平安歸來，它瓦解了他們的堡壘，

這支軍隊平安歸來，它砍下了他們的果樹和葡萄，

這支軍隊平安歸來，它拋擲火焰於他們所有的〔房屋上〕，

這支軍隊平安歸來，它屠殺了數萬兵士，

這支軍隊平安歸來，它擄獲無數的俘虜。

王上無比地讚賞我，王上遣我率領這支軍隊五次出征，以鎮壓游牧部族的反叛。我的作為使王上無比地讚賞我。……

王上又命我在南方開鑿五條運河，建造三艘貨船，四艘平底船，用的是瓦瓦特出產的橡木。伊爾切特、瓦瓦特、雅姆、梅加等地的黑人酋長都搬運木材。我在一年之內完成了整個任務。（蒲慕州，《尼羅河畔的文采》，43-44。）

第五章
埃及中王國：古典文藝的建立

第一節　舊王國的覆亡與中王國的建立

　　如果說國家的建設是整體國力的反映，大約是可以成立的。但是這種說法並沒有考慮這所謂的國力與一般人民的生活是否有正比關係──或者甚至是否有反比關係，即國力表現愈強，人民生活愈糟。用埃及的例子來看，王權和國力的發展在第四王朝時代達到極點，可用當時所建成的大金字塔作為象徵。但此時一般百姓的生活卻可能極為痛苦。這雖然沒有直接證據可以證明，但是由後世流傳的故事，如《古夫王的魔法師》中閒極無聊的古夫王，或者如希羅多德引述的古夫王的女兒為妓女的故事，只能引申出民間對王室的不滿，而毫無羨讚之意。而當第五、六王朝時代金字塔的建築愈來愈小，其品質也愈來愈差時，是否也象徵王權和國力衰弱？我們當然可以由金字塔變小所反映的實際財用來推測，國王所能運用的財富的確有減少的趨勢。但這並不一定表示整個國家的力量衰弱，而是資源的分配有了不同的方式。

　　我們知道埃及王權的初步形態是家族統治，當統治機構擴張到超出家族可掌控的範圍之外，就勢必要將權力分配給各種不同程度的親信。這應該是早期社會的通例。此外，埃及的宗教特權階級，也就是神廟及相關神職人員，也隨著時間的進展而發展出一股獨立的力量，因為神廟的土地及其上的物產由國王貢獻給各個神明，不必繳稅，因而逐漸蠶食國王所能控有的資源。若不經過戰亂的重整，宗教力量會成為不斷擴張的國中之國。這種情況到了新王國後期就成為很明顯的問題。

　　在第五王朝之後，愈來愈多的土地被國王賜給臣下和神廟，也意味著王室的財富被分配到私人和宗教機構手中。第五、六王朝之後在埃及

各地興起了精緻的墓地，就是地方勢力的象徵。當然，地方勢力的興起不止是由於國王的賞賜土地和財富，也由於地方統治者的權力愈來愈大之故，本來省長就是國王在地方的全權代理人，具有徵兵、收稅、推動各項建設等權力。其實如果追溯各地方勢力，可以回到王國統一之前的各個小部族。王國時代所謂的省 (nome)，作為地方行政區的單位，其實是早期部族的遺存。到了第六王朝之後，上埃及諸省的省長逐漸沿用一個新的頭銜，即「王子」，雖然這王子在血緣上與國王並無關係。可見省長的權力在地方財富不斷增加之時，也跟著上升。然而儘管如此，直到第六王朝中期，我們尚不能說埃及的政治組織有瓦解的跡象。

　　有關舊王國時代的結束，是一個尚未有結論的題目。如果依現有的考古資料和傳世文獻來看，第六王朝滅亡之後，孟斐斯仍然由第七、八兩王朝統治，不過，這兩個王朝的力量均甚微弱。根據後世的傳說，這兩個王朝共經歷了十八個國王的統治，然而他們卻沒有留下太多遺跡。大約在相同的時期內，以法尤姆 (Fayum) 綠洲為基礎，在赫拉克利歐波利斯 (Heracleopolis) 城興起了第九、十王朝。這些王朝的統治者所能真正控制的地區可能都相當有限。由此時留下的一些墓銘中，我們可以知道，埃及全國實際上是處於四分五裂的狀況，各地的省長彼此互相攻伐，爭奪勢力範圍。他們也許名義上仍然承認某一個王朝，但私底下卻是自立名號，儼然成為地方的小主。總之，由第七王朝到第十一王朝中期，埃及歷史大部分仍然是一片黑暗，現代埃及學者稱之為第一中間期 (First Intermediate Period)。

文獻

特飛比墓銘

　　第一中間期的文獻極為稀少，這篇墓銘的主人特飛比是夕屋 (Siut) 地方的軍閥，他名義上向位於赫拉克利歐波利斯 (Heracleopolis) 的第九、十王朝效忠，實際上享有半獨立的地位。墓銘中不但表達一些傳統的社會倫理觀，也透露出當時

戰事頻繁的亂世圖像。

啊！你們活在世上的人，將出生的孩子，順流而下，逆流而上，夕屋之主威普瓦衛的追隨者，經過這處河曲，進入這座墳墓，見到其中的東西的人，正如夕屋之主威普瓦衛和墓穴之主阿努比斯保佑你們，你們也應該替特飛比大公的祭典祈禱。

世襲的大公，配皇家印信，特別侍衛，威普瓦衛的大祭司，特飛比，他說：……聽我的話語，你們將來的人啊！我對任何人都是公平的……我的計策高明，對我的城市有益，對告狀者〔和悅〕，……對寡婦誠懇，……當夜晚來臨，那睡在路上的（旅）人讚美我，因為他好似在自己家中，我的兵士的威武是他的保護。……

我的兵士們第一次和南方諸省作戰，這些地方南起象牙城，北到……，他們（譯註：特飛比的兵士）擊敗他們，直到南疆。我到達城堡之後，打垮了……，（一直追到）南方的盡頭。……我過河到東岸，沿河北上，又來了另一群（敵人），豺狼似的，……和他的同盟一起。我上前迎戰，……毫不畏懼……。他落入水中，船隻四散，軍隊像牲畜（在受到野獸攻擊時）夾尾而逃。……全地都懼怕我的軍隊，沒有一處聚落能不戰慄。

建神廟是為了要使它興盛，祭品是要獻給神祇，邪惡的人看了……，他不重視永恆，不瞻望未來，又看到罪惡的事……。（蒲慕州，《尼羅河畔的文采》，53–54。）

西元前 2133 年左右的時候，埃及的混亂局面有了新的發展。在南方底比斯 (Thebes) 地方出現了一位強而有力的領袖蒙圖和泰普一世（Montuhotep I，約西元前 2133–2188 年），建立了獨立的王朝，是為第十一王朝。他的繼任者蒙圖和泰普二世終於逐步統一王國，開始了所謂的中王國時代。各地的小王朝統治者若是願意合作，尚可以保留他們的地位，否就遭到剷除。除此之外，這新王朝控制局面的方式是以底比斯為中心，派遣出身於底比斯的王室親信擔任政府中重要的職位。

國家政局安定，各種建設隨而進行。蒙圖和泰普二世在底比斯西岸

狄厄巴哈里 (Deir el-Bahri) 地方建立了一座寢廟，形式獨特，為兩層的方形迴廊式建築，上有一個金字塔形裝飾。這形式有可能是部分模仿舊王國時代第五王朝的太陽神廟。第十八王朝時代哈謝普蘇 (Hatshepsut) 女王在它的旁邊建了一座形狀相似，但規模更大的寢廟。

圖 5-1　蒙圖和泰普二世　國王頭戴下埃及的紅色王冠，表示他征服了下埃及，成為全埃及的統治者。

　　第十一王朝的最後一個國王蒙圖和泰普四世在位不久，王位就由他的宰相阿曼尼赫特一世（Amenemhet I，約西元前 1991–1962 年）取得，其中的細節已不得而知，但似乎沒有發生大規模的流血政變。阿曼尼赫特一世將國都移到舊王國時代的國都孟斐斯南方不遠的地方，稱之為「伊契塔威」(Itj-tawy)，意思是「兩地（即上下埃及）的統治者」。當地正是上下埃及地理上的交接之處。

　　在一件流傳於後世，名為〈阿曼尼赫特的訓誡〉的文學作品中，阿曼尼赫特一世被描述為一位時刻擔心自己生命安全的君王，而在另一作品中也提到他原來是一個宰相，可見他其實可能是用相當傳統的方式得到他的王位：篡位。當然，有這樣的文獻流傳，也說明了他在當時並非一個有絕對權威的君主。現代學者檢討中王國時代的政局，由一些地方領袖的頭銜的變化，做了一些推測：由於阿曼尼赫特一世的王位合法性不足，他不得不和一些地方領袖妥協來尋求支持，給予他們較多的自主權。但其實所有新王朝的建立者都有相同的問題，因而最後可能仍然要看個別統治者的才能，是否能有效掌握權力。

　　為了使王位繼承能夠順利，阿曼尼赫特一世在他在位的第二十年時讓他的兒子申無施爾一世（Senwosret I，約西元前 1971–1928 年）正式加冕和他一同治國，不過他後來仍然難逃被謀刺的命運，幸好申無施爾

一世處理政變得當，化解了王朝的危機，此後第十二王朝的君主大多相當有能力，到了申無施爾三世（約西元前 1878–1843 年）時，再度得以控制各地勢力，增進中央政府的力量。

〈阿曼尼赫特的訓誡〉

　　中王國時代流行的另一件文學作品，名為〈阿曼尼赫特的訓誡〉，是以阿曼尼赫特一世的口吻寫的。文中描述了阿曼尼赫特自己在宮廷政變中被謀刺的經過。這件作品不但生動的描述了國王被刺的經過，也充分表達了一個在高位的君主所面臨的危機。如果國王的被刺不是一件公開的事件，這篇作品大約不可能如此寫出。

　　這是雷之子阿曼尼赫特國王所作的教誨，對他的兒子國王陛下所吐露的真理，他說：

　　如神般地起來，聆聽我告訴你的話，
　　好讓你統轄世界，治理兩岸，增加福利。
　　小心那些身分低下的臣子，
　　他們的陰謀不為人知，
　　不要信任一個兄弟，不要認識一個朋友，
　　不要結交密友，那是無用的。
　　當你躺下，要自己小心，
　　因為在危險的日子中沒有人有跟隨者。
　　我救濟乞丐，撫育孤兒，
　　我令貧乏者和富足者成功。
　　然而那受我供養的人起來反抗，
　　我所信任的人利用這點來謀劃。
　　那些身穿我所供給的美衣者看著我，好似他們有什麼不足。
　　那些用我的沒藥化妝的人卻一面做些粗活。

> 你是我尚活著的同儕，我在人間的伙伴，
>
> 為我空前慎重的哀悼，
>
> 因為從來沒有人見過這麼慘烈的戰鬥。
>
> 若人在戰場上戰鬥而不記取過去的經驗，
>
> 那忽略自己應該知道的事的人不會成功。
>
> 那是在晚餐之後，當夜色來臨時。我正在休息片刻，躺在我的床上，因為我很疲倦。當我入睡後，保護我的武器轉來攻擊我，當我還像沙漠中的一條睡蛇似的時候。我被戰鬥聲吵醒，發覺是衛士們在打鬥。若我能夠迅速的把武器拿在手中，我應該能夠使那些懦夫倉惶退走。但沒有人在夜裡還能強悍，沒有人能獨自奮戰，沒有助手是不會有成功的。
>
> 於是在你不在我身邊時發生了流血事件，大臣們尚未聽到我將傳王位給你，而我尚未能與你坐在一起，給你告誡。因為我還沒有準備停當，也還沒有預想到此事，更沒有料到僕從的變心。……（蒲慕州，《尼羅河畔的文采》，160–161。）

　　中王國初期，埃及與北方敘利亞區的貿易線也重新恢復，但是在外交上，主要仍然是採取退守的策略。據說阿曼尼赫特一世就在尼羅河三角洲的東邊和巴勒斯坦地區建了一道牆，目的在防止巴勒斯坦人入侵。不過事實上中王國時代埃及和巴勒斯坦地區的關係相當和平，而巴勒斯坦地區的人也不斷和埃及有往來，許多人並且進入埃及，有的進行貿易，有的在埃及尋求工作。第十一王朝時代一個貴族墓室中有一幅壁畫，描述一隊由巴勒斯坦地區來到埃及的商人，他們不但在驢背上載滿貨物，隊伍中尚有婦女及兒童，似乎是舉家前來移民的。可見當時埃及與巴勒斯坦地區的關係相當良好。

　　對努比亞地區，埃及的政策比較進取。申無施爾一世將埃及的南界推進到第二瀑布區，在當地建了兩座堡壘，又在第三瀑布區建立了另一座作為貿易站的堡壘。申無施爾三世更加強了邊防，在第二瀑布區附近的一塊石碑上，他刻了下面的句子：

第八年所立的南界，不准任何努比亞人由陸路或
水路通過。也不准努比亞人的牲口通過，除非他
是來做生意，或有官方任務，或任何（對埃及）
有益的事，但也不准任何努比亞船隻通過塞姆納
堡北行。(J. H. Breasted, *Ancient Record of Egypt*,
vol. I, 293–94.)

　　埃及人不但和努比亞人貿易，也僱用他們在埃及工
作。這其實從舊王國時代就已經開始。

　　到了申無施爾四世的繼承者阿曼尼赫特三世（約西
元前 1842–1791 年）時，埃及的國力達到極盛。此時最
重要的農業建設就是法尤姆地區的耕地擴張計畫。法尤
姆地區位於孟斐斯南六十多公里的西岸沙漠中，在中王
國初期時大部分仍是一片由尼羅河支流瑟夫河 (Bahr

圖 5-2　申無
施爾三世像
埃及的人像到
底是否肖似本
人？許多時候我
們看到的人像
都似乎沒有個
性，但事實不完
全如此。埃及的
工匠是可以製
作相當逼真的
雕像的，如這裡
所看到的國王
像，具有鮮明的
個性。但由於雕
像的作用是在
表現一種寧靜
永恆的意念，而
不在表現個人
的特殊情感，因
此絕大部分埃
及的人像是不
帶明顯的表情
的，這也是為何
許多工藝水準
比較一般的雕
像似乎缺少個
性的原因。

圖 5-3　努比亞士兵　在中王國貴族墓葬中出土的士兵模型，
是一批努比亞黑人組成的弓箭部隊。努比亞戰士自舊王國時代
起就受僱在埃及擔任警備的工作，也有人在埃及成家落戶。由
他們束腰布帶的花色可以看出非洲部族的特色。

Yusef) 所灌注的沼澤地區。阿曼尼赫特三世實施了一個計畫，將沼澤的水經由溝渠導開，好讓法尤姆地區的肥沃土地露出，以供農耕之用。這個計畫終於成功的獲得了大片的農地（估計超過一萬七千英畝），對埃及的食糧生產有很大的助益。

　　不過阿曼尼赫特三世卻是埃及中王國時代最後一位有為的國王。他去世之後，僅僅十幾年的時間，第十二王朝就步上覆亡的道路。

第二節　文學的黃金時代

　　埃及文字約出現於西元前 3000 年左右。在最初的數百年間，大部分的文字材料都是墓誌、碑銘之類的石刻，以及經濟性文獻，如神廟中的財產和人員的記錄等。最重要的一批宗教性文獻，則是第五、六王朝時代金字塔中的儀典咒文。這所謂的金字塔文，主要是一篇篇的咒語，目的在保護死去的國王，讓他得以升天，去到眾神的國度。其中所表現出的宗教信仰形態即為以下埃及二千年歷史中宗教信仰的基本形式。

文獻

金字塔文

　　你的卡（靈魂）的使者來召喚你，你父親的使者來召喚你，雷（Re，太陽神）的使者來召喚你；

　　隨你的太陽去吧，洗淨你的身體，你的骨骼乃是那天上的神鷹的骨骼。

　　願你去到神的身側，願你離去並高升到你的兒子身旁，願你逮捕任何向的名口出不遜者。

　　向上去，你將在銀河中沐浴，你將在霍魯斯剛強的手臂之上，

　　雷的崇拜者會向你歡呼，因為那不朽之星將你高高舉起。

　　上升到你父親那兒，到葛伯（Geb，土地神）那兒，他會把霍魯斯額前的靈蛇給你，你就會擁有靈魂、權力，你就可以成為西方眾人的首領。（蒲慕州，《尼羅河畔的文采》，116–117。）

　　第一中間期的歷史文獻不多，主要是一些墓銘，又有一種寫在木棺上的咒文，基本上是與金字塔文類似的咒語。到了中王國時代，除了石刻材料之外，還有不少文學作品得以藉著草紙文書的保存而留存至今，包括故事、格言、書信、詩歌等各種文體。這些作品不但在文體上奠定了此後埃及文學的基礎，在文字的優美和文法結構發展上也相當成熟，相對於舊王國時文字和文法的深奧，以及新王國以後文法的趨向口語化，中王國的文學和文字可以稱得上是埃及文的古典時代。

　　這時最著名的文學作品首推《西奴赫的故事》。西奴赫是阿曼尼赫特一世的親信，由於聽到陰謀者的計畫，要刺死阿曼尼赫特一世，因恐懼而逃亡至巴勒斯坦。經過多年的流浪生涯，在當地結婚生子，幾乎成了異邦之人。後來他的事蹟傳回埃及，國王申無施爾一世下召他回國，不究過往，西奴赫從此得享安樂的晚年。這個故事的本身是否屬實，我們不能確定。但是故事中的一些細節，如阿曼尼赫特一世的死亡、巴勒斯坦的情況等，都是真實的歷史背景的產物。

文　獻

《西奴赫的故事》

　　這個故事的背景大部分在巴勒斯坦，其中比較受到注意的，是一段決鬥故事，其手法頗似希伯來人《舊約》中大衛與巨人哥利亞決鬥的情節：

　　有一個敘利亞的強人來到我的營地向我挑戰。他是個所向無敵的英雄。他揚言要和我比試，因為他想擊敗我以奪取我的牲口。那酋長與我商討，我說：「我不認識他，又不是他的同盟，不曾在他的營地附近走動，也不曾開啟他的後門，翻越他的圍牆。這只是因為他看到我執行你的策劃而嫉妒。我好比一頭牛，置身於另一群牛間，受到領頭公牛的攻擊。沒有外國武士是埃及人的同盟，誰能使水草長在山頭？如果另一頭牛想爭鬥，那英勇的公牛難道會示弱嗎？如果他的心想要比武，讓他說出心中的希望。難道神不知道他的命運？」

　　當晚，我束緊弓弦，排理箭支，磨亮匕首，整頓武器。天亮後，敘利亞的民

眾都聚集在一起，圍觀這場戰鬥。我等待著，他向我而來，我也向他靠近。每顆心都為我焦慮，男男女女們都驚惶失聲，大家都為我傷痛，他們想：「有沒有另一個勇士可以與他相抗呢？」他豎起他的盾與斧，當我向他挑戰之後，他的長矛向我射來，我都一一避開，當時兩人尚未接近。他向我大吼一聲，準備肉搏。然而我向他射了一箭，直透他的咽喉。他慘號一聲，撲倒在地。我用他的斧頭殺了他，發出勝利的呼聲。所有的敘利亞人都同聲歡呼，而我向戰神致謝。他的族人都為他悲傷。（蒲慕州，《尼羅河畔的文采》，90–91。）

　　埃及人喜愛的另一類文體是類似家訓式的作品，如《普塔和泰普的箴言》。這些作品的形式，都是以一個人生和社會經驗豐富的長者之口對晚輩所作的告誡。如普塔和泰普說：

不要因為你有知識而驕傲，不要因自以為有智慧而自信，

智者和愚者你都應請教，因為無人曾達到工巧之極致，

沒有任何工匠能夠精練所有的技藝。

美好的言語比寶石更難得，然而人可以由磨坊少女口中得到。

……

如果你的莊稼得豐收，神明賜你以富足，

不可對你的鄰人誇口，人們會尊重沉默的人。

如果有德性的人為財富所迷惑，他會如鱷魚一般的貪心。

不要嘲笑那沒有兒女的人，不要刻薄，也不要吹噓，

神明將會使孤苦寂寞的人發達。

……

當你活著的時候，要跟隨你的良心，

不可希求命定之外的事，

貪懶片刻對於靈魂是不恭敬的，

何況終日遊蕩，不事生產。

如果財富來臨，仍然要謹慎。

若人好吃懶做，財富從不長存。（蒲慕州，《尼羅河畔的文采》，142–147。）

由這些句子中，我們不難知道古埃及社會中流行的一些人生觀和價值觀。對長者的尊重，對權威的妥協，對正義的堅持等等，都是重要的內容。

另外有一類似預言的作品，藉一位智者之口描述他所見到的（或者所預見到）社會大動亂的情況，其中最著名的如《一個埃及智者的諍言》，文中的智者易浦維 (Ipuwer) 痛陳國家大亂時各種脫序的現象。不少現代學者就據此以為文中的現象乃是描述第一中間期時代埃及的動盪情勢，或至少反映出埃及曾經有過這樣的大動亂。當然，如果分析語言和文字結構，這篇作品顯現出某種既定的對比手法，因而它可能是一種文學想像大於事實陳述的作品，雖然誰也不能否認，其中的主題總是有它出現的歷史背景。

除了這些比較嚴肅的作品之外，埃及人也喜歡輕鬆的故事。其中如《水手遇難記》、《古夫王的魔法師》，前者敘述一個遇難的水手在荒島上碰見各種精怪的故事，後者則以舊王國時代古夫王的朝廷為背景，敘述一個魔法師講述各種魔法事蹟，表演法術，這些法術包括把蠟做的鱷魚丟到水中，變成真的鱷魚；將鴨頭砍下，鴨子仍然能走路，並且自行將頭接回等等。這些故事和後世阿拉伯文學中的《天方夜譚》有異曲同工之妙。

文獻

《水手遇難記》

威嚴的副官說：安心吧，我主。我們已經到家了。繫船樁已被木槌釘下，泊船索已經放在岸上。獻上讚詞，感謝神明，大家互相擁抱。我們的船員都安全的返家，我們的部隊沒有損失。我們將瓦瓦特置於背後，我們經過了森穆特 (Senmut)，我們安全的回來了，我們回到了我們的國土。……

　　我由海路乘一艘 120 肘長，40 肘寬的船前往國王的礦場，船上有 120 名埃及最優秀的水手，他們俯仰天地，其心比獅子還要勇猛。他們能預言風暴的來臨。

　　當我們還在海上，來不及靠岸之前，一個風暴來襲。船被 8 肘高的浪濤舉起，船桅被擊中。然後船就完了。船上的人沒有一個生還。我被海浪沖到一個島上，獨自一人過了三天，只有我的心伴著我。我躺在樹陰下，擁抱著影子。

　　而後我蹣跚的找尋可吃的東西。我發現那兒有無花果、葡萄、各色的菜蔬、生的和熟的無花果，以及好像有人種的黃瓜。那兒也有魚和鳥，我填飽了自己，把一些拿不完的放在一旁，因為我手中拿了太多。而後我砍了一根鑽火棒，起了火，向神明獻上燔祭。

　　然後我聽到一聲巨響，我想：是海浪的聲音。樹木搖晃，大地震動。當我露出頭來，我發現來了一條蛇。它有 30 肘長，它的鬍鬚有 2 肘長。它的身體覆蓋著……它的眉毛是藍琉璃，它在我前面蜷曲起來。

　　然後它對我張開它的口，而我正匍伏在它面前。它對我說：誰帶你來的？誰帶你來的？小子，是誰帶你來的？如果你不快點告訴我是誰帶你來到這島上，我將讓你發現自己成為灰燼，變得無影無蹤。

　　但它對我說話時，我並沒有聽見，當我在它面前時，我已失去知覺。於是它用口銜著我，把我帶到它的住處，然後將我完好的放下，我沒有任何損傷。

　　然後它對我張開它的口，而我匍伏在它面前。它對我說：誰帶你來的？誰帶你來的？小子，是誰帶你來到這個兩面都是海浪的海島上的？

　　然後我雙手膜拜，回答它說：我為了一件國王的任務前往礦場，乘了一艘 120 肘長，40 肘寬的船。船上有 120 名埃及最好的水手。他們俯仰天地，其心比獅子還要勇猛。他們能在風暴來臨之前預言其降臨。他們每個人的心比他的同伴更勇敢，他的臂比他的同儕更為強壯。他們中間沒有蠢人。當我們還在海上，來不及上岸之前，一個風暴來襲。船被 8 肘高的浪濤舉起，船桅被擊中。然後船就完了。船上的人沒有一個生還，只有我一個人在你這裡。我是被一陣海浪帶到這個島上的。

　　然後它對我說：「不要害怕，不要害怕，小子，臉不要發白。你已經來我這兒，

是神讓你活著並且將你帶到這『卡』之島來的。這兒什麼都不缺乏，充滿了各式各樣的東西。你將一個月一個月的在這島上渡過四個月，然後會有一艘從家鄉前來，上面有你所認識的水手，你將同他們一起回去，你將死在你的家鄉。能在經歷災難之後將他嘗到的滋味告訴別人的人是多麼快活啊！我告訴你在這島上所發生的一件類似的事。我和我的兄弟們和他們的子女住在這兒，我們總共是 75 條蛇，子女和兄弟，帶有一個小女兒，是我經由祈禱而得到的。然後一顆流星掉下來，他們都被火燒死，只有我沒有和他們在一起。但當我發現他們成為一堆死屍，真想和他們一齊死掉！

如果你能勇敢並且克制自己的心，你就能擁抱你的子女，你就能親吻你的妻子，你就能見到你的家園。這比任何東西都好。你將回到家中，你會和你的兄弟在一起。」

我匍伏在它面前的土地上，而後我對它說：我會告訴國王你的法力，我會讓他知道你的偉大。我會送給你各種香油、香料，和神殿中獻給所有神明的檀香。我會告訴人我遇到的事，我所看見的你的法力。人們會在城裡，在全國的要員面前為你向神明祈福。我將為你殺牛作為燔祭，我將獻鵝給你。我將送給你滿載埃及貨物的船隻，就如同對待一位在遠方而不為人們所知，但對人們友好的神明一般。

然而它笑了，因為我所說的在它看來似乎很愚蠢。它對我說：你並不擁有沒藥和各種檀香。但我是普恩特 (Punt) 之主，而沒藥是我的。你說要送來的香油，這島上也有很多。而且，當你離開這個地方之後，你就不會再看到這個島嶼，它將變成水。

然後船來了，如它所預言。我就把自己置於一棵高樹上，我認出那些在船裡的水手。當我去告訴它時，我發覺它已經知道了。它對我說：「平安，平安地，小心，回你的家去，好探視你的子女！讓我在你的家鄉有好名聲，那是我對你的要求。」我匍伏在地，我的雙手舉在它面前。然後它給我一批沒藥、香油、香料、眼膏、長頸鹿尾、大塊的檀香、象牙、灰犬、長尾猴、狒狒，和許多珍貴的物品。

我把它們裝上船。然後我匍伏在地向它道謝。它對我說：「你會在兩個月之內

回到埃及。你將擁抱你的子女。你將會在你的墓中得到重生。」

　　我走到岸邊，靠近船，我呼叫船裡的水手，我在岸上向那島嶼之主道謝，船上的人也一起這樣做。我們朝北航向國王的宮廷。我們在兩個月之後到達了王宮，一切如它所說。我晉見了國王，我將從這個島嶼所帶回的禮物獻給他。他在官員面前為我向神明祈福。我被任命為侍從官，得到奴僕為賞賜。

　　看！我已經在看到我所經歷的事之後抵岸。聽我的故事！聆聽對人是有益的。

　　他對我說：「不要作無益的努力，朋友！誰會在天明時拿水給那在早晨就要被宰殺的鵝喝？」

　　全文從頭至尾完畢，如同人在書上所看見的一樣。抄寫者為有經驗的書記，阿夢尼之子安夢阿──長壽！富貴！健康！（蒲慕州，《尼羅河畔的文采》，76-79。）

　　不過，如果說作為精緻文學的代表，恐怕只有詩歌了。埃及詩歌具備了一切可稱為詩歌的文學形式的最基本要素：音節的對稱、押韻和疊句，即相同的意思用稍微不同的文句重複，中國古代的《詩經》中就充滿了這類的作品。舊王國時代的「金字塔文」由於原為可頌讀的祭文和咒語，較重押韻和對仗，因而有詩歌的特質。不過要到中王國時代，才有少數材料可以讓我們知道世俗性的詩歌是什麼樣的面貌。一首據傳為中王國時代第十一王朝國王英特夫 (Intef) 墓室壁上的〈豎琴手之歌〉，透露出相當深刻的對人生無常的感懷：

　　　　榮耀的他，這位賢君。

　　　　雖然好運亦可能被破壞。

　　　　一代代的人自古以來不斷過去，

　　　　年輕的一代取代他們的地位。

　　　　從前活過的神明安息在他們的金字塔中，

　　　　那受祝福的死者也埋在他們的金字塔中。

　　　　但是那造神殿的人們，他們的蹤跡已消失，

　　　　看他們變成了什麼！

我曾聽過尹和泰普和霍傑傑夫的話語（譯註：古代的賢者），

人們經常提到他們的言論，

他們的遺跡今在何處？

他們的牆壁破裂，房屋消失。

就如他們從未存在過一般！

從沒有人自那邊回轉，

來說明他們的情況，

來解釋他們的需要，

來安慰我們的心，

直到我們也朝著他們所去的地方而行。

讓你自己隨心所欲吧，

讓你的心忘掉你的葬禮，

在你尚活著時跟隨你的欲念，

頭頂沒藥，身著美紗，

以神明的珍貴膏油，

增加你的財物，

不要讓你的心衰頹，

追求你的慾望和幸福，

滿足你世上的需求，聽從你心的指示，

直到那為你悲傷之日的來臨。

奧塞利斯並不傾聽他們的悲痛，

哀泣也不能從地下拯救一個人的心。（蒲慕州,《尼羅河畔的文采》，

191–193。）

　　這首詩歌的內容相當值得玩味，因為一方面它感嘆人生的無常，另一方面似乎又表現出一種因為看破世事而產生的享樂主義思想，這思想與一般墓銘和智慧文學中所見到的謹慎而虔敬的態度並不相同，因為他似乎已經放棄了一個可企望的來世，連死者的最後靠山奧塞利斯也不能傾聽他的祈禱。這種材料之可貴之處，就在它可以說明，我們以為是文

化主流思想的智慧文學，可能真的只是我們的以為，因為我們希望用某一種文化價值去看待另一個文明，因而常常會聽不見其中各種不同的思想和聲音。

　　至於在宗教方面，中王國時代的一項重要發展，是奧塞利斯崇拜的成熟。原本在舊王國時代就已經出現的奧塞利斯，在此時成為死後世界的主宰，而第十二王朝的國王特別對其崇拜賦予尊崇，阿拜多斯(Abydos)城則成為最重要的崇拜中心。但這不僅是王室的特權，一般人也可以前來崇拜。於是在此地的奧塞利斯神廟中，無數崇拜者獻上他們個人的小碑，祈求奧塞利斯的庇護。這現象也和中王國時代早期以來棺木文的出現有關，亦即，原本在舊王國時代屬於王室的專用祭文（金字塔文），轉變為一般人皆可用的棺木文，這代表的是一種由中央向地方某種宗教儀式上的放鬆和擴張。

第三節　中王國的結束與西克索時代

　　第十二王朝最後是如何結束的，我們不清楚。統治者本身的能力不

圖5-4　石棺浮雕　在一座石棺上，工匠刻劃了死者接受祭品的情景。人物線條的構成遵循埃及傳統的散視原則。

足以駕馭那些原來就有分裂傾向的地方領袖，很可能是一項原因，但是這種推測尚缺乏事實根據。王室內部的紛爭也可能導致統治機構的敗壞，這一點，則有一些蛛絲馬跡可循。

考古發掘出土了大量寫成於中王國時代的「詛咒文」。這是一些寫在陶器或泥製小人上的文字，內容基本上是對某些人的詛咒。詛咒的原因是因為他們可能會（或者曾經）反抗埃及王的統治。詛咒的方式，是在寫好咒文之後，施行某些儀式，然後將陶器或小人打碎，以置被詛咒者於死地。如果探究是哪些人遭受詛咒，可以發現其中不但包括了巴勒斯坦、努比亞和利比亞等地的統治者，也有不少的埃及人。例如有一詛咒文說：「巴枯阿，人稱查伊，烏巴提之統治者，伊哈西和思卡特之子，以及所有和他在一起的隨從，他們的強人，他們的飛毛腿，他們的盟友，以及他們的朋友，任何在這個國度中可能叛變、陰謀、戰鬥、求戰，或

圖 5-5　棺木文　這是第十二王朝一具木棺內部的文飾，其中文字的部分即所謂的棺木文。

者想叛亂者。」這樣列舉式的指稱其敵人似乎還不夠周延，於是又有另一
種說法：「在此國度中所有的人，所有的大眾，所有男人，所有宦者，所
有女人，所有貴族，可能叛亂、陰謀、戰鬥、求戰，或者想叛變者。」至
於埃及人受到詛咒的，例如「安夢尼和泰普申無施爾之子，當死！」這人
名和第十二王朝王族的名字關係相當密切，是否反映出王室內部的不和，
是不無可疑的。由詛咒文中，也可以看出中王國之後所面臨的國防問題。
許多巴勒斯坦地區小邦的統治者都是埃及王詛咒的對象，說明埃及在這
許多方面受到相當大的壓力，而又無法有效的管理，只有訴之咒術了。
當埃及的力量愈形衰弱，巴勒斯坦地區的游放民族也就愈容易入侵，於
是中王國結束之後就有所謂的西克索統治時代。

　　根據新王國時代的記載，第十二王朝最後的統治者是一位女王索別
克那弗魯 (Sobekneferu)，一些刻有她的名號的遺跡也為考古學家所發現。
由這些遺跡的品質來判斷，第十二王朝末期的國力似乎並不特別衰弱，
而在第十二王朝之後，尚有第十三王朝繼續統治埃及一百多年之久，因
而中王國的衰落其實與舊王國的覆亡類似，是一長期而緩慢的過程。在
這過程之中，埃及國內的統一性逐漸瓦解，在三角洲西部興起了和第十
三王朝相抗衡的第十四王朝，而在南方底比斯地區，則是由另一幫勢力
控制，是後來的第十六及第十七王朝的發源地。在埃及本身逐漸陷入四
分五裂的情況之中時，詛咒文中所關心的巴勒斯坦問題終於成為事實。
從大約西元前 1720 年開始，一批由巴勒斯坦地區進入埃及的游牧民族在
三角洲東部建立了根據地，到了西元前 1650 年左右，他們終於成為新的
主人，也就是第十五王朝的建立者。曼尼多在他的《埃及史》中說：

> 在圖提瑪斯王的時候，不知為何，神的怒氣打擊我們，由東方突
> 然來了不知名的入侵者，長驅直入我們的國家。他們不費一弓一
> 石，輕易的擒伏我軍，征服了統治者，無情地焚燒我們的城市，
> 將神廟夷為平地，殘忍地對待本地人，謀殺了一些人，將婦女與
> 兒童降為奴隸。……他們被稱為西克索人，意思是「牧羊者之王」
> (Hyksos)，因為「西克」是國王之意，而「索」是牧羊者之意。(W.

G. Waddell, *Manetho*, 79–85.)

其實這些被稱為「西克索」的人可能就是埃及文中的「外邦統治者」(Hekau-Haswt) 一詞。他們統治埃及的時間前後大約有一百多年。但在埃及卻幾乎沒有留下任何足以讓我們認識其歷史的重要文獻。由極少的印章和位於巴勒斯坦地區建築遺跡，我們大致可以知道，西克索人不但控制埃及，還可能是敘利亞、巴勒斯坦地區的統治者。他們將王都設在尼羅河三角洲東緣的阿瓦利斯 (Avaris)，正是埃及和巴勒斯坦地區的交接點，顯然是為了便於其統治的需要。

　　近年來考古學者在阿瓦利斯地方進行發掘，發現了自第十二王朝末期以至於西克索時代的一連串遺址層，其中的建築遺址明顯受到巴勒斯坦地區建築的影響，使用器物也和敘利亞及巴勒斯坦地區同一時代的器物相似。當然，埃及的文化因素仍然深具影響力，因而學者推測阿瓦利斯自中王國時代就是巴勒斯坦地區人民進入埃及後一個重要的聚居地，他們不斷的與埃及人有所交往，因而在文化上同化的程度相當深，不過在一些印章上的名字可以確定他們是屬於來自敘利亞、巴勒斯坦地區的閃米族。同時，考古發現也確定當時該地區與地中海的邁諾安 (Minoan) 文明有貿易往來，因而在一些新王國時代埃及貴族墓室中所發現的邁諾安人圖像就不會太令人感到驚訝了。總之，考古上所見到的西克索時代，是一個長期發展的結果，這些外邦人所建立的政權，是否如曼尼多所說的由一批人突然入侵埃及而造成，是相當值得懷疑的。

第六章
埃及新王國：繁榮與擴張

第一節　新王國的建立

　　當西克索人在三角洲建立了政權，與之相對的是在南部底比斯興起的第十六及第十七王朝。我們對第十六王朝除了一些王名之外所知無幾，而有關第十七王朝的事蹟也要到最後幾個統治者才有少數的資料。當時的情勢，是北方的西克索統治者企圖與埃及南方努比亞地區的部落聯合，以夾擊底比斯。其結果當然是武裝衝突。自塞克能雷 (Sekenenre) 開始，第十七王朝的領導者發動了與西克索的戰爭，但沒有成功。西元 1881 年，考古學者在埃及盜掘者的指引之下，發現了一個藏有新王國時代諸國王木乃伊的洞穴，其中竟然有塞克能雷的木乃伊。他的頭上有西克索人所習用的戰斧造成的傷痕，可以推測是死於戰場。他的繼承人卡摩司 (Kamose) 繼續和西克索人對抗，對西克索王阿波非斯 (Aphophis) 造成很大的威脅。卡摩司留下一件碑文，敘述他與西克索的戰事。其中提到阿波非斯及其聯盟與努比亞人聯絡，想要夾攻底比斯。不過這計畫的信件為卡摩司所截獲，未能成功：

> 我捉到他的一個信差，經由沙漠中的綠洲向南而行，送信到庫什。我發現由阿瓦利斯的領袖所寫的信：「我，阿無施爾雷，雷之子阿波非斯，向我兒庫什領袖問候。為什麼你自行成為首長而不讓我知道？你難道不知道埃及正在攻擊我？其領袖，偉大的卡摩司，在我的土地上攻擊我，雖然我沒有攻擊他。這就像他對你所做的一樣。他毀滅了上下埃及，也就是你我的國度。來，立刻前來北方，不要害怕，他已經在我掌握中，我不會在你來之前放過他。然後我們將平分這埃及的城鎮，我們的國度將會欣喜。」(J. B.

Pritchard, *Ancient Near Eastern texts relating to the Old Testament*, 555.)

如同大多數的王室文告一樣，卡摩司所描述的情況也許過分對自己有利，實際情況可能並不理想。卡摩司可能只在位三年，或許戰死沙場。最後的勝利終於在卡摩司的弟弟阿摩司一世時得到，他遂成為第十八王朝，也就是一般所謂新王國的創立者。根據當時一名軍官的墓誌，當西克索首都阿瓦利斯陷落之後，西克索人退回到巴勒斯坦，抵抗埃及達三年之久。而阿摩司一世在解決了西克索的力量之後，再回頭攻擊當初與西克索結盟的南方努比亞人，最後終於重新統一全埃及。

文 獻

　　一個叫阿巴娜之子卡摩司（與國王同名）的軍官，在他的墓銘中記載了一生的事蹟，見證了第十八王朝初期的一些史實：

　　卡摩司船長，阿巴娜之子，他說：我告訴你們，所有的人！我讓你們知道我得到的恩惠是什麼。我曾七次在全國人之前獲賜黃金和男女奴隸。我得到許多田產。勇者的聲名建立在他的事業之上，永不會從世上消失。

　　他說了以下的話：我在勒克布城長大，我的父親是上下埃及之王塞克能雷的士兵。他的名字是瑞娥涅之子巴巴，我在兩地之主內布佩特雷（譯註：即卡摩司王）之時繼承他在「野牛號」船上的任務而成為士兵。那時我還是個沒有結婚的青年。

　　當我成家之後，由於我的勇敢，被調到「北方號」上。當王上乘著他的戰車時，我步行追隨。當阿瓦利斯城被圍攻時，我在王上面前徒步奮戰。於是我被派到「在孟斐斯升起」號上。接著在阿瓦利斯的普傑苦水域發生戰鬥。我殺了一名敵人，帶回一隻手掌。當此事被報告到王上的侍從面前，我得到金子作為賞賜。

　　然後他們在此又打了一仗，我再度殺了一名敵人，帶回一隻手掌，然後我又得到了金子作為賞賜。

　　隨後在此城南方發生了戰鬥，我活捉了一個人。我走到水中，攜著他越河，

因為他是在城邊被抓的。當此事被報告到王上的侍從面前，我再度得賞金子。然後阿瓦利斯陷落了，我從那兒得到戰利品：一名男子，三名婦女，總共四個人。王上將他們賜給我作為奴隸。

　　然後夏魯恆被圍攻了三年。王上攻陷了它，我從其中帶回戰利品：二名婦女和一隻手掌。然後我得到金子作為賞賜，我的俘虜則賜給我為奴隸。

　　當王上懲罰了巴勒斯坦的游牧部族後，他南下到南方去摧毀努比亞人。王上殺了他們許多人，我從那兒帶回戰利品：二個活人和三隻手掌。然後我又獲賜金子，並且得到兩名女奴。王上北返，他心中因勝利而欣喜。他征服了北方人。（蒲慕州，《尼羅河畔的文采》，60–61。）

圖6-1　墓室壁畫　新王國時代一座墓室中的壁畫，第一層為葡萄園，採葡萄的工人中有一名努比亞黑人，以及一名敘利亞人（最右邊留鬍子者），可見新王國時代埃及社會中有不少外籍勞工。中層圖案右邊為工人用腳壓葡萄汁，左邊為工人將葡萄汁裝罐，準備發酵成酒。中間一人著長白衫，正在向一座眼鏡蛇神塑像獻祭，此神為主農作豐收的女神。下層為貿易船及工人製造繩索。

新王國初期的統治者，或稱法老（Pharaoh，埃及原文作 per-aa，意思是「大殿」，約和中文的「陛下」相當），如阿曼和泰普一世 (Amenhotep I)、圖特穆斯一世、二世 (Thutmose I、II) 等。由於內戰結束，人民得以休養生息。此時國內經濟繁榮，主要證據是各地所興建的眾多神廟、裝飾華麗的墳墓，以及各種精美的器物。對外關係方面，埃及不斷向南方擴張勢力，以獲得努比亞地區豐富的物產，包括象牙、毛皮、金銀等。而在敘利亞和巴勒斯坦地區，埃及軍隊曾遭遇到此時正興起於兩河流域上游山區的麥坦尼人 (Mitannians)。麥坦尼人的車戰實力在當時素負盛名，埃及軍隊並沒有與之發生大規模的衝突。

圖特穆斯二世去世後，由於王子圖特穆斯三世年幼，王后哈謝普蘇 (Hatshepsut) 掌握朝政達二十年之久。她先是攝政，繼而襲取了國王的名銜，成為女王。在埃及史上，其實她並非第一個掌有政權的女性統治者。第六王朝末年的尼提克麗特 (Nitiqrit)，第十二王朝末的索別克那弗魯 (Sobekneferu) 等人都曾經掌政，而即使是第十八王朝，卡摩司的母親阿和泰普 (Ahhotep)，他的王后阿摩司那芙塔麗 (Ahmose-Nefertari) 也都對政治有相當大的影響。而這些當然也只是比較為後代所知的例子。

哈謝普蘇在底比斯西岸狄厄巴哈里 (Deir el-Bahri) 地方，模仿中王國蒙圖和泰普二世的神廟，建了一個更華麗的祭廟，呈三層臺階式，以西方高聳的岩壁為背景，形成壯麗的景觀。在廟中的牆壁上，工匠們用浮雕的手法表現出埃及與東非普恩特 (Punt) 地區貿易的情況。埃及用武器、珠寶等產品來換取這地區出產的香料和黃金、檀香木、毛皮等原料。至於在外交方面，她在位期間似乎並沒有特殊的作為。此外，在壁上她也留下了圖案及文字，內容為安夢神半夜託夢給她的母親以致受孕，以宣稱她的統治合法性。哈謝普蘇除了繼續尊崇安夢神之外，也提倡女神哈托 (Harthor) 的崇拜，在她的祭廟右方建了一座哈托的神殿。

哈謝普蘇原為圖特穆斯一世之女，嫁給她的同父異母兄弟，即圖特穆斯二世。至於圖特穆斯三世，是她的女婿，也是圖特穆斯二世的另一庶子。圖特穆斯三世登基時，由於年幼而由哈謝普蘇攝政。當哈謝普蘇

圖 6-2　哈謝普蘇寢廟　這是位於底比斯西岸狄厄巴哈里 (Deir el-Bahri) 的遺址，
哈謝普蘇建此廟宇作為她自己的寢廟，她的墓就在山崖背後的山谷中。此廟宇的造
型獨特，不似一般埃及神廟，它旁邊有一座中王國時代蒙圖和泰普二世建的廟宇，
造型相類而較小，應該是它的原型。

圖 6-3　圖特穆斯三世之獅身人面像　獅身人面的雕像方式是國王的專利，只有
國王本人可以被雕塑成這樣。最著名的獅身人面像自然是舊王國第四王朝卡夫雷
金字塔前的那座。哈謝普蘇也有獅身人面像，說明她在當時的確自以為是法老，而
不只是太后而已。

去世之後，圖特穆斯三世遂下令將全國各建築物上哈謝普蘇的名號刮除，改為自己的名字，不承認哈謝普蘇曾經稱王的事實。當然，他並未能完全消除哈謝普蘇的痕跡，否則我們也不會知道這一切。哈謝普蘇到底是在什麼情況之下死亡或消失，我們並不清楚。

　　圖特穆斯三世對於埃及在巴勒斯坦地區的利益十分關心。這地區之所以重要，是因為它居於小亞細亞、兩河流域以及埃及這三個在當時最重要的文化和政治區域之間，具有緩衝的作用。同時，它也是由波斯灣經兩河流域到地中海的關鍵。新王國初始，埃及對此地區有相當的影響力。哈謝普蘇在位時，缺乏經營，從前建立的聲威也逐漸衰弱。但此時兩河流域北方麥坦尼 (Mitanni) 的勢力不斷擴展，小亞細亞也有西臺 (Hittite) 王國興起，兩者都對於控制敘利亞和巴勒斯坦這塊關鍵地區甚有興趣，這種情況對於埃及而言就成為相當大的隱憂。

　　圖特穆斯三世親政之後，重振埃及在敘巴地區的聲威成為首要目標。在二十多年的時間中，他一連出兵敘巴地區達十七次之多，打擊敘巴地區不聽埃及節制的小邦，與麥坦尼和西臺的勢力互別苗頭。他將這些戰役的經過刻劃在底比斯神廟的牆上，一方面作為向神明的獻禮，另一方面也是一項政治宣傳。這些記錄可以讓我們了解歷史事實的一部分，但也可以體會官方意識形態和宗教思想結合的實際情況。以圖特穆斯三世親政那年第一次出征為例，當時已經是在位的第二十二年，以卡德希城為首的北敘利亞城邦組織了聯軍，在得知哈謝普蘇去世後，想趁機發動攻勢。圖特穆斯三世顯然早已有備，也立刻出兵：

霍魯斯：出現在底比斯的牡牛；兩女神：永享王業如天上的雷；金霍魯斯：強而有力，容貌雍華；上下埃及之王，兩地之王：門赫普爾雷；雷之親子：圖特穆斯，萬萬歲。(此為國王的各種頭銜) 王上下令在他替父親安夢所建的廟宇中記錄下他父親安夢所賜的勝利：每一場戰事，王上所帶回的戰利品，以及他父親雷所賜給他每一外邦的貢品都記下。
第二十二年，退水季的第四個月，第二十五天，〔王上經過了〕西

列的堡壘，是為第一次〔討伐那攻擊〕埃及邊境的敵人的戰役。……因為在先前的時候，（譯按：由於當地的叛亂）那兒（即巴勒斯坦）的堡壘只能設在夏魯恆，而從伊爾地一直到地的盡頭都有不順服王上叛亂。

第二十三年，乾旱季的第一個月，第四天，王上加冕慶祝日，抵達了〔君王之征服〕城，〔其敘利亞名為〕迦薩 (Gaza)。第二十三年，乾旱季的第一個月，第五天，精神抖擻，充滿力量和正義地離開此地，去摧毀那邪惡的敵人，拓展埃及的邊界。他的父親，偉大而勝利的安夢，已經給了他將征服敵人的指示。

第二十三年，夏季的第一個月，第十六天，抵達了葉含。與他的精銳部隊舉行會商，說：那可惡的卡德希的敵人現在已經來了，而且已經進入了麥吉多。他聯合了所有那些原來效忠埃及的外邦王侯，還有遠至那哈林 (Nahrin，兩河流域) 的城邦，包括賀爾和克地的馬匹、軍隊和民眾。據說他揚言道：我要在麥吉多等待〔並且和王上在此作戰〕。（現在）告訴我〔你們的意見〕。（蒲慕州，《尼羅河畔的文采》，19–20。）

當時從葉含到麥吉多，有北中南三條路可達，南北二道均必須繞過葉含與麥吉多之間的山區，路程較遠，但也比較安全；中間那條路，穿過一道狹窄的山谷，直通麥吉多，是最近也最危險的路，因為易遭伏擊。圖特穆斯三世的部屬都建議他走南線或北線，但他卻執意要走中線，就像所有的英雄一樣，勇於冒險。結果他的選擇是正確的，埃及軍隊出其不意地由山谷中殺出，擊潰了敵軍，包圍麥吉多，最後終於迫其投降。

　　此類的記載，其可信度有多高？我們若沒有其他獨立的資料可以參照，自然只能說是埃及人的觀點。不過由文體看來，可以推測這種記載應該是由行軍日誌所改寫而成的，因而仍然保留了日誌的形式。我們知道，此時埃及軍隊中設置有隨軍書記，其功能即在保存整個軍事行動的記錄，待戰爭結束返國，這些記錄經過整理，就被寫在神廟壁上。第十九王朝時代國王納姆西斯二世著名的戰役「卡德希之役」，也是靠著這類

的記錄而為後世所知。這些記錄的可靠性自然受限於王室報喜不報憂的原則，會有所折扣。但至少我們可以知道，埃及在敘巴地區的經營是相當不易的，否則也不必有那一連串的軍事行動。事實上，當埃及法老愈強調他們的外交成就時，我們愈應該懷疑實際上的真相為何。

圖特穆斯三世的繼承者阿曼和泰普二世在軍事上雖未能超越他的成就，亦頗能維持埃及在敘巴地區的優越地位，曾經與麥坦尼訂立和平條約，將兩者的勢力範圍限定在敘利亞北半部。當然，我們仍然要注意，這樣的說法到底有何實際的意義，是要靠更進一步的巴勒斯坦考古學及歷史學的實證研究來支持的。到了阿曼和泰普三世時，埃及的國勢可以說是如日中天。麥坦尼和卡賽王朝的諸王都企圖與埃及修好，締結婚約，以獲得一些實際的利益。豈料阿曼和泰普四世並不走傳統路線，在國內製造了一次宗教革命，也使得埃及在國際外交上陷入困境。

第二節　阿瑪那時代

阿曼和泰普三世去世時，埃及已經有一段承平之日，貿易發展也空前興旺，大量的財富進入埃及，神廟愈建愈大，宮殿愈建愈華麗。而由於與外邦關係大致友好，埃及境內外邦人來往頻繁，也使得埃及成為一個具有國際性視界的地方。在宗教方面，埃及人不但接受了外來的神祇，也視外邦人為太陽神的子民。傳統埃及宗教信仰諸神繼續存在，但太陽神（安夢 Amon，雷 Re，或安夢雷 Amon-Re）是最主要的神祇。國王與太陽神之間的特殊關係當然無可比擬，國王的頭銜為太陽神之子，說明了兩者之間的關係。

我們並不清楚阿曼和泰普四世早年的經驗，但他後來的宗教改革卻使他成為埃及史上最特殊的人物。在他即位不久後，以改名的方式宣布新的宗教政策，這與中國皇帝為了某些政治原因改元的情況相似。阿曼和泰普的本義是「安夢神平安」，他改名為「易肯阿頓」(Akhenaten)，意思是「對阿頓有俾益者」，也就是宣稱自己對阿頓效忠。他認為世間至高的神明是以太陽為象徵的阿頓（Aten，即太陽球體本身），其他傳統的神

祗都不被承認。他並且將王都遷移到底
比斯北方的阿瑪那 (Amarna) 地方去，建
立了新的宮殿以及阿頓神廟，同時禁止
一切傳統的信仰對象。底比斯的安夢
(Amon)、孟斐斯的普塔 (Ptah) 等神廟都
遭到查封。這大約是人類歷史上第一次
大規模政治迫害宗教的例子。

　　他提倡的一神信仰觀念可以用一首
《太陽頌》為代表：

圖 6-4　易肯阿頓像　這是易肯
阿頓後期的像。他奇特的面容及身
體顯然是一種誇張的表現方式，因
為有一些他早年的雕像顯示，他的
面容並沒有這樣奇特。哪一種才是
他的真面貌呢？我們看阿瑪那時代
的藝術表現方式可以知道，不論他
的真面貌為何，這種誇張的表現方
式應該是遵循著一種特定的理念。

　　　你燦爛地在天邊升起，
　　　啊！充滿生命的太陽，生命的創造
　　　者！
　　　當你從東方升起，
　　　你以自己的光芒充滿全地，
　　　美麗、偉大、光耀四射。
　　　高居世界之上，
　　　你的光芒擁抱你所創造的大地。
　　　你是雷 (Re)，伸展到大地的盡頭。
　　　你讓世界臣服於你的愛子之下，
　　　你遠在天邊，光芒卻在地上。
　　　人雖然看得見你，卻看不出你的腳步。
　　　當你向西方沉沒，大地如死亡般地漆黑。
　　　人蒙頭睡在屋裡，一眼看不見另一眼，
　　　如果他們的財物被盜，他們也不知道。
　　　猛獅出洞，毒蛇咬嚙，
　　　黑夜如氈，大地沉睡，
　　　他們的創造者在地平線下休息。
　　　當你於天明時升起於地平線之上，

當你是白日的太陽，

驅走黑暗，放射光輝，

全地都歡欣鼓舞。

人們站在地上，因為你喚醒了他們，

梳洗穿戴，高舉雙手，

讚美你的出現。

全世界都開始工作，

牲口就食，草木萌生，

飛鳥出巢，展翼以迎你的卡 (ka)，

所有的牲口都蹦蹦跳跳，

所有能飛的生物，

牠們因你的升起而得活。

……

你在我心中，沒有別人認識你，

只有你的兒子，易肯阿頓，

你教導他你的道和你的大能，

世界靠你的手做成，

你升起，他們得生，

你落下，他們死亡，

你就是生命，人因你而活。（蒲慕州，《尼羅河畔的文采》，121–127。）

這首讚美詩強調太陽是萬物的創造者和命運的主宰，現代不少學者認為這是一神信仰的表現，有人甚至認為後來希伯來人的一神信仰是受到這太陽信仰的影響。不過長久以來學者們尚無法解決一個根本的問題，即猶太《舊約聖經》中提到希伯來人在埃及的經歷，以及摩西出埃及的事蹟，到底是否有任何埃及歷史上的根據。這個問題我們在討論古代以色列史時將再提及。

回到《太陽頌》本身，如果仔細閱讀，可以知道，詩文並沒有直接

否認其它神明的存在，甚至舊的太陽神雷 (Re) 的名字也出現。因而也許我們只能說，易肯阿頓雖然獨尊太陽，禁止崇拜其他神明，但是否就代表他在根本概念上認為宇宙間只有一個神明，如猶太教或基督教所主張的，其實並不確定。但即使如此，他封閉底比斯各神廟的舉動，對於一向多神並存的埃及，已經是史無前例的鉅變。因為這不僅是一種宗教政策，也更是一項重要的經濟和社會政策。埃及各大神廟歷經千年以上的發展，在此時已經擁有相當多的產業和財富，依靠神廟的運作而維生的人口，如教士、工匠、農人等，均不在少數。可想而知，在神廟關閉之後，許多人的生活就成為問題。這中間到底牽涉到多少新舊派教士們彼此之間對於資源的爭奪，我們雖然只能存而不論，但由其他文化中類似的例子，如中國的三武滅佛，歐洲的宗教改革和戰爭，可以推想一二。舊宗教勢力的不能妥協，可能是為何後來易肯阿頓的宗教改革不能持久的主要原因。

　　易肯阿頓的改革除了表現在宗教上，也在藝術形式上呈現出一種相當特殊的風格。這風格與之前的埃及藝術傳統雖不能說是完全的背離，因為在表現的內容上和基本構圖的主題上仍然遵循傳統，但在人物造形和色彩運用上，卻有相當新的發展，例如著名的人體雕像，以易肯阿頓的個人雕像為代表，放棄了傳統均衡健碩的身材表現，而呈現出一個有窄肩、駝背、挺腹、豐臀的身材，又有著尖嘴、翻唇、斜眼、高顴面容的極為特異的形象。這顯然是一個流派的工藝家的作品，有一定的思想背景為指導原則。如果說埃及藝術史上有任何自主性的「藝術家」，此一流派的工藝家可以當之無愧。當然，王后那芙蒂蒂 (Nefertity) 極為逼真而冷豔的頭像可能是古代世界所留下最引人注目的女性雕像了。而在壁畫上也出現了比較鬆弛的透視手法，允許非正面呈現式的表現方式，如躺臥、四分之三側面，同時王室成員的形象也不再總是莊嚴不阿，而有「闔家歡」之類的景象，由國王及王后將兒女抱在膝上親吻。至於在繪畫中特殊而豐富的色彩運用和細緻而柔美的線條，也創造出獨特的阿瑪那風格。不過話說回來，這種風格也不是一夕之間出現的，因為從易肯

　　阿頓早年的雕像看來，那種特異的形象並不明顯，而愈到後來則愈為顯
著，可以推見所謂的阿瑪那風格也是有一個發展過程。

　　易肯阿頓的太陽神信仰是從哪兒來的？這問題雖沒有最後的答案，
可以知道的是，太陽神阿頓的觀念早已存在於埃及宗教之中。在阿曼和
泰普三世時，已經有詩歌顯示它的地位在上升，因而易肯阿頓的宗教改
革並不是空穴來風。我們甚至可以說，以太陽為宇宙的創造者本來在舊
王國時代就已經是埃及宗教中的一個重要概念。因而他的阿頓崇拜並不

圖6-5　易肯阿頓全家福　易肯阿頓和王后那芙蒂蒂對坐，三個女
兒和他們玩耍，呈現一幅和樂的家居生活場景。太陽神阿頓的光芒
末端呈手狀，將生命賜給所有人。

圖6-6　阿瑪那的公主　這是在阿瑪那王宮遺址發現的壁畫，用色大膽鮮豔，尤其是背景著色，人物姿態自然，為傳統埃及壁畫所無。但其基本構畫原則仍不出傳統繪畫之外。

真正與埃及傳統宗教有根本的衝突，不過他將崇拜的對象化約為以太陽球體為代表的阿頓，在一方面可說是還原了太陽神的本來面目。只不過他是在什麼樣的一種機緣或者情況之下發動了這場改革，目前仍不清楚。更值得注意的是，易肯阿頓的改革主要是在底比斯進行，而最主要的阿頓神廟是建在新都阿瑪那，在全國其他地方的神廟中我們沒有發現阿頓信仰的痕跡，因而阿頓信仰基本上是一個局限於王室之內的信仰活動，對一般人的影響有限。尤其是對一般百姓而言，他們日常生活中的信仰和抽象的太陽神學是有相當距離的。即使在阿瑪那的工人村落中，工人們平時仍然向安夢神祈禱。這種神學上的抽象性和實際崇拜活動的局限性，再加上前面所提到的與舊宗教勢力實際利益的衝突，很可能是為什麼在易肯阿頓死後不久，他所提倡的阿頓信仰很快的為人所遺忘，傳統的多神信仰再度恢復的原因。埃及人要再過一千五百年之後才又接觸到另一種絕對的一神信仰——基督教。

第三節　國際風雲

易肯阿頓所代表的時代不僅有一次宗教上的大變動，也是當時國際政治的關鍵時刻。由易肯阿頓的新都阿瑪那的遺址中，考古學者發掘出大量當時國際通用的阿卡德文寫的泥板文獻。這些是阿曼和泰普三世和易肯阿頓時代的外交文書，由於遷都之故，從底比斯被移置到阿瑪那，卻因為阿瑪那在易肯阿頓死後被廢棄而意外的得以保存。由這些文獻中，我們可以看出當時西亞地區和埃及之間錯綜複雜的關係。埃及在軍事上雖能大致維持強權的形象，但事實上並不能制服麥坦尼。到了圖特穆斯四世、阿曼和泰普三世、四世諸王的時候，與麥坦尼王室聯姻，娶其公主為妃，就成為法老在國際政治上不得不用的策略。

從阿瑪那出土的文獻中，我們得知圖特穆斯四世曾娶麥坦尼公主為妻，她即為阿曼和泰普三世的母親。所以阿曼和泰普三世本人只有一半埃及的血統，但不妨其為埃及法老的地位。阿曼和泰普三世不但娶了麥坦尼公主姬露希芭 (Gilu-khepa) 為王妃，還娶了兩名敘利亞公主、兩名巴比倫公主，和一名小亞細亞公主。這些政治婚姻主要的目的當然是為了維持兩個政權之間的和平關係。因此在阿曼和泰普三世的時代，埃及與西亞地區兵偃戈息。不過婚姻關係的背後也有相當程度的經濟交換條件。例如巴比倫王就曾經寫信給他的妹夫阿曼和泰普三世，要求他送金子給巴比倫神廟：

> 關於我上回寫信給你提到的金子，送很多過來，愈多愈好，……好讓我完成我的工程。如果你在收穫季節時將我要的金子送來，我就會把我的女兒給你。但如果你不送金子來好讓我完成工程，又何必要等到以後才送來？……等我的工程完成了，即使你再送三千泰侖的金子來，我也不會接受，……我也不會把我的女兒給你。(N. L. Moran, *The Amarna Letters*, 8–9.)

顯然巴比倫王不但已經將妹妹嫁給埃及王，也願意將女兒送到埃及以交換金子。看來這裡沒有家庭倫常的考慮。麥坦尼王圖希拉他

(Tushrata)，也就是姬露希芭的哥哥，也寫信給阿曼和泰普三世：

> 告訴埃及偉大的王阿曼和泰普，我的兄弟，我的女婿，愛我也為我所愛：圖希拉他，偉大的麥坦尼王，愛你的岳父，你的兄弟。
>
> 我一切都很好，願你也好，你的全家，我的妹妹，你其他的妻子們，你的兒子們，你的馬車，你的馬，你的軍隊，你的國家，你所有的財富都好。
>
> 你的先人和我的先人有很好的關係，你自己更表現出對我父親的愛。現在，為了保持我們彼此持久的愛，你表現出十倍於對我父親的愛。願神明允許，願特舒普，我的主神，和安夢，讓我們彼此的愛永遠持續。
>
> 當我的兄弟派遣使者曼尼帶口信來說：「送你的女兒來和我成婚，做埃及的王妃。」我沒有令我的兄弟失望，立刻說，「當然!」我將我兄弟要求的女兒帶給曼尼看，當他看見她時，他非常讚美她。我會讓她安全的抵達我兄弟的國土，願紹斯卡神和安夢神令她合我兄弟的期望。
>
> 我也要求我的兄弟給我許多黃金，我說：「願我兄弟給我比給我父親更多，你曾送給我父親許多黃金，你送給他大的金瓶子和金罐子。你送給他金磚，好像它們是銅的一樣。」……讓我的兄弟送給我非常多的金子……因為在我兄弟的國家中，金子就如同塵土一般多。……
>
> 我現在送一批禮物給我的兄弟：一個金杯，把手上鑲真孔雀石；一串項鍊，上有二十片孔雀石和十九片金子，中間是一塊鑲金真孔雀石；一串項鍊，上有四十二塊寶石，四十片金塊，中間是一塊鑲金寶石；十組馬匹；十輛木馬車；三十名男女。(W. L. Moran, *The Amarna Letters*, 43–45.)

文中圖希拉他稱埃及王為兄弟和女婿，但也不忘先尊稱偉大的王，一方面推崇，一方面又設法將關係拉近。他將女兒塔杜希芭 (Tadu-khepa) 送給阿曼和泰普三世為妻的計畫和巴比倫王類似，一方面藉聯姻保持和平，

一方面也希望能得到一些實質的益處。不過當塔杜希芭到達埃及時，阿曼和泰普三世已經作古，於是她就嫁給他的兒子阿曼和泰普四世（易肯阿頓）。她是否就是著名的那芙蒂蒂？此說雖吸引人，並沒有堅強的證據。由另一封信中，我們可以看到巴勒斯坦地區諸小邦在埃及、巴比倫和亞述等強國之間活動的情況：

> 告訴埃及王阿曼和泰普四世：你的兄弟巴比倫王布拿波利亞如此說：……在我父親庫利迦出的時候，所有迦南 (Canaan) 的國王都寫信給他說：「我們願意侵入埃及的邊界，成為你的盟友。」但是我的父親回覆他們說：「絕了你們的念頭！如果你們成為我的兄弟埃及王的敵人，或者和其他人聯手，我就會出兵討伐你們，因為埃及王是我這邊的！」所以我父親是為了你父親的緣故沒有聽從他們。我並沒有派遣我的部屬亞述人去你那邊。他們是自做主張。他們為什麼要到貴國去？如果你看重我，不要准許他們購買任何東西，把他們兩手空空的趕回來！我送給你見面禮三米納重的真孔雀石，五組戰車用的馬匹。(W. L. Moran, *The Amarna Letters*, 18.)

在這一封信中，我們不但可以看到巴勒斯坦（即迦南 Canaan）的小邦在兩強之間尋求生存的努力，也看到亞述的力量逐漸興起，不受巴比倫王的制約，和埃及謀求外交和貿易的關係。

在另一方面，興起於西元前十七世紀的西臺王國，由於佔據鐵的生產地，武力強大，不過其內部向來是紛爭不斷，因而當埃及新王國早期時，由於國王穆西利斯一世（Mursilis I，約西元前 1620–1590 年）被謀殺，陷入一連串的宮廷鬥爭之中，勢力不出於小亞細亞本部。在麥坦尼王國全盛時期，也就是阿曼和泰普三世前後，麥坦尼與埃及由戰爭而至於和平聯姻時，西臺並不在麥坦尼和埃及的顧慮之中。但是到了大約西元前 1370 年左右，西臺王蘇比魯流馬一世（Suppiluliumas I，約西元前 1344–1322 年）率軍進入兩河流域上游，大敗麥坦尼軍隊，將幼發拉底河西岸的地區納入勢力範圍。敘利亞北部諸小邦紛紛投靠西臺，那些忠

於埃及的小邦則向埃及求援。無奈此時法老阿曼
和泰普三世老邁而不好戰，繼承者易肯阿頓又不
積極對付西臺。至於麥坦尼本身，也由於王位繼
承之爭而無法振作。在圖希拉他被一個兒子謀殺
之後，內戰爆發，最後導致麥坦尼的瓦解。而亞
述則在亞述巴利一世（Ashur-uballit I，約西元前
1365–1330 年）的領導之下日漸壯大，取代了麥
坦尼的地位。

　　於是，在易肯阿頓死後，蘇比魯流馬一世控
有敘利亞至今大馬士革以北的主要地區，成為當
時的一等強權。西臺之所以力求控制此一地區，
主要是由於要尋求出入地中海的港口，而他們無
法取得小亞細亞沿地中海岸的控制權，因為那是
強悍的愛琴人 (Achaeans)，也就是日後的希臘人
的勢力範圍。

　　至於埃及的情況，則一時甚為混亂。易肯阿
頓的繼承者是否為其姪兒斯門卡雷
(Semenkhkare)，而斯門卡雷又是否為圖坦阿頓
(Tutankhaten) 的兄弟，目前尚無確切證據，但圖

圖 6–7　圖坦卡門小雕像　這是在他的墓中發現的。圖坦卡門手持標槍，站在紙草編成的船上，作打魚狀。這是自舊王國以來就流行的上層階級的休閒活動。圖坦卡門的墓在西元 1922 年被英國考古學家霍華卡特發現，至今仍為唯一沒有被盜掘的埃及國王墓葬，墓中的物品也成為埃及開羅博物館的鎮館之寶。

坦阿頓雖九歲即位，十九歲即去世，在埃及史上無甚作為，卻由於他的
墓葬在西元 1922 年由考古學家發掘出土而為現代人所熟知，其華麗的黃
金面罩和包金棺槨及大量的精美隨葬品現已成為埃及開羅博物館的鎮館
之寶。不過，在去世之前數年，他將名字改為圖坦卡門 (Tutankhamun)，
意思是「安夢的生像」，也就是宣告阿頓信仰的正式結束。他死後無子，
年輕的王后做了一件相當極端的事。她寫信給西臺王蘇比魯流馬一世，
要求他派遣一個兒子來與她成婚，成為埃及的統治者。她為何會有這樣
的舉動，我們無法猜測，但原因不外乎由於自己找不到可以依靠的王室
成員。當然，這舉動本身是相當不尋常的，也暗示了其中有一些隱情。

現代學者因而有各種猜測，有人認為圖坦卡門是被謀殺，因而遺孀感到宮中情勢對她不利，才出此下策。但這些猜測都缺乏明確的證據。最新的說法根據骨骼 X 光分析，認為他是死於骨折意外。總之，這封信保存在西臺王室的記錄之中，在西臺宮殿遺址中被發現，記錄中共引用了兩封信，因為西臺王在收到第一封信時有些懷疑這事的真實性，等到第二封信來，他才相信是真的：

> （第一封信）我的丈夫去世了，我沒有兒子。如果你可以送一個你的兒子來，他可以成為我的丈夫。我不願意讓我的僕人成為我的丈夫。

> （第二封信）你為何說：「他們在欺騙我」？如果我有一個兒子，我會要以一種對我自己和我的國家都是恥辱的態度寫信給一個外國人嗎？你竟然不相信我而告訴我這些事。我的丈夫去世了，我沒有兒子。難道我應選一個我的僕人，叫他做我的丈夫嗎？我沒有寫信給任何其他國家，我只寫給你。人們說你有許多兒子。給我一個你的兒子做我的丈夫和埃及的國王。(J. B. Pritchard, *Ancient Near Eastern Texts*, 319.)

蘇比魯流馬一世自然不會放過這空前的好機會，於是派了一個兒子前往埃及。但是好事不成，根據西臺王穆西利斯二世（Mursilis II，西元前1321-1295 年）時的一份文獻指出，西臺王子在抵達埃及以後即遭謀殺。這中間的細節我們已無法可考，但主謀者可能就是下任法老艾伊 (Ay)。艾伊原為一大祭司和將軍，控有國內政軍大權，他不願意見到埃及王位落入外人手中，自是可以意料的。我們並不清楚西臺對此事件的處理方法，據西臺文獻說，蘇比魯流馬一世曾派軍隊與埃及戰爭，並且擊敗了埃及軍隊。但他不久就去世，西臺和埃及的衝突因而暫時停止。

埃及王權在艾伊 (Ay) 和霍侖哈布 (Horemhab) 之後落入納姆西斯家族的手中，是為第十九王朝。納姆西斯一世 (Ramesses I) 出身於軍旅，他的子孫也習於征戰。塞提一世 (Seti I) 即位不久就積極經營巴勒斯坦，數度出兵討伐不順服的附庸國。到了納姆西斯二世即位第五年，西臺軍隊

圖 6-8　卡拿克神廟　埃及神廟的特色是高大的門樓、迴廊、廊柱，以及放置神像的神殿，一般由中軸線左右對稱而發展。在同一神廟區，不同時代的法老可能會在前人的建築之外繼續興建神殿或迴廊，因而神廟就逐漸擴大。卡拿克神廟最早的建築是在中王國時代，到了新王國，由於安夢神成為埃及的主要神祇，卡拿克也成為埃及最重要的神廟，歷任國王均有所興建，一直到希臘羅馬時代，因而也成為歷史的見證。

在穆瓦塔利斯（Muwatallis，西元前 1306–1286 年）的領導下，聯合敘利亞諸小邦，準備大舉南下。而納姆西斯二世也率大軍深入巴勒斯坦，在

奧倫多河畔的卡德希城附近和西臺軍隊遭遇。經過一段驚險的戰鬥之後，埃及和西臺勉強戰成平手，雙方只好默認對方的存在，而將勢力範圍界定在卡德希附近。這次會戰的經過，被納姆西斯二世大肆宣揚，寫在底比斯神廟壁上，共有五個版本，基本上均為埃及大獲全勝的報導。不過，由於記錄仍然是根據行軍日誌而改寫，所以也保存了事實真相的一些影子，可以知道，若不是一隊傭兵及時趕到，納姆西斯二世很可能要被擊敗。不過，埃及的記錄對於這場戰役的細節描寫得相當仔細，因而我們可以相當程度地復原整場戰役的經過，可以說是在古代歷史上一次最著名的戰役。

> 第五年，夏季第三月，第九天，國王陛下納姆西斯萬萬歲。陛下正領導他第二次在巴勒斯坦的勝利。早晨，在皇帳中平安地醒來，在卡德希南方山區中。上午，陛下如雷（太陽神）一般地升起，在他的父親蒙圖（戰神）的華蓋之下，向北行進，到達夏卜土那的南方。有兩名修舒人來告訴陛下：「我們的兄弟是部族的首領，現在與西臺軍隊在一起。他們派我們來告訴陛下，我們願意做法老的僕從，離棄西臺首領。」國王對他們說：「那遣你們來通知我此事的你們的兄弟在哪兒？」他們對國王說：「他們跟西臺首領在一起，西臺軍隊在突尼普北方的阿列波地方。當他聽說法老率軍北上，他太害怕了，不敢南下。」
> 但是這兩名修舒人對國王說的這些話是謊話，因為西臺人派遣他們來刺探國王的行蹤，而不讓國王的軍隊有機會準備好與西臺軍隊作戰。西臺首領領著他的步兵和戰車，以及對抗國王的軍隊的西臺地區所有的將領和他們的步兵和戰車，都已經在卡德希後面準備妥當，而國王還不知道他們在那裡。
> 當那兩名修舒人被釋放後，國王向北開動，到達了卡德希的西北。國王的軍隊在那兒紮營，國王坐在一張金質的寶座上，在卡德希的北方，奧倫多河的西岸，然後國王的一名哨兵帶來了兩名西臺的哨兵。當他們被帶到國王面前，國王問他們說：「你們是誰？」

他們說：「我們屬於西臺首領。他派遣我們來刺探國王的行蹤。」

國王對他們說：「西臺的首領在哪兒？我聽說他在突尼普北方的阿列波地方。」

他們對國王說：「西臺首領率領了許多國家作為他的聯邦。……他們率領著步兵、戰車，準備了武器。他們比沙灘上的沙還多。他們已經在卡德希背後準備停當，隨時應戰。」

於是國王召集了將領前來，讓他們聽這兩位西臺哨兵所說的話。

然後國王對他們說：「看看外邦人總督和埃及的領袖們的德行！他們每天來告訴法老：『那可恨的西臺首領在突尼普北方的阿列波，因為他聽見法老來了，就逃到那兒。』他們每天這樣說。但是，現在，我聽這兩名西臺哨兵說，那西臺首領率領了許多國家的人馬，和沙土一樣不可勝數。看啊，他們躲在卡德希後面，而我的外邦總督和國內領袖們卻不能告訴我們他們已經來了！」

於是在法老面前的將領們回答他：「外邦總督和法老的將領們沒能發現西臺敵軍的位置並且報告法老，這是極大的罪過！」於是宰相被派遣去催促法老的軍隊急速前來；他們正進行到夏卜土那南方的路上。

當國王正坐著和將領們說話時，那可恨的西臺首領率領著他的步兵和戰車以及許多的國家開始攻擊。他們越過卡德希南方的溪流，攻擊法老的大軍——他們正毫無防備地前進。於是國王的步兵和騎兵在他們（西臺軍）面前顯露出弱勢，向北來到國王的營地。然後西臺的軍隊將法老身邊的部隊團團圍住。當國王見到他們時，他迅速起身，有如他的父神蒙圖般的暴怒。拿起武器、披上鎧甲，他有如發威的塞特。他騎上他的馬——底比斯之勝利——快速地單獨上陣。國王陛下充滿神威，心意堅定，沒有人能抵擋他。

他經過的陣地如烈火焚燒，他的怒火燒遍了所有的外邦人。他追逐他們，目露兇光，他的神力如烈火般地攻擊他們。他不把那無數的敵軍放在眼裡，他視他們如草芥。國王衝向西臺首領和他的

聯邦的軍隊。他如同塞特一樣，神勇無比，如同發怒的塞赫美
(Sakhmet，獅形女戰神) 一般。國王陛下消滅了西臺首領整個的
部隊，連同所有聯邦的將領；他們的步兵和騎兵死亡枕藉。國王
在他們的陣地中殺戮他們；他們倒斃在他的馬前；而陛下單獨一
人，沒有別人和他一起。

朕讓西臺軍隊落入奧倫多河中，一個壓一個，就像鱷魚一般的滑
入水中。我如同神獸一般地追逐他們，我獨自一人攻擊所有的外
邦。因為我的步兵和騎兵都背叛了我，沒有一個人停下來往回看。
只要我活著，雷愛護我，父神阿圖 (Atum) 歡喜我，我所說的每件
事都是真實的。……(下略)(蒲慕州,《尼羅河畔的文采》,27–30。)

圖 6-9　納姆西斯二世與西臺人的戰爭　在卡拿克神廟的牆壁上，
納姆西斯二世將卡德希戰役的經過以圖文並茂的方式記錄下來，圖
中的國王勇冠三軍，敵軍則潰不成軍。如果要問這圖像的真實性如
何，則可能問錯了問題。埃及神廟中的圖像不在於表現真實，而是
要表達一種理念。在這理念中，國王代表神明，敵人代表邪惡的力
量，因而國王必須以勝利者的姿態被呈現出來。

　　到了納姆西斯二世在位第二十一年，西臺與埃及簽訂一項和約，雙方表示不再用兵，並且可以互相引渡逃犯，共同抵禦敵人。為了更進一步加強雙方的關係，納姆西斯二世後來又娶西臺王之女為妃，埃及與西臺之間的折衝算是告一段落。總括埃及在巴勒斯坦地區的發展，一直是維持一種鬆散的控制，埃及要求各小邦每年獻上貢品，以換取埃及的保護，可說是一種帝國主義的行為。但各小邦也不見得始終如一，於是每當埃及的國王換人，總是有巴勒斯坦小邦起來反抗埃及的統治。埃及在巴勒斯坦地區並不駐有軍隊，唯將之分為數個小區域，每區域包括若干城邦，由埃及派遣一個總督，主要功能在維持地方治安，運送稅穀。

圖 6–10　　納姆西斯二世木棺　埃及史上最長壽的法老，死後的棺木也不過如此。

　　納姆西斯二世在位時間相當長，可能長達六十七年。在這一段時間中，埃及在國際間沒有強敵，國內經濟遂更蓬勃發展，財富迅速累積。

　　大約在卡德希之役六十五年之後，法老梅涅普塔 (Merenptah) 在位的第五年，埃及再度面臨戰爭和敵人入侵的危機。這一次，入侵者主要是西方來的利比亞人 (Libyans) 和他們的鄰邦梅希維希 (Meshwesh)。根據此年所立的一塊石碑，他們的入侵雖然被埃及軍隊所遏止，其事實卻也透露出一些訊息：除了西方來的敵人之外，入侵者中尚有一些北方來的民族，如沙爾當那 (Shardana)、魯卡 (Lukka)、易克為希 (Ekwesh)、謝克勒西 (Shekelesh) 等。這些民族究竟來自何處？由於埃及文獻中所指的「北方」並不是個明確的區域，它有可能是敘利亞和黎巴嫩沿岸，或是小亞細亞沿岸，也有學者認為其中有些來自克里特 (Crete)、塞普勒斯 (Cyprus)，甚至薩丁尼亞 (Sardinia)。不論如何，這些雖不是定論，也顯示出當時地中海沿岸相當不安定。不僅埃及如此，西臺也受到來自西方，也就是小亞細亞沿岸地中海地區的民族入侵。其中有一支為阿希阿瓦 (Ahhiiyawa)，有學者認可能就是後來希臘

荷馬 (*Homer*) 史詩中的愛琴 (Achaeans) 人，亦即希臘人的祖先。此外，碑文中提到：

> 所有的王侯都匍伏在地說：夏隆（譯註：平安）。沒有任何外邦人抬起頭來：帖合努被消滅了，西臺也求和，迦南被俘虜，阿斯克隆被征服，葛澤被捕獲，雅諾安被毀滅，以色列成為不毛荒地，柯爾成為寡婦。所有入侵者都被上下埃及之王梅涅普塔所制服。（蒲慕州，《尼羅河畔的文采》，33–34。）

文中提到以色列的名字，是埃及文獻中唯一一次提及以色列的例子，因而相當受重視。根據猶太《舊約聖經》的傳統，以色列人在建國於巴勒斯坦之前曾經有過一段時間在埃及生活，由於埃及人對待以色列人極為嚴苛，後來遂有由摩西率領以色列人逃出埃及，前往上帝應許的迦南地區建國的一段故事。（詳見第八章）

在這次的戰事中，梅涅普塔雖然宣稱得到勝利，但顯然並不能解決問題的根源。在第十九王朝的法老納姆西斯三世（約西元前 1184–1153 年）在位的第五年，利比亞人再度入侵。第八年，發生了所謂的「海陸大入侵」。在底比斯西岸麥地尼哈布 (Medinet Habu) 的神廟壁上，納姆西斯三世的工匠留下了文字和圖像記錄，納姆西斯三世並且宣稱他又重創了入侵者，擄得無數的財富和俘虜：

> 外邦人在他們的小島中設計陰謀，所有的國家都分崩離析，陷入戰亂。沒有任何地方能抵抗他們的力量。從西臺、寇得、卡爾克密西、阿爾扎窪，到阿拉西亞都完全被消滅。他們在阿摩設下軍營，屠殺當地人民，使之成為無人之地。他們向著埃及而來，烈火已經在他們面前準備停當，他們的同盟是斐勒色 (Peleset)、切克爾、謝克勒西、丹陰和威些西，他們染指的區域一直伸展到地的盡頭，他們的心充滿自信：我們的目的會達成。（蒲慕州，《尼羅河畔的文采》，33–34。）

埃及承受了這一次的海洋民族的入侵，西臺卻沒有這樣幸運，在東西雙方均有外族入侵，國內又無強有力的領導者的情況之下，終於土崩瓦解。

上面的埃及銘文中也提到，由西臺一直沿地中海東岸以上的地區均受到
這些海洋民族的破壞。值得注意的是，這些所謂的海洋民族似乎不只是
以擄掠財物為主的「海盜」集團，而代表了一種由陸地上而來的移民潮。
在埃及的浮雕中，入侵的海洋民族，除了戰士之外，還有乘牛車而來的
妻子兒女。這種移動緩慢的牛車代表的意義很可能是一種農耕民族的移
民活動。而實際上，其中的斐勒色人後來就定居於巴勒斯坦沿岸地中海
岸地區，他們就是以色列人所稱的非力士丁 (Philistine) 人，這也就是巴
勒斯坦 (Palestine) 一詞的來源。

　　納姆西斯三世其實並沒能真正解決外人入侵的問題。由於尼羅河三
角洲東西兩面無險可守，當沙漠中的游牧民族力量開始強大時，滲透入
三角洲是很容易的事。這些民族的移動多半也是和平漸進式的，因而三
角洲的東西兩部分在長期發展的結果之下，就逐漸形成了小的地方勢力，
後來終於在第二十王朝結束時發生了力量。

　　納姆西斯三世晚年曾經發生過一次宮廷謀反陰謀，主要是王位繼承
問題。陰謀雖未得逞，但埃及王室從此陷入一連串的政爭之中。繼任國
王均以納姆西斯為名號，但他們並不能再重振納姆西斯二世時的盛世。
國內政治如此，對於國外的經營自然也受到影響。埃及在巴勒斯坦和努
比亞的勢力日減，新王國時代最後一位在西奈礦區留下名號的國王，是
納姆西斯六世。

　　王室雖問題不斷，但在底比斯城中，以神廟為中心的政治、社會和
經濟等各方面的發展都比較正常。安夢神的大祭司在底比斯擁有很大的
權力，可以控制龐大的不必繳稅的廟產和人力資源。時間一久，神廟和
其周邊的人就逐漸形成一股力量，有如國中之國，與位於三角洲的首都
皮拉美塞相互競爭。任何人只要去到底比斯的卡拿克神廟，就可以清楚
的感覺到，那巨大的神廟建築必然是基於一個相當強大的經濟和政治力
量才可能出現。納姆西斯二世在底比斯西岸陵廟區的穀倉容量，據推測
可以貯存一萬七千人至二萬人一年所需的糧食。而根據一份紙草文書，
納姆西斯三世時，卡拿克神廟所擁有的財產包括：六十萬英畝的農地，

圖 6-11　卡拿克神廟及水池

433 個花果園，牛隻 421,362 頭，65 個市鎮，46 個木工場，83 艘貨船，85,000 名奴隸。而納姆西斯三世曾一次贈予神廟 1.5 噸銀子，2 噸銅，1,000 罐香，25,000 罐酒，310,000 擔穀子。而在納姆西斯三世位於底比斯西岸的陵廟中，每日所消耗的食品包括 5,500 塊麵包，54 塊糕，34 碟甜點，以及 204 罐啤酒。這些數字很可以作為神廟之為一個經濟單位的參考。最後，當神廟的力量大到足以和王朝政府抗衡之時，國家的分裂就成為不可遏止的趨勢。

第七章
古代帝國之末路：孰令致之？

第一節　亞述帝國

當古巴比倫王國為卡賽政權所取代之後，卡賽王朝大致上保持了兩河流域中游的疆域。在上游地區，先是有麥坦尼王國，然後有亞述的興起。亞述自從被漢摩拉比征服之後就一直臣屬於巴比倫，當麥坦尼強大時又受制於麥坦尼。當麥坦尼在西元前十四世紀中葉衰弱之後，亞述烏巴力領導亞述取得和巴比倫的卡賽政權分庭抗禮的獨立地位。亞述力量的發展也很可能是促使埃及與西臺互訂盟約的因素。在西臺與埃及和解之時，西臺王哈圖希利三世也設法和巴比倫的卡賽政權聯絡，以牽制亞述，而亞述與巴比倫之間也隨著彼此力量的消長而時戰時和。

到了亞述王突苦提寧烏塔一世（Tukulti-Ninurta I，約西元前1244–1208 年）時，亞述的軍隊終於攻陷了巴比倫。亞述人不但奪走了巴比倫的財寶，也帶回去大量的巴比倫文獻。這是由於巴比倫的文學作品已經是當時兩河流域世界的主流，亞述人軍事力量儘管強大，在文學上卻不得不向有悠久傳統的巴比倫學習。不過亞述人雖征服了巴比倫，並沒有廢其王朝。而卡賽王朝在巴比倫又持續了幾十年之久。最後導致卡賽王朝滅亡的並不是亞述，而是來自其南方山區的伊蘭人。

伊蘭位於底格里斯河以東的札格洛斯山區，也就是今日的伊朗境內。早在西元前 2500 年左右，蘇美人就知道此區有一強大的王國。在阿卡德王朝時代，伊蘭一直是兩河政權的一大威脅，烏爾第三王朝就是被伊蘭人所摧毀的。在古巴比倫王朝時代，伊蘭人受巴比倫節制，但在卡賽時期，顯然又恢復了獨立的地位。在亞述與卡賽的對抗中，伊蘭與亞述合作，才使得亞述得以順利征服巴比倫。到了西元前 1160 年左右，伊蘭人

再度入侵巴比倫。這一次，他們徹底摧毀了卡賽王朝，大肆擄掠，帶回去的戰利品中包括了著名的刻有《漢摩拉比法典》的石碑，以及象徵巴比倫王權的馬杜克神像。《漢摩拉比法典》一直留在伊朗，直到二十世紀才重新被考古學者所發現。

卡賽王朝雖然滅亡，但巴比倫城仍然存在。接著而起的是所謂的伊新第二王朝，其唯一比較有為的國王尼布甲尼撒一世（Nebuchadrezzar I, 約西元前 1124–1103 年）曾經擊敗伊蘭，將馬杜克神像奪了回來，振奮了巴比倫的士氣。然而他死後後繼乏人，而亞述則出了能幹的提格拉皮列色一世（Tiglathpileser I, 約西元前 1115–1077 年）。他是一個能征善戰的軍人，將亞述的勢力範圍向西拓展至敘利亞北部的平原區。亞述之要求控制敘利亞，也是為了尋求在地中海的出口，領土的佔有總是有其經濟上的理由。

不過亞述人的窮兵黷武也造成其政權的不穩，提格拉皮列色最後被謀殺。此後又有一百六十多年的時間，由於內爭和外患，亞述的力量衰弱不振。這外患最主要的就是所謂的亞蘭人 (Arameans)。這些亞蘭人是來自西方沙漠邊緣地區的游牧民族，在入侵農耕地區之後，他們也會定居下來，本身卻又遭到那些尚未安定的同胞的侵襲。他們不但流布於兩河流域上游兩岸，也在敘利亞和巴勒斯坦地方造成相當大的騷擾。西元前十一世紀中在巴勒斯坦建國的以色列和他們的關係就很密切。

第二節　新巴比倫帝國的盛衰

西元前十世紀後期，亞述的力量日漸擴張，到了亞述那西巴二世（Ashurnasirpal II, 西元前 883–859 年）時，又開始積極的向外侵略，不但整個兩河流域諸城都聽命於他，亞述的力量更再度達到地中海，巴勒斯坦地區諸邦都向他稱臣納貢。他的兒子沙曼尼色三世（Shalmaneser III, 西元前 858–824 年）更是一個好戰的人。他在位三十五年，有三十年是在征戰中度過。亞述的軍隊遍及今日的亞美尼亞 (Armenia)、西里西亞、巴勒斯坦、塔魯斯山、札格洛斯山區等地。不過他的這些戰事也並非完

全順利。如在北方亞美尼亞山區有一烏拉圖 (Urartu) 人和波斯人 (Persians)。亞述軍力雖強，也只能暫時阻止他們的入侵而不能禁止其發展。烏拉圖地區控制了亞述和小亞細亞之間的商路，對亞述軍隊的馬匹和兵器的來源有很大的影響。

　　亞述人的好戰和殘酷在這段時期由於不斷的征伐而顯露無遺。亞述軍隊所到之處，反抗的人們被殺，投降的被俘，村莊被焚，農作化為灰燼。及早求和的城邦獻出大量的金銀和牲口，邦主則匍伏在亞述王足下，

圖 7-1　鳥頭神　這是亞述那西巴二世宮殿中的浮雕，表現的是一個鳥頭神明，據說是古代聖者的化身。他左手提水桶，右手拿著松果狀的東西，正在行某種儀式。

乞求活命。亞述那西巴二世甚至連無辜的百姓也隨意殺戮,而他對付敵人的方式更是令人毛骨悚然。用他自己的話說:

> 我在他的城門前立了一根柱子,我再將所有反叛的首領剝皮,掛在柱子上,有些掛在柱子邊,有些我釘在柱子上,其他的我包在柱子上,⋯⋯我把叛者的官員的手砍下,⋯⋯我用火燒了許多俘虜,有些則活捉,有些我割下他們的鼻子、耳朵、手指。有很多我挖出眼睛,⋯⋯我將他們的頭環掛在環繞城外的樹上,⋯⋯ (K. R. Nemet-Nejat, *Daily Life in Ancient Mesopotamia*, 229)

亞述人這種殘酷的行為使得各小邦人人自危,但這也是造成他們不服從亞述人統治的原因。

圖7-2　亞述宮殿壁上浮雕中的戰爭場面,顯然是亞述統治者享受的場景,其中不乏殘暴的手段,如割取敵人的首級。

　　在統治方法上，亞述原來在各省境內設有行省，各有省長統轄。在西元前八世紀時，又將各行省劃分為一些範圍較小，較容易控制的單位，地方官有直接向國王報告的權利，以牽制省長的行動。又在全國各地廣設驛站，使得消息往來迅速。在附庸小邦則派代表駐節，監視其行動，抽取稅金。對於新征服的小邦，則將其臣民大量遷移，以便控制。

　　亞述人憑著優越的軍力和嚴密的控制，一時成為西亞地區的特等強權。到了西元前七世紀前期，小亞細亞新興的一批游牧民族西麥里人 (Cimmerians) 擊敗烏拉圖，再度阻礙了亞述鐵和馬的來源，對亞述力量有相當的打擊，亞述只好開始積極經營東方山區，和米提人 (Medes) 結盟。西元前 671 年，亞述王伊薩哈頓（Esarhaddon，西元前 680–669 年）為了消除敘利亞和巴勒斯坦一帶的亂源，率兵攻入埃及，佔領孟斐斯，將埃及降為行省。

　　伊薩哈頓的繼承者亞述巴尼帕（Ashurbanipal，西元前 668–631 年）是亞述帝國最後一位在位比較久的國王。在他統治期間，亞述已經逐漸露出衰相。不但北方的資源不能得到，東方的米提人也日漸強大，由原

圖 7-3　亞述王手刃雄獅　這是典型的個人英雄主義式對國王之描繪。

本互不相屬的小部落形成一個有組織的強國，不再向亞述低頭，於是亞述由東方山區和印度得到鐵、馬和其他資源的機會又大為減少。

最後，巴比倫仍然是亞述潛在的敵人。巴比倫王通常雖由亞述王指派，為亞述的附庸，但在文化上巴比倫仍保有古老優越的傳統，古巴比倫王國的光輝仍在巴比倫的記憶中，所以巴比倫要求獨立的傾向一直存在。亞述巴尼帕在位時，他的弟弟為巴比倫王，竟然聯絡東方的伊蘭王國和西方的埃及，企圖推翻亞述。結果沒有成功，伊蘭也為亞述所滅。但亞述的力量也為之大減。到了西元前七世紀末，巴比倫王那波潑拉薩（Nabopolassar，西元前 626–605 年）和米提人聯合，在西元前 612 年攻下亞述首都尼尼微 (Nineveh)，亞述王死於亂軍之中，帝國隨之而亡。而米提人繼續在北方山區發展，吞滅烏拉圖，進入小亞細亞，形成橫亙在巴比倫北方的大強國。

巴比倫恢復獨立之後，有一段輝煌的文化發展，後世稱之為新巴比倫帝國。又因為此時的巴比倫人是三百年前入侵的一支阿姆爾人部族加爾底 (Kaldu) 人的後裔，所以又被稱為加爾底亞 (Chaldean) 帝國。此時所重新修建完成的巴比倫城可以說是古代西亞世界中最大的城市。它的城牆有內外兩重，外牆頂上可容納兩輛馬車並馳。城內據說有一千多座神廟，約五十萬居民。這些重建的工作大多是尼布甲尼撒二世（西元前 604–562 年）時代的成果。他在以色列人的《舊約》中相當有名，因為他是造成猶大王國滅亡的暴君。

新巴比倫最後一位國君是那波尼度斯（Nabonidus，西元前 555–539 年）。為了要應付米提人，他企圖和繼伊蘭之後在東方興起的波斯人合作，但波斯王居魯士二世（Cyrus II，西元前 559–530 年）比他更有政治和軍事手腕。居魯士二世先擊敗遠在小亞細亞的利底亞 (Lydia) 王國，又散布文字謠言。把那波尼度斯描繪成一個暴君，自己則為寬厚仁慈的長者，來打擊他的聲望。巴比倫人在宣傳攻勢之下士氣大為瓦解，於是居魯士二世於西元前 539 年進軍巴比倫，在沒有多大的抵抗之下，輕易的進入巴比倫城。為了收攬人心，他果然沒有讓軍隊如亞述人那樣燒殺擄掠，

圖 7-4　巴比倫城伊喜塔城門遺跡　尼布甲尼撒二世時代所建。

圖 7-5　巴比倫伊喜塔城門重建圖　壁上為鑲嵌上釉瓷磚，裝飾圖案為各種怪獸。

也寬容巴比倫的宗教信仰，他的兒子甘比西斯二世 (Cambyses II) 並藉著馬杜克神的旨意成為巴比倫的國王，兩河流域的歷史從此進入一個新局面。

第三節　埃及的末代王朝

第二十王朝後期的埃及，有兩方面重要的發展。在政治上，法老的力量因為王位繼承本身的不穩定而日漸萎縮；相對地，在底比斯主掌宗教的大祭司所握有的財力和隨著而來的政治力量則日漸增加。到了第二十王朝的末期，底比斯大祭司的職位已經成為世襲，權力因而集中至一個家族，法老的力量不但不及於上埃及，也不能伸展於三角洲。因為此時尼羅河三角洲已經成為地方勢力割據的局面，其中包括不少由利比亞方面進入埃及的異族。這些利比亞人先是為埃及的傭兵，則逐漸發展成為軍閥，後來更建立王朝。能夠說明這時埃及的國內政治和國際關係的，是一件相當特殊的文獻——《溫安夢出使記》。溫安夢為第二十王朝末期底比斯城安夢神廟的祭司，因為修建安夢神乘坐的大船，必須到黎巴嫩去購買上等黑檀木，此文為其回埃及後之追述或者報告，由於迄今只有一件手稿，因而我們無法確定它是否為一真實的歷史文獻，或者是一件文學創作。但現代學者的看法基本上認為它的故事內容即使有虛構的成分，故事的背景應該反映出相當程度的歷史事實。報告的一開始是這樣的：

> 第五年，乾旱季的第三月，第十六日：安夢神廟的長老溫安夢出使，任務為替現在正停泊在河上的眾神之王安夢雷的雄偉巨舶（名為無施赫安夢）求取木材。當我到了史曼第與塔尼安夢的都城坦尼斯之後，我將眾神之王安夢雷的信交給他們，他們就讓人們即時宣讀，他們說：「是的！我會遵照眾神之王安夢神的指示去做！」我在坦尼斯停留到乾旱季的第四月，史曼第與塔尼安夢差遣船長門格貝和我一同啟程，於乾旱季第四月的第一日向大海出發。我抵達了切克爾地方的港口多爾。當地的首領貝德爾送給我五十

條麵包，一罈酒，一條牛腿。我船上的一個人逃亡，偷了一個盒子，價值五德奔；四盒銀子，價值二十德奔，和一袋十一德奔的銀子。他總共偷走我五德奔的金子和三十一德奔的銀子。

第二天清晨當我起床之後，我到了那首領的居所。我對他說：「我在你的港口內遭了竊。你是此地的首領，所以你應該找回銀子。這銀子是屬於眾神之王安夢雷；它屬於史曼第；它屬於我的主人赫利霍，以及其他的埃及大人們！它也是屬於你，屬於衛瑞，屬於麥克密，屬於卑布羅的首領窠卡巴爾。」

他回答道：「不論你是多重要或者多有地位的人，我都不接受你的指控！如果有本地的賊上了你的船，偷了你的銀子，我就會由自己的財庫裡償付給你，一直到這個賊被捉到為止，不論他是誰。但是這名偷你東西的賊是你自己的人，是你船上的人！在我這兒留幾天，讓我設法捉拿此人。」

我在他的港口停留了九天，之後我去找他，對他說：「喂！你還沒有找到我的銀子，我要和船長、船員們離開了！」但是他回答說：「稍安勿躁！……」（以下文獻殘破，大意是溫安夢追於開多爾，途經泰爾 (Tyre) 港，駛往卑布羅，在途中遇到一般船，發生衝突，溫安夢損失了船，但是搶到對方的銀子。）我在（那船中）發現了三十德奔的銀子，就搶了過來，說：「你的銀子我要扣留，一直找到那偷我銀子的人！你縱使沒有偷，我也要扣留。」……他們離開之後，我在卑布羅港海邊的幕帳歡慶自己的得計。我把旅神安夢的財富放在其中。

卑布羅的國王對我說：「離開我的港口！」我回道：「我能去哪兒？……〔如果你有船可以〕載我，讓我回埃及吧！」我在他的港口裡停留了二十九天，而他每天都遣人來說：「離開我的港口！」

當他向他的神明獻祭時，神降臨在他的一個隨從身上。他對他（卑布羅王）說：「把神像帶來！把那攜帶祂的使者帶來！是安夢派遣它的使者出來，使他來到此地的！」但這天傍晚當這名隨從正被神

明附體時，我已經找到一艘準備駛往埃及的船，而且把所有的東西搬上了船。當我正在等天黑以便把神像也搬上船，好不讓別人看見的時候，港口的主管來見我說：「國王說，等到天明再說。」我對他說：「你不是那每天來傳話說『離開我的港口』的人？你難道不是來叫我暫等，然後讓我找到的船離開，然後又來說：『離開！』」他就去告訴國王，國王於是派人對船長說：「國王說：『等到天明！』」

天明後，他（國王）把我請到（他的住所），但是神像仍然在海岸邊的帳幕之中，我看見他坐在屋內，背對著窗戶，大海的浪花在他的腦後沖擊。我對他說：「願安夢祝福你！」他說：「到今天為止，你已經離開安夢的領土有多久了？」我說：「一共是五個月又零一天。」他說：「真的?! 你應該有的安夢的信件以及安夢神廟大祭司的信件在哪兒？」我說：「我把它們給了史曼第和塔尼安夢。」他就非常生氣地說：「你看看你既沒有信件又沒有公函！史曼第給你的杉木船在哪兒？它的敘利亞船員呢？他是不是想把你交給這個外籍船長，好讓他把你殺掉，投入海中？然後有誰知道神像的下落？而你，又有誰會知道你的下落？」我說：「那怎麼不是艘埃及船？而且的確是在史曼地的指揮下的船員！他沒有敘利亞籍的船員！」他對我說：「我的港口裡不是有二十艘船與史曼第有生意來往嗎？你所經過的塞頓港不是也有五十艘船和窪拉克提有生意往來？」我此時無法回答。……（蒲慕州，《尼羅河畔的文采》，104–111。）

由這篇文獻中我們可以看出，在溫安夢出使當時，埃及國內是南北分治，國外的聲威也在下降中。在文中，卑布羅王提到，從前埃及王派人來取木材時，總是帶了豐富的禮物作為交換，而今溫安夢連帶來的銀子都被搶劫一空。卑布羅王向溫安夢說：「如果埃及的統治者是我的主人，而我是他的僕人，他不會需要送來金銀財貨，說『執行安夢的命令！』從前的埃及王送給我的先人的並不是無償的禮物！至於我自己，我也不是你的僕從，也不是那遣你來的人的僕從。」在此，卑布羅王明顯的表示自己的

獨立地位，埃及不但不能以豐厚的禮物誇示國力，連使者的安全都不能保護，當然是相當不堪的。

根據溫安夢的報告，遠在底比斯的大祭司何利霍 (Herihor) 為上埃及實際的統治者，三角洲地區則為史曼地斯 (Smendes) 統治，這也就是說，第二十王朝最後一個國王納姆西斯十一世只是個傀儡。三角洲地區此時已經有相當長的時間經歷了半獨立的狀態，最後，史曼地斯稱王，成立第二十一王朝（西元前 1085–945 年），而整個上埃及則由底比斯大祭司統治。不過我們對第二十一王朝所知不多，其首都坦尼斯 (Tanis) 在三角洲東部，考古發掘證實此地有安夢神廟及國王陵墓。據希伯來《舊約》記載，一位埃及法老曾將一個女兒嫁給所羅門王為妻（〈列王紀上〉3: 1）。如果這是事實，應是第二十一王朝時代。這件事具有相當重要的意義，它標示了埃及國際地位的下降，因為埃及王向來只娶外國公主為妃，但從不出嫁女兒。

當第二十一王朝慘澹經營之時，自第二十王朝初即滲入三角洲西部的利比亞移民後裔逐漸壯大，由於長期同化於埃及文化，又以其武力強盛而成為埃及軍隊的主力，於是其領袖示撒一世 (Shoshenq I) 就在時機來臨時推翻了第二十一王朝，在布巴斯底 (Bubastis) 建立了第二十二王朝（西元前 945–715 年）。他在位時，以色列王國分裂為北方的以色列和南方的猶大兩王國，而示撒一世曾庇護後來成為以色列王的所羅門之子耶羅波安 (Jeroboam)，又曾在猶大王羅波安 (Rehoboam) 時入侵猶大（約西元前 925 年），攻取耶路撒冷，奪走寶物（〈列王紀上〉14: 25–26）。以色列的分裂而不能復合，與示撒一世的作為有一定的關係。此時埃及的聲威也許由於武力的強大而再度上揚。示撒一世繼續發展與域外的關係，與卑布羅建立商業關係，也在坦尼斯和底比斯興建神廟。

不過在第二十二王朝下半期，也就是西元前九世紀下半，西亞地區的國際形勢又有了新的變化。新興的亞述帝國在國王亞述那西巴二世（Ashurnasirpal II，西元前 883–859 年）的領導之下，積極的向敘利亞和巴勒斯坦發展。埃及和巴勒斯坦諸邦如以色列、卑布羅、大馬士革、哈

瑪等邦於是形成聯合陣線，抵抗亞述王沙曼尼色三世（Shalmaneser III，西元前 858–824 年）的入侵，成功的阻止亞述軍隊長驅直入，不過以色列終於向亞述稱臣，其他小邦也一一屈膝。這件事還被沙曼尼色三世刻石為證，一直留存至今。

　　第九世紀末葉，三角洲中部興起另一小王國，是為第二十三王朝（西元前 817–715 年），不過所有相關的材料其實最多只能告訴我們幾個統治者的名字。第二十四王朝則是興起於塞斯 (Sais) 的利比亞軍事領袖所建立，不過只延續了十餘年（西元前 727–715 年）。這一連串的小王朝在三角洲相競而起，主要是由於新王國時代晚期以來的統治者採取分封王室成員的策略，以至於造成眾多的小朝廷，或者說，割地自守的小軍閥，而這又與三角洲原本的族群結構正好相合，因為利比亞後裔的軍事強人正是這種小軍閥最合適的人選。而在三角洲諸強彼此競爭之時，遠在南方第四急流區那帕達 (Napata) 興起了一個努比亞人建立的王朝，是為第二十五王朝（西元前 747–656 年）。

　　那帕達王朝其實有一段相當長遠的歷史。此地區即所謂的努比亞，自古以來與埃及關係密切，新王國時代，埃及勢力遠及那帕達，設「古實王子」(King's Son of Kush) 治之，不過自第二十王朝起它就脫離了埃及的控制而獨立發展。在文化上，那帕達的努比亞黑人埃及化甚深，他們在當地仿照底比斯建立了太陽神安夢神廟，使用埃及文字，並自以為是埃及文化的傳人。第二十五王朝的建立者皮安赫（Piankh，西元前 747–716 年，亦有學者讀為 Pi）在即位後，向北發展，佔領了底比斯。這時，北方第二十四王朝的國王特夫那克特 (Tefnakht) 組織三角洲各小朝廷的力量，企圖收復南方的領土。但皮安赫成功的擊敗了聯軍，攻入孟斐斯，在重新安排了人事之後，他回到那帕達，從事建設。他對待舊勢力的辦法，可說是分而治之，分封小朝廷，希望他們能彼此牽制。不過這些希望其實也並不切實際，在皮安赫回到那帕達之後，北方的情勢又發生變化，因為亞述帝國的力量再度開始擴張。皮安赫於西元前 716 年去世，由弟弟夏巴卡 (Shabaka) 繼位。他為了要避免和亞述正面衝突，採

取合作的態度，甚至將逃亡至埃及的巴勒斯坦小邦國王綁送亞述。埃及此時可算成為亞述的附庸之一，但亦換取了一段平安的日子。夏巴卡的國內政策倒是有些特色，他本身雖為努比亞人，卻以發揚古埃及文明為己任，著名的《孟斐斯神論》碑石就是他在位時立下的，他又在許多城市建立新的神廟，以示虔敬。等到他的下任國王謝比特古 (Shebitku) 和塔哈卡 (Taharqa) 時，終於又再度面臨亞述的入侵。塔哈卡在位時雖有相當長一段承平時代，但後來不得不主動出兵至巴勒斯坦，以防亞述入侵。到了西元前 671 年，亞述軍隊在國王伊薩哈頓（Esarhaddon，西元前 680–669 年）領導下擊敗了埃及，孟斐斯陷落，經過數度易手，亞述取得上風，塔哈卡於西元前 666 年逃回老家那帕達。亞述人在三角洲塞斯城 (Sais) 建立了另一個埃及政權，以代替亞述治理埃及，作為亞述帝國的外圍組織，一方面收稅，一方面保障這一地區的安全。這就是日後第二十六王朝的起源，而其首任國王即涅可一世 (Necho I)。涅可一世在與第二十五王朝餘眾戰爭時陣亡，但亞述軍隊立即介入，於西元前 664/663 年再度入侵埃及，攻陷了底比斯，摧毀了神廟建築，將財物洗劫一空，是底比斯建城以來最大的一次災難，也是第二十五王朝在埃及統治的終點。亞述人又立涅可一世之子薩美提克一世（Psammetichus I，西元前 664–610 年）為王，希望他能繼續為亞述的附庸。

不過亞述本身的政權並不穩定，國王亞述巴尼帕（Ashurbanipal，西元前 668–631 年）在位時，其弟為巴比倫王，聯絡東方伊蘭王國和西方的埃及，企圖消滅亞述，結果雖沒有成功，但亞述的力量在戰爭中大受削弱。到了七世紀末，巴比倫王和米提人 (Medes) 聯手在西元前 612 年攻下亞述首都尼尼微，亞述帝國滅亡。埃及在薩美提克一世的領導之下擺脫了亞述的控制，恢復了獨立，在新王國結束之後，埃及歷經三、四百年的紛擾（現代學者稱之為第三中間期），終於再度有了比較上軌道的一統政權。塞斯王朝想要取得文化上的正統性，好成為全埃及的統治者，更加提倡埃及古典傳統，尤其是工藝品的風格，明顯模仿中王國時代，甚至舊王國時代的風貌，因而現代埃及學者好稱此一現象為埃及的文化

圖 7-6　埃及晚期王朝時代人像　此像生動而逼真的表現出一個中年官僚的面貌，為此一時代人像雕刻的代表作。

復興運動。但這些當然不只是一種思古的情緒，而有其政治上的目的。

　　在實際的政策上，此時的埃及必須應付亞述（後來是巴比倫）和努比亞兩方面的威脅。他們在軍事方面的特色是大量僱用外籍傭兵，其中又以希臘人為主，另一方面則加強希臘以及地中海東岸地區的貿易，外國商人不斷進入埃及，也有一些希臘人開始來埃及旅行，日後希羅多德也是此類人物。希臘商人在三角洲建立貿易站瑙克拉提斯 (Naucratis)，已為考古發掘所證實。

　　涅可二世（Necho，西元前 510–595 年）曾一度想要恢復埃及的國際聲威，進軍幼發拉底河畔，但不久即被巴比倫所擊敗。到了阿普利（Apries，西元前 589–570 年）時，再度遭受巴勒斯坦及利比亞方面的威脅。他為求勝利，過度依賴希臘傭兵，引起了埃及人的反感，因而造成了一次政變。阿普利逃亡至巴比倫，又被巴比倫王尼布甲尼撒二世（Nebuchadrezzar II，西元前 604–562 年）送回埃及，最後被殺。然而政變之後的勝利者阿瑪西斯二世（Amasis，西元前 570–526 年）並不能改變埃及在國際上的相對弱勢。西元前 539 年，波斯王居魯士二世（Cyrus II，西元前 559–529 年）併吞巴比倫，西元前 525 年，波斯王甘比西斯二

世（Cambyses II，西元前 529–522 年）入侵埃及，
建立了所謂的第二十七王朝（西元前 525–404 年）。
波斯人在埃及的統治先鬆後緊，而埃及人的反應則
先軟弱而後強硬，在波斯人統治一百多年之後終於
在波斯內部不穩定時恢復了獨立。

　　不過波斯的威脅始終存在。西元前 343 年，波
斯再度佔領埃及。這一次波斯的統治期中，埃及人
和波斯人的關係更為惡化，因而當亞歷山大於西元
前 332 年擊敗波斯，進入埃及，埃及人以他為救主，
竟不知埃及本土王朝的時代從此一去不返。

　　由第三中間期到亞歷山大的時代，埃及先後在
亞述帝國和新巴比倫帝國的威脅之下度日，當波斯
帝國於西元前六世紀中興起，橫掃整個西亞世界，
埃及也無力抵擋，昔日的帝國光輝竟成追憶。但這
只是就政治的層面而言。在文化和宗教上，長期的
為外來政權所制又是否造成什麼影響？一個明顯的
事實是，新王國以來的一統而強勢的王權已成絕
響，利比亞人、努比亞人、波斯人均可以成為埃及
的統治者，因而王權亦不再是「埃及人」的專利，

圖 7-7　奧塞利斯像
第二十六王朝時代
製作的雕像，其工藝水
準不輸舊王國或中王
國時代最傑出的同類
雕像。奧塞利斯左手持
牧人的拐杖，右手持農
人的連枷，代表他主掌
一切與生產相關的事
務。

只要握有軍政大權，即可成為法老。對於埃及人而言，這種情況要如何
應付？我們在有限的材料中，很難得到清楚的答案，但就表面而言，只
要外來的統治者能接受埃及傳統王權的觀念，使用傳統法老名號，履行
宗教儀節，就可以為埃及所接受。在當時埃及官員的自傳銘文中，有兩
個例子值得注意。一個是烏加霍雷斯尼 (Udjahorresne)，一個是宋姆突特
夫那克特 (Somtutefnakht)。烏加霍雷斯尼原為第二十六王朝末期時埃及
水軍軍官，在波斯王甘比西斯二世 (Cambyses II) 入侵並且佔領埃及後，
接受甘比西斯任命為女神耐斯 (Neith) 的祭司和醫師長的職位。他在甘比
西斯二世的贊助之下重建了耐斯神廟，並且引以為傲。他在自傳中說：

所有外邦的偉大領袖甘比西斯進入了埃及，所有外邦的人都追隨他。當他征服了這個國家，他們在此駐留，他成為埃及的偉大統治者和所有外邦的偉大領袖。陛下命我為醫師長。他讓我在他旁邊，成為助手和宮廷管事。我為他撰寫頭銜，稱為「上下埃及之王梅蘇替雷」（譯註：太陽神雷的後裔）。我讓陛下知道塞斯城的雄偉——它是耐斯神的寶座，她是雷的母親，是生命的賦予者——以及耐斯神廟的偉大，耐斯城堡的偉大，以及其中所有的神明，還有宮殿的壯麗，它是天神的寶座。

上下埃及之王甘比西斯進入塞斯，他親自訪問了耐斯神廟。他匍伏在神像前，如同從前每一個國王一樣。他將所有美好的東西都獻給偉大的眾神之母耐斯神，以及塞斯的其他神明，就如同從前所有虔敬的國王所行的一樣。國王陛下做了這些事，因為我讓他明白耐斯女神的偉大，她是雷的母親。(M. Lichtheim, *Ancient Egyptian Literature* III, 38–39.)

烏加霍雷斯尼是否沒有所謂的「民族觀念」？是否為一個只求個人名利的機會主義者，才會如此的與征服者合作？讀者也許會如此問。不過，他在自傳中雖然沒有表示對甘比西斯二世這異邦統治者的不滿，並不能完全證明他背叛了祖國的文化。至少，他並沒有明顯的感謝波斯王所給他的恩賜。而且，他不止一次的強調，是他讓甘比西斯二世認識到耐斯女神的偉大，並且向耐斯頂禮膜拜，如同從前所有的埃及明主一樣。因此，對他而言，他可以說是用宗教的力量來征服了征服者。

宋姆突特夫那克特則經歷了第二次波斯佔領埃及（西元前 341–332 年）期，並且眼見亞歷山大擊敗了波斯王大流士三世。在他的自傳中，他承認受到波斯王廷的關照，但將之歸功於神明的庇護：

你（神明）在眾人中選擇了我，當你背棄了埃及，你把對我的喜愛放在外邦統治者（波斯王）的心中，他的大臣都讚美我，他命我為薩克美女神的大祭司。(M. Lichtheim, *Ancient Egyptian Literature*, III, 42.)

當然，他立碑時已經是亞歷山大時代，他是否能在自傳碑（立在神廟之中）中公開表示任何對波斯的善意，也是可疑的。在亞歷山大統治埃及之後，他回到上埃及的哈爾沙非斯 (Harsaphes) 神廟中任祭司以終老。

由這兩個例子看來，至少有一部分埃及的上階層分子對於外來統治者是保持平和的態度，希望能夠在既有的傳統框架中繼續扮演原有的角色。他們的態度大致也是托勒密時代一般埃及知識分子的選擇。

當然，在內外交相傾軋之下，王權的遞嬗和脆弱已無形中削減了王者的神聖性，王權已逐漸喪失其為埃及宗教和文化價值中心的地位，政府官員亦轉而由謀求國王之賜福而轉為較強調其獨立之性格。這種情況是否從根本上改變了埃及文明自古以來以國王之神性為中心之政治神學，以及與其關係密切的社會倫理？我們在考慮埃及文明在往後日子中的變動，就不能不認為這是個重要的因素。另一方面，在長期接受外來勢力的支配，並且又與外來文化有更頻繁的接觸之後，埃及文化本身逐漸產生質變，也是不可避免的趨勢。

第八章
以色列：一神信仰之建立

第一節　以色列民族的淵源

二十世紀中葉在巴勒斯坦地區復國的以色列人 (Israelites)，不但因為他們與當地的巴勒斯坦人之間的衝突而造成了此一地區長期的動亂，也在歷史上對西方世界有重大的影響。這主要是因為其宗教信仰，也就是所謂的猶太教，是古代世界中唯一主張一神論的信仰，由此信仰蛻變而成的基督教和伊斯蘭教，則是二千年來西方世界中最主要的兩大宗教。這兩個宗教對西方及世界文化的發展具有決定性的影響。

有關以色列人早期歷史的文獻基本上除了他們的宗教經典《舊約》(Old Testament) 之外，並無其他佐證。根據《舊約》記載，以色列人的始祖亞伯拉罕原是蘇美地區烏爾城人，後來移居到了迦南 (Canaan)，也就是今日的巴勒斯坦一帶。他的後人雅各有十二個兒子，其中最小的約瑟最為父親所寵愛，因而被妒嫉的兄長們賣到埃及為奴。但是由於約瑟的才華被埃及王所賞識，在埃及政府中任職，最後成為埃及的宰相，於是他不計前嫌，把族人都遷到埃及去，在埃及過了一段平安舒適的日子。約瑟死後，新的埃及王不喜歡以色列人，並且奴役他們，最後以色列人只好在摩西的領導之下逃出埃及，在西奈半島上流浪了四十年。在這期間，摩西接受了上帝所頒的十誡，也就是日後以色列人信仰的核心信條。這就是《舊約‧出埃及記》的主要情節。摩西死後，約書亞為繼任領導人，率領以色列人侵入迦南，建立了國家，時間大約在西元前十一世紀。根據《舊約》的說法，他們之所以進入迦南，乃是由於上帝的應許。

十九世紀以來研究《舊約》的學者發現，根據文字的內部線索，例如人名、地名、文字風格、文獻內容等等，可以確定《舊約》是在不同

時代由許多不同作者所寫，最後編纂而成的，其中最早的可能寫成於西元前九世紀建國之後，而最晚的則可能晚至西元前二世紀中，在以色列已經滅亡之後，因此有關以色列人在進入迦南建國之前的早期歷史，主要是靠口傳而保存下來的。那麼這些故事的真實性如何？根據學者的研究，一般都認為不論是從故事中的人名（如雅各 Jacob、便雅憫 Benjamin、利未 Levi、以實瑪利 Ishmael）或風俗習慣來看，早期以色列人和西元前2000 至 1500 年在兩河流域和巴勒斯坦地區活動的阿姆爾 (Amorites) 人有相似之處，而與後來歷史時代以色列人的習俗不同，因而我們大致相信《舊約》中的故事背景有其歷史根據。至於那些故事本身是否真實，對於了解以色列早期歷史並不是最重要的。例如《舊約‧出埃及記》中有關以色列人在埃及為奴工，以及摩西率領以色列人出埃及的傳說，歷來無數的學者想要確定其發生的年代，因而在埃及歷史中尋找證據。但一直到目前為止，唯一提到「以色列」一詞的埃及文獻就是第十九王朝法老梅涅普塔在擊退海洋民族後所立的一塊石碑。在這碑文中，以色列與一些巴勒斯坦其他的小邦都被列為埃及所摧毀的對象，顯然，如果以色列人曾經在埃及居住，此時也已經出了埃及，並且在巴勒斯坦地區以族群的方式活動。有不少學者於是將〈出埃及記〉的時間定在梅涅普塔的父親納姆西斯二世時代，雖然他們並沒有直接的證據。又有人主張出埃及的時間是在更早的第十八王朝女王哈謝普蘇的時代。根據當時一件銘文記載，有一群外邦人被逐出埃及。但這仍然只有間接的說服力。事實上，如果我們考慮埃及自中王國以來和巴勒斯坦地區的關係，可以知道，巴勒斯坦地區的游牧民族常常進入埃及以謀生計，他們在尼羅河三角洲和西奈半島之間的往來移動完全是一種常態。以色列人的先祖既在巴勒斯坦地區活動，應該很熟悉這種交往模式，也很可能有不少類似的經驗。他們將這種經驗結晶在有關其先祖歷史的傳說故事之中，是很自然的事。現代人一定要將這種傳說確定為某一特定的歷史事實，除了宗教信仰的需要，對於認識以色列早期歷史並無助益。

　　總之，以色列人文化的來源和閃米族的阿姆爾人相似，但他們的組

成分子相當複雜，而不太可能如《舊約》中所說的一脈相傳。例如雅各
的十二個兒子，代表了日後組成以色列的十二個部族。如果我們暫且相
信以色列人的說法，真有這些部族，那麼他們最多也是一些在以色列成
為統一國家之前在文化上相近，但是彼此不相屬的半游牧部落。由於他
們逐漸在巴勒斯坦定居，遂結合為較大的政治單位。後來以色列人為了
把他們彼此之間關係拉近，於是將他們的始祖說成是出於同一個父親。
這種現象在世界上其他民族中也有相類的例子。至於以色列人又稱為希
伯來人 (Hebrews)，這是後世的通稱，在《舊約》中，以色列人很少自稱
「希伯來人」，而僅有幾次提到「希伯來」的地方，也主要出自於外邦人
的口中。而「希伯來」一詞的原義為何，學者爭議雖多，目前仍無一種
普遍為人接受的解釋，但很可能是古代西亞地區（包括兩河流域、小亞
細亞、埃及）一個通用的名詞，指一些沒有固定居所和根據地的游牧民，

圖 8-1　埃及壁畫中的巴勒斯坦人　在中王國時代一座墓室壁畫
中，發現了一幅圖案，是描繪由巴勒斯坦地區來到埃及的一群人，
其衣飾有明顯的巴勒斯坦地區風格，中間一人被註明為「外邦首領
(heka-hasut)」，亦即後來所謂的「西克索」人。他們是否為以色列
人的祖先？學者並無定論，但可以證明埃及和巴勒斯坦地區人民之
間有著和平往來的關係，因為畫中有婦女、兒童以及牲口，顯然不
是為了戰爭而來。

但不一定為某一民族的專稱。以色列人被稱為希伯來，大約是因為他們具有那種居無定所的特性。

由於以色列民族以及其宗教信仰在西方文明史上所佔的地位，他們的歷史格外受到西方學界和宗教界的重視。這是攸關一些文化及宗教基本信念的問題，因此也格外的充滿爭議。對於相信《舊約》中的記載完全為真實的人而言，問題應該不存在：因為其中的記載都是上帝的啟示。如果要從歷史和文獻學的角度來看，那麼早期以色列人的歷史是充滿了不確定性的。這中間，同為宣稱客觀研究的學者，仍會因為對《舊約》所採取的某些基本立場而導致不同的思考方向，得到不同的結果，當然，也反映出一個時代不同的學術和知識背景。上文所說的十九世紀以來的文獻分析方式，基本結論是，《舊約》的成書為以色列國家成立之後的事，而其內容有來自不同傳統的資料，因而可以解釋各篇章中所發現的矛盾記載。但二十世紀之後，由於考古學及其他社會科學的發展，使得研究者企圖根據這文獻分析的基礎，應用新的考古資料和社會科學理論而進一步探討以色列建國前的歷史，各類說法，洋洋大觀。大致而言，可以分為幾個不同類型的探討方式。

首先是主張考古資料可以證實文獻記載的一派，他們基本上仍然相信《舊約》對以色列人早期歷史的說法，即他們是由外地進入迦南，經由戰爭的手段征服了當地原有的城邦，這即是〈約書亞記〉中的說法。這一派說法，最初的立論根據是考古發掘得到的一些結果，即西元前1200年之後，到西元前1050年左右，也就是大約以色列建國之前，迦南地區一些城市有普遍被毀滅的痕跡，他們於是認為這就是以色列人入侵迦南時所造成的。不過，在沒有出土文獻佐證之下，考古證據的特性是具有相當大的不確定性：我們並不能確定毀滅是以色列人造成的，也不能給毀滅的時間下一個確切的年代，幾百年的誤差在考古資料中是可接受的數字，但在歷史學上卻有極大的重要性。尤其是，在近來考古學不斷的進步之下，學者們發現，〈約書亞記〉中所宣稱被約書亞所毀滅的城市其實在此之前並沒有什麼人居住，反而是在此之後開始有人居住。

這些考古證據上的不相配合，使得「征服說」的理論受到極大的批評。

其次是所謂的「滲透說」。這派說法基本上認為以色列人是一群游牧民族，逐漸滲透入巴勒斯坦地區，首先居住在比較無人的山區，然後向城市擴張勢力，最後終於奪取了巴勒斯坦地區的居住權，建立了國家。這種說法可以避免征服說不能解釋考古資料的矛盾，因而有一定的說服力。但是它仍然是建立在一個假設上，即以色列人早期是游牧民族，由沙漠中前來找尋居地。問題在於，《舊約》中所描述的以色列人的游牧生活，其實是西元前 500 年以後以駱駝為主要馱獸的貝都因 (Bedouin) 人的生活，並不是西元前 1200 年左右的游牧民族生活。同時，考古資料顯示，此時被認為是以色列人新發展出的居住遺址並不能表現出外來游牧民族文化的影響，反而像是對當地農業生活相當熟悉的農村居民的居地。

如果不接受上面兩種說法，還有什麼可能性？有些學者認為，其實以色列人原本就來自巴勒斯坦當地，他們或是為生活所迫，或是反抗既有政權的一群社會邊緣人，在由城市逃到人口稀少的山區鄉間後，逐漸形成許多小的村落，其中有些人也許曾經在埃及生活過。這些人逐漸的發展出一種新的宗教信仰，放棄了傳統的王權，而認為只有一個天上的君王，統治世間的人民。這種說法可以解釋考古資料的現象，即缺少明顯的外來因素，以及許多聚落自西元前 1200 年之後才開始發展的現象。但另一方面，它也缺少正面的證據，可以證明以色列人就是由巴勒斯坦當地社會所分化出來的。

看來這問題仍然不能完全解決。不過大多數的學者現在都同意，在以色列歷史時代，也就是王國時代，他們對於自己早期的歷史有著一些不同的說法，包括了來源複雜的各個部族，以及一些對於遠古時代的傳說。這些故事在時間的過程中逐漸被編織成一套敘述，並且接上了宗教領袖摩西以及出埃及的故事，於是以色列人就成為由巴勒斯坦之外進入迦南地的民族，他們在迦南的建國也因為有了宗教上（迦南為上帝所應許之地）和歷史上（以色列人由外地進入迦南）這雙重的理由而有了他們共同承認的正當性。

第二節　以色列王國的興亡

　　根據《舊約》的說法，以色列人在迦南地區開始發展的初期，大約由西元前 1200 年到 1000 年之間，迦南地區原本已有一些定居的小邦，而以色列人屬於沒有固定領土的半游牧民族，因而和迦南人發生了一連串的戰爭。這些迦南人在語言上也是閃米語族，而一些沿海的城邦擅長海外貿易，尤其是當地生產紫色染料，銷至地中海東部，深受希臘人喜愛，遂以希臘文「紅紫色」(phoenix) 稱呼他們，這就是「腓尼基」人 (Phoenicians) 一詞的來源。腓尼基人所使用的字母後來又為希臘人借去創造了希臘文字。不過這已是西元前八世紀中的事了。

　　以色列人與迦南人的來往，即使不論以色列人的記載是否可信，但其故事的背景應該仍然反映出某些歷史情況，可以說明敘利亞—巴勒斯坦地區自西元前 1200 年以來的一些發展。大致而言，當亞述帝國和埃及仍然是近東地區兩大強權的時候，敘巴地區的小邦基本上是靠著賺取這兩大強權的財富來維持生活，尤其是沿海的小邦如泰爾和卑布羅等，由於他們有長期海上貿易的經驗，成為兩大強權之間與地中海盆地各處貿易的中繼站，同時，也發展出一些工藝上的特色，除了紡織之外，由於沿海山區盛產木材，也包括各類手工藝品及貴重傢俱，這些都是亞述及埃及上層階級所需要的高價消費品。第七章中曾經提到埃及祭司溫安夢出使到卑布羅買木料一事，就是這種情況的寫照。這些小邦因而常常擁有相當的財富，以及相對富裕的生活。我們對以色列人在迦南地區興起時所遇到的困難，以及《舊約》中所呈現出的以色列人對這些城邦的戒心甚至忌妒嫌惡之心，都必須放在這樣一種歷史環境之中來了解。

　　根據《舊約》記載，以色列人在一連串的戰爭後終於取得了約旦河以西的土地，逐漸由半游牧民族轉變為定居的農業民族。這時各部族雖已佔有土地，但基本組織仍然是部落式的，沒有中央政府，各部族由長老處理族內的事務。由於沒有中央政府，也就沒有國王。在遇到危急的情況時，往往公推一個有能力的領袖出來率領部族應付難關。這個領袖

的權力不是絕對的，也不能傳子。他的權威來自於大家相信他得到以色
列人的神明耶和華的託付。所以這時耶和華是以色列人的神，也是王。

　　由於實際上十二部族缺乏一統權威，若在危急時沒有一個強有力的
領袖及時出現，整個聯盟的存在就會受到威脅。到了西元前1050年左右，
埃及在巴勒斯坦的勢力已經瓦解，而曾入侵埃及的一支海上民族非力士
丁 (Philistine) 人開始入侵巴勒斯坦。由於他們擁有精銳的鐵兵器，戰鬥
力強，迦南地區的城邦，包括以色列人在內，都不是他們的對手，大部
分土地都被他們控制，十二部族聯盟就此解體。

　　在非力士丁人統治期間，以色列人的反抗雖然不斷，但是總因為沒
有一個有力的領導人而不能成功。最後，他們終於選出一個能幹的戰士
掃羅 (Saul) 為國王。掃羅最初雖然得到相當的成功，建立一支效忠國王
的軍隊，並且形成簡單的政府組織，但他作為一個一統政體的權威統治
者的地位並不容易建立，他逐漸失去人心。繼他而起的，是他的部將大
衛（David，約西元前1000–961年在位），大衛為一精明能幹的領導者，
在他的努力之下，以色列人終於擊敗了非力士丁人。於是大衛成為獨立
的以色列王國的王，統一了整個巴勒斯坦，並且將王都設於耶路撒冷
(Jersualem)。在《舊約》中，大衛成為最受以色列人尊崇的國王，也因而

圖 8–2　非力士丁人陶器　在非力士丁地區出土的日用陶器和地
中海地區的風格甚為接近，可以推測兩者應該有文化上的關係。

產生了許多神奇的傳說，譬如大衛以石塊擊倒巨人哥利亞的故事。

　　以色列人雖然有了國王，卻也產生了一些問題。因為雖然許多人認為在實際政治上必須得有國王的領導才能成功，但是如果根據他們的宗教信仰，只有耶和華神才是他們的王，一些堅持信仰的宗教領袖始終不願承認掃羅以及大衛的權威。其次，大衛本人出身於猶大 (Juda) 部族，對其他部族的號召力並不十分強，而在他死時，由於王位繼承權問題，造成國內的亂事。這不單是因為他遲遲不能立嗣，也由於許多人不能接受王位世襲的觀念，再加上各部族之間的衝突所致。在《舊約》中，大衛之所以具有崇高的地位，是個完美的而敬畏耶和華的僕人，其實也正是由於以色列人不可能接受一個不臣服在耶和華的權威之下的世俗領袖。最後，大衛的兒子所羅門（Solomon，西元前 960–922 年）靠著一次成功的宮廷陰謀而登基。

　　所羅門是一位相當會經營的國王。在政治上，剷除國內異己，聯絡國外強權。他設法與埃及修好，並且據說曾經娶埃及法老之女為妻。此外，又和黎巴嫩的泰爾 (Tyre) 城聯盟。在經濟上，建船隊出紅海貿易，又派遣陸上商隊和阿拉伯半島做生意。在死海 (Dead Sea) 南方，他經營

圖 8-3　亞述的征服　在一座石碑上，亞述王沙曼尼色三世（Shalmaneser III，西元前 858–824 年）敘述他的戰功，在第二層圖像中，以色列王耶胡 (Jehu) 在他面前下跪。

了當時西亞地區規模最大的鍊銅廠，又經營馬和馬車的轉手生意。於是以色列的財富增加，各地開始繁榮，文藝活動也發達起來。現存《舊約》中有關以色列人祖先活動的歷史傳統以及掃羅、大衛等人的事蹟大約都是這時形成的。

所羅門的王國雖然繁榮，但是也有潛在性的問題。一是他的稅收重，一是他為了建造豪華的宮廷而強迫人民服役，造成人民的離心。在他死後，以色列北方諸族不服其繼承人的統治，於是南北分裂，北方仍稱以色列，南方則以猶大為名。許多地中海沿岸的小城邦又紛紛獨立，以色列和猶大在統一時期所有的經濟利益頓然失去不少，國力大不如前。此外，國內經濟的一度發展也造成貧富差距的擴大，而國家注重經濟發展也使得不少人逐漸失去了宗教上的虔敬而貪圖物質的享受。

以色列與猶大兩王國的問題不僅是經濟上的，也有政治和宗教的困難。在政治上，除了王位的繼承一直不能完全為所有人信服之外，又有外來勢力的威脅，如埃及和亞述的輪流入侵。以色列於西元前721年為亞述王薩爾恭二世（Sargon II，西元前721–705年）所征服，成為亞述的一省。猶大雖一度想依靠埃及的力量來抵擋亞述，但是埃及卻不是亞述的對手，甚至被亞述所征服。猶大只有在亞述的手下苟延殘喘。

圖8–4　攻城圖　亞述王提格拉皮列色三世（Tiglath-Pileser III，西元前745–727年）的浮雕，顯示亞述的攻城機，敵人被掛在高桿之上。這是以色列人面臨的強敵。

　　到了西元前七世紀初，亞述的力量為新巴比倫帝國所取代。新巴比倫王尼布甲尼撒二世於西元前 597 年攻陷耶路撒冷，猶大王和一批臣民被擄到巴比倫去。西元前 586 年，在另一次戰爭之後，耶路撒冷被毀，以色列人的政治生命到此告一段落。

　　宗教是以色列文化中最特殊的一環。根據《舊約》中的說法，以色列人只崇拜一個神，就是耶和華。他們雖然有不同的崇拜中心，但所崇拜的是相同的神，對任何其他神明的崇拜一概被禁止。以色列相信他們的神與他們之間有聖約 (covenant) 的關係，而這聖約是耶和華主動和以色列人訂立的。因此以色列人自認他們是耶和華的「選民」，是耶和華所特別要拯救的一群人。除了耶和華之外，他們並不承認世上的權威。這也是以色列王國立國時一項根本的問題，因為國王的權威是世俗的，如果他的意見與代表神意的宗教領袖不同，就會產生衝突。以色列政權的不穩定，這神權與政權之間的衝突是一重要的因素。

　　以色列人沒有神像，這一點與其他的古代宗教也很不相同。因為他們相信耶和華是沒有形象的。這不是說他們在最初的時候就認為神是純粹精神性的存在，而只是說，任何形象都是不恰當的。不過，從神沒有形象也可以引申出「神是超越的」這一種觀念。以色列人不但只相信一個神明，並且認為世上沒有其他的神明，所有外邦人崇拜的都是木泥雕塑的沒有生命的偶像。這一極端的一神信仰使得以色列的宗教在古代世界中成為一個異數。現代有些人企圖將這種一神信仰上溯至埃及第十八王朝易肯阿頓時代的太陽崇拜，雖不無可能，但也過分簡化了宗教及文化傳播的複雜性。

　　當然，在實際歷史的發展中，不是所有的以色列人都能保持這種嚴格態度。例如以色列建國以後，因為和迦南人雜居的關係，使得以色列充滿了非耶和華的信徒，這些人信的是迦南原有的神明如巴力 (Baal)、亞絲拉 (Ashrah) 等。而以色列王亞哈 (Ahab) 甚至和信巴力的泰爾公主結婚，並且替她建造巴力神殿。近來考古學者不斷發現大量的證據，包括無數的亞絲拉小塑像，很可以證明，在以色列一般百姓的日常生活中，

對母神亞絲拉的信仰其實是相當普遍的。後人以為以色列人具有嚴格的一神信仰，這印象其實是《舊約》所造成的，而《舊約》的作者基本上是以色列社會中極少數知識分子和教士，他們所宣揚的一神信仰，是一般百姓難以了解的。無論如何，在以色列國家存在的幾百年間，一般百姓不但不識字，也沒有聽過《舊約》，因為當時《舊約》尚不存在。

　　到了以色列和猶大相繼亡國後，一批虔誠的耶和華信徒受到嚴重的打擊。為了要繼續保持信仰，並且解釋亡國的原因，他們認為猶大之所以亡國，並不是巴比倫的神勝過了耶和華。相反地，是由於以色列人背棄了耶和華的旨意，才使得耶和華藉著巴比倫人之手來懲罰以色列人。而既然是外邦人也聽從耶和華的命令,耶和華就不再只是以色列人的神，而是宇宙之間的唯一真神。以色列人的信念也就是因為有了這樣的經歷之後，才益形堅定。而《舊約》也就是在這種強烈的信仰危機中成形的。不過以色列人的宗教信仰雖然如此堅定，外在的歷史環境卻使他們無法再恢復故國。亡國之後，族人流散到西亞各地，也有部分進入埃及，後來在羅馬帝國時代進入歐洲，展開了二千年艱苦的旅程，在歐洲各地建立據點，以經商為主業，但一直保持相當強的宗教向心力。

　　二十世紀中，經過被納粹德國集中營屠殺的慘劇，猶太人在巴勒斯坦復國，這和他們的宗教有很直接的關係，但當時猶太人在歐美各國擁有豐富的政治和經濟資源也是很重要的因素。不過猶太復國之後數十年的歷史卻捲入與巴勒斯坦的阿拉伯人之間的領土之爭，猶太人挾其政經及軍事優勢以及美國的支持，以強硬的手段對付阿拉伯人，引起不斷的流血衝突。近數十年來歐美媒體報導中常見阿拉伯青少年以石塊與以色列軍隊的機槍大炮對峙的圖像，不得不造成一個印象，認為以往被壓迫的人如今反過來壓迫另一群人，同時，以阿間的衝突也間接造成阿拉伯世界與西方世界的衝突，包括 1991 及 2003 年兩次伊拉克戰爭，實為現代世界的一大不幸。

第九章
波斯：兩河文明之終結者

第一節　波斯帝國的創建

在歐洲古代歷史上，希臘與波斯之間的長期對抗可以說是為希臘歷史及文化意識定型的歷史過程。波斯帝國在西元前六世紀至五世紀中對希臘的侵略在希臘人眼中實為希臘文明存在的最大威脅，波斯人因而在希臘人心目中成為一個極為負面的形象。波斯人是如何興起，又如何與希臘開始接觸，則是本章的重點。

從語言上來說，波斯人是印歐語族的一支，其最早的發源地可能在高加索以北的山區，但學者們尚無定論。「波斯」(Persia) 一詞來自於他們早期的居留地「帕薩」(Parsa)。「帕薩」地區大約在今烏米亞湖 (Lake Urmia) 南方山區，這名字第一次出現在文獻中是在亞述王沙曼尼色三世（Shalmaneser III，約西元前 869–824 年）之時。當時此區尚是小部落林立的狀況，他們常常與米提 (Medes) 人合作入侵亞述。隨著他們勢力的擴張，「帕薩」的勢力範圍也逐漸加大，到了西元前六世紀時，波斯王居魯士二世自稱來自「波斯」(Persis)，而此區和現代伊朗的「法斯」(Fars) 省相當，「法斯」之名也由此而來。不過「帕薩」和「波斯」所在的地區並不完全相合，主要是目前我們所知有關波斯早期歷史的資料太少之故。

根據巴比倫的文獻，大約在西元前 554 年左右，安山 (Anshan) 的居魯士二世 (Cyrus II) 擊敗了他的宗主米提王阿斯提阿格斯 (Astyages)，接收了米提王國。安山是古波斯文，指的地區就是「帕薩」。居魯士二世在建立新的政權之後，西向發展，將勢力延伸到小亞細亞，佔領了利底亞 (Lydia) 的首都薩地斯 (Sardis)，也因而取得小亞細亞西部沿地中海岸地區希臘殖民地的主控權，種下了日後波斯西向入侵希臘的因子。西元前

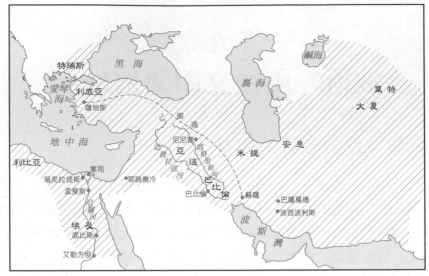

圖 9-1　波斯帝國

539 年，居魯士二世將原已衰弱不堪的巴比倫帝國收服，取得了兩河流
域廣大古文明地區的統治權。由於居魯士二世的家族稱為阿基曼尼
(Achaemenis)，其王朝亦稱阿基曼尼王朝（Achaemenid dynasty，西元前
550–330 年）。

　　有關居魯士二世的事蹟，有一些傳統文獻以及新出土的考古資料可
循。希臘歷史家希羅多德在他的《歷史》中所描述的居魯士二世，是一
個極有領導能力，對朋友有情，對臣子慈祥，對敵人亦講寬容的人。另
一希臘作家塞諾芬 (Xenophon) 也說他是個有大智慧而氣度恢宏的領袖：

　　我們相信此人（居魯士）是位值得敬慕的人物，因此追溯他的本
　　源，他所承負的天分，以及他所受到的教育，使他有傑出的統治
　　人們的能力。〔……〕居魯士的帝國是亞洲所有王國中最偉大而輝
　　煌的，可說不證自明。它的東界為印度洋，北界為黑海，西方為
　　塞普勒斯和埃及，而南方則是衣索比亞。雖說這區域如此廣大，
　　它仍由居魯士一人之意志所統轄。他尊重他的臣民，並且如同自
　　己的子女般照顧他們。而他們則敬他有如父親。然而當居魯士一

　　旦過世，他的子女立刻陷入紛爭，各方國和民族起而反叛，所有
　　的一切都開始崩解。(J. Wiesehöfer, *Ancient Persia*, 44)

希臘是波斯的世敵，而由兩個希臘人筆下所呈現的居魯士二世，形象竟
然大略相似，也可說是有相當的說服力了，然而事實可能不如此簡單。
因為希羅多德也曾經說了不少有關居魯士二世的負面事蹟，而塞諾芬的
作品到底有多少真實性，又有多少是傳說與故事，歷來爭議不少。可以
相信的是，不論希羅多德或塞諾芬，他們之所以如此這般的描述居魯士
二世，應該和他們想要藉由自己的筆所表達的意見有關。尤其是，希羅
多德寫作的時代正值波斯入侵希臘，當時的波斯王澤克西斯一世（Xerxes
I，西元前 485–465 年）被描繪成一個暴君，和居魯士二世的正面形象成
為明顯的對比，不無文學手法和兩分法思維的交互影響。

　　此外，在猶太《舊約》中記載，居魯士二世於西元前 539 年征服了
巴比倫城，城中的以色列人（見第八章）得到解放，於是居魯士二世被
以色列人認為是上帝送來懲罰以色列的敵人新巴比倫帝國，並且重建以
色列神殿的救主。當然，這樣的記載也只能說是反映以色列人的主觀感
受，對了解居魯士二世的真實面貌並沒有太大幫助。至於波斯本地由考
古而發現的文獻，大多數都只是讚賞居魯士二世為一個英明仁慈敬畏神
明的國王。這些，應該都是傳統波斯官方文獻的樣本，與其他地方及時
代的官方文獻相似，主要在表達理想，而不在陳述事實。總之，居魯士
二世的例子提醒我們，要對我們用來重建古代歷史所根據的資料的產生
背景作適當的考量，才不至於被古人的偏見所誤導。

　　西元前 525 年，居魯士二世之子甘比西斯二世（Cambyses II，西元
前 529–522 年）征服了另一個古老的國家，即埃及的第二十六王朝。不
過由於距離太遠，波斯在埃及的統治並不算順利，我們在第七章中已有
說明。甘比西斯二世在遠征埃及回國時死於路上，可能是一次政變的結
果。據說甘比西斯二世當時已是個年老又脾氣暴躁的人，以致造成人心
不服，陰謀四起。不論如何，新選出的國王大流士（Darius I，西元前
522–486 年）自稱為居魯士家族的一員，但顯然也不被許多舊貴族所接

受。不過大流士展現能力，終能克服國內的反對勢力，繼續西向發展，直逼希臘本土。

波斯帝國的領土大約在大流士時到達擴張的極限。希羅多德記載，波斯帝國有二十個行省 (Satrapy)，範圍東起印度，西至埃及，北達小亞細亞，甚至進入今日東歐一帶。這些行省各有一總督 (Satrap)，總領省內的軍事和民政。軍事方面包括徵兵、練兵、保安等，民政則有收稅、司法、教育等。當時的稅制，是由國王每年規定一數量，總督則設法繳出此量。至於教育，主要是為王公貴族子弟而設。不過教育的內容卻不是讀書、識字，甚至不是音樂、藝術，而強調體力和戰技的訓練，以及正直無私的人格，他們認為如此就可以造成好的軍事人才和統治者。在總督之下是實際和被統治者接觸的地方官員。

由於帝國的範圍太廣，波斯王朝並沒有想要直接統治所有的地區，因而在各被征服區仍沿用當地傳統的統治制度。這種統治基本上是一種地方自治，但由中央在遠方遙控。希臘作者曾提到波斯王在地方有所謂的「王的眼睛」(King's eye)，這是國王派去地方探聽消息的密使，可直接向國王報告，以監督遠方人民的行動。這種統治是否因而不夠穩定？事實上，一直到亞歷山大和波斯的戰爭為止，這種治理方式似乎相當有效，各地方的官員雖然極少有機會進入波斯統治朝廷，但帝國提供的和平繁榮使人樂於接受這樣的安排。如果要說有任何影響帝國安全的因素，不斷的宮廷鬥爭似乎是個更嚴重的問題。

波斯帝國統治的核心在蘇薩 (Susa) 城，大流士在此建立了一座宮殿。根據一份當時留下的文獻，大流士對他宮殿的建造過程有如下的描述：

> 我在蘇薩所建的這座宮殿，它的裝飾乃由遠方運來。我向下挖掘，直至岩基。當地基挖好之後，我倒下有四十呎深的礫石，在其上建造宮殿。
>
> 挖土，堆石，砌磚，這是巴比倫人的工作。杉木是由黎巴嫩運來的，亞述人將它運到巴比倫，卡利安 (Carians) 人和愛奧尼亞

(Ionians) 人將它運到蘇薩。雅卡 (yaka) 木則是由犍駝羅 (Gandhara) 和卡曼尼亞 (Carmania) 運來的。

金子來自薩地斯和大夏 (Bactria)，孔雀石和瑪瑙來自粟特 (Sogdiana)。銀子和檀香木來自埃及運來，牆上的裝飾則來自愛奧尼亞。象牙是本地的工匠處理，但是來自衣索比亞、辛德 (Sind) 和阿拉科西亞 (Arachosia)。石柱是在此地一個名為阿比拉都 (Abiradu) 的村子製成的，但是材料是由伊蘭運來的，石匠則是由愛奧尼亞和薩地斯來的。

金匠是由米提和埃及來的，木匠則來自薩地斯和埃及。磚匠是巴比倫人，裝點牆壁的是米提人和埃及人。(J. Wiesehöfer, *Ancient Persia*, 26–27.)

這文獻顯示波斯在此時作為一幅員廣大的帝國所能動用的人力和物力。西元 1970 年代，考古學者在蘇薩宮殿遺址發掘出一座大流士的石雕像，座底用埃及象形文刻寫了當時波斯各臣邦的名字，據研究應該是在埃及製造的。此像當然也是大流士帝國勢力的一項宣示。除了蘇薩之外，大流士和他的繼承者又在波西波利斯 (Persipolis，即「波斯城」)，建立了一座極為華麗的宮殿，此殿的遺跡現在成為波斯帝國最強有力的見證，可看出當時波斯王室的富有和奢華。不用說，宮殿在建造時動員了各地最好的工匠，運用各地所出產的物資，其結果是創造了一種獨特的工藝風格，融合了埃及、亞述、希臘和米提等地區的特質。其中比較特別的浮雕和塑像則受到亞述的影響較深。

　　由波斯帝國的核心區到四方邊境的路途是相當遙遠的，為了要有效的傳達政令以及方便軍隊和物資的流通，波斯王朝相當注重修建道路。在大流士的時代採用並改進了亞述人所使用的驛站制度，用快馬送信，日夜不停，風雨無阻，由小亞細亞到蘇薩約 1500 哩的路程，原來要三個月的時間，靠著這種驛站制度，只要兩星期就可以到達。當然，這些道路並不完全是波斯人的創建，因為在兩河古文明流域及其周邊地區自古以來就已經有密切的交通，波斯帝國在舊有的道路基礎上加以整合，頗

圖 9-2　波西波利斯　由遺址的規模可以想見這座宮殿當初是花費了多少人力物力才建成的。

圖 9-3　進貢圖　在波西波利斯宮殿浮雕上，工匠將大流士時代帝國境內各小邦代表來到波斯稱臣的情況描繪下來，作為見證。這種為帝王統治宣傳的方式，在亞述、埃及等古代帝國都有類似的例子。

有與中國秦始皇一統天下後的車同軌政策可相比擬之處。不過在書同文
方面，波斯則有不同的發展。

　　波斯人由於早期受到兩河文明的影響，開始用楔形文字的符號拼寫
自己的語文，即所謂的古波斯文。在米提舊都，也就是現代的哈馬旦
(Hamadan) 不遠的畢蘇屯 (Bisutun) 山區，仍有大流士所留下的巨大岩
刻，除了浮雕像之外，還有用三種不同文字所寫的文獻，包括伊蘭文
(Elamite)、巴比倫文和古波斯文，內容主要為大流士宣稱自己為「王中
之王，阿胡拉馬茲達 (Ahura-mazda) 賜我王位，賜我王國，阿基曼尼王
朝。」並接受獻俘的場面。這裡的古波斯文在十九世紀中由英國人勞林森
(Rawlinson) 所破解，並由而解開了巴比倫楔形文字。在波斯帝國中期，
大約西元前 460 年之後，古波斯文不再流行，改以當時在西亞地區流行
最廣的亞蘭文 (Aramaic) 為主要書寫文字。同時，用泥板書寫的習俗也改
為用羊皮。

　　波斯帝國的另一作為是發行錢幣，使得境內的商業活動有一定的交
易標準可循。這種由王室發行以保證其純度的錢幣鑄造起源於小亞細亞
的利底亞王國，大流士在征服了利底亞之後，就援用這種制度。不過即
使如此，波斯帝國廣大的幅員之中並不是完全使用這種官方發行的錢幣。
不少具有經貿實力的城邦會自行鑄幣，而傳統以固定單位的金銀重量（不
鑄成幣）為交易標準的方式也仍然通行。

　　波斯帝國向歐洲方面的擴張比較不順利，主要是受到希臘人的抵抗。
大流士在位時就數度出兵，深入馬其頓地區，但在馬拉松（Marathon，
西元前 490 年）一役失利，未能征服希臘本土，他的繼承人澤克西斯一
世 (Xerxes I) 繼續侵略希臘的政策，又於西元前 480 年敗於希臘聯軍。此
後波斯人雖不再直接攻擊希臘，但始終對希臘世界構成威脅。

第二節　波斯宗教

　　由於資料的限制，我們對於早期波斯人的宗教不甚清楚。一般學者
以為波斯既屬印歐民族的一支，他們的宗教和早期亞利安人應有相類之

處，是以自然神祇為主的多神信仰。不過對於波斯王大流士而言，他將自己一切的成就都歸功於他的神阿胡拉馬茲達。祂是天地萬物、人類幸福的創造者。大流士不曾提到其他神明的名字。不過，可以確定的是，阿胡拉馬茲達一名原是由阿胡拉（主上，Lord）和馬茲達（智慧，wisdom）兩字結合而成的，因而有學者認為這原是兩個不同的神祇。在大流士所留下的一些文獻中，他宣稱阿胡拉馬茲達所關心的是正義和罪惡的相爭，祂的目的自然是揚善除惡。這也是以瑣羅亞斯德 (Zoroaster) 為創始人的祆教中所闡述的主題。

瑣羅亞斯德的生存時代其實仍是一個謎。一些希臘作者認為他是一個遠古時代的人物，而有些現代學者則認為他和大流士大約同時。主要的困難是，有關他的事蹟只保存在祆教的經典 (Zend-Avesta) 之中，而這經典又是在後代薩珊王朝 (The Sassanids) 時代所集結而成的，其中有關瑣羅亞斯德生平的部分年代並無法確定。由這些生平事蹟來看，他是一個企圖改革波斯古老宗教信仰的一位先知。在他的教義中，智慧之神阿

圖 9-4　阿胡拉馬茲達　這是波西波利斯城一處浮雕，阿胡拉馬茲達為人形，但附有雙翼，手持光環，以祝福統治者。

胡拉馬茲達近乎一個抽象的觀念,而其主要任務就在解決善與惡的問題。在他的觀念中,善與惡是宇宙初生之時就存在的雙生兒,兩者在人心中不斷衝突,最後終將在他們的創造者阿胡拉馬茲達之前得到解決,這就是人死之後的審判。凡行善者,將入至善的天堂,行惡者則前往罪惡之城,那兒只有無止盡的痛苦、黑暗。至於那些心意不定,行為得失參半的人,則將住在一個不上不下的地方。

在祆教的描述中,人死之後要經過一段路途才能達到「另一個世界」,這是古印歐民族共有的宗教觀念,譬如兩河流域和希臘的宗教中就有類似的想法。瑣羅亞斯德將這種觀念加上「死後審判」的想法,就更凸顯其信仰揚善抑惡的倫理觀。不過,這種死後審判的觀念與埃及的奧塞利斯信仰之間是否有任何關係,尚不能確定。

據說瑣羅亞斯德死後,他的門人並不能真正維持他的純淨信仰,於是他所極力反對的一些古老宗教儀式和信仰又漸漸滲入他的教派之中,其中較顯著的有對火(代表光明)的崇拜和對代表惡的神祇阿利曼 (Ahriman) 的崇拜,以及大量飲用一種含有酒精的飲料 (Haoma) 等。這種情況,當然和瑣羅亞斯德本人所提倡的教義包含了許多古老波斯宗教的原素有關,他想要從傳統的信仰中創造出一種新的精神,但又無法不利用舊的觀念和意象,最後終於受到侵蝕。

波斯的帝王雖然信仰阿胡拉馬茲達,他們並不能說是宗教的狂熱者,因為他們對於所征服的地區原有的宗教和文化習俗不但不加干涉,而且一概承認,在必要時尚且自認為當地的神所指定的繼承者,並重建神廟以示其掌有的「正統」。如大流士重建巴比倫神廟,甘比西斯二世自稱為馬杜克所派來統治巴比倫的人選。在巴勒斯坦,甘比西斯二世重建了耶和華神殿,指派以色列長老負責維持地方秩序。在埃及,他接受了傳統法老的頭銜。得到了不少埃及人的合作。由這些舉動中,我們可以看出波斯帝國早期的統治者的確相當懂得運用政治手腕。接受被征服者的宗教信仰的確是最能獲得人心的方式之一。波斯在軍事行動之後能繼之以政治上的懷柔策略,是其龐大的帝國得以興盛一時的原因之一。但是這

些不能被過度解釋為波斯君王具有宗教寬容的哲理思想，而主要應該是一種當時時空環境之下所流行的統治手段。畢竟，在古代世界中，除了以色列人的一神信仰使得他們無法接受別個民族的宗教之外，大部分的宗教傳統都是多神的，而多神信仰的特徵之一，就是認為不同民族的某些神明有可能只是一個神明的不同名稱而已。

澤克西斯一世雖受挫於希臘，但是對於他所轄有的大帝國而言，那只是邊境上的小問題而已。他不但將大流士所打下的疆域予以強化，而且完成了許多大流士未完成的建設，如在波西波利斯的宮殿等。不過由於波斯和希臘之間的衝突，希臘人總是在他們的作品中將他描繪成一個無道的暴君。他的繼承者阿塔澤克西斯一世（Artaxerxes I，西元前464–424 年）在經過激烈的宮廷鬥爭之後登基，而與希臘的衝突也一度和解，阿塔澤克西斯在位時由於大量的收稅，開始導致銀錢缺乏和物價上漲等經濟問題。這種情形當然造成國內許多地方的不滿。離帝國中心較遠的地方如埃及就開始反抗波斯的統治。希臘人在埃及的動亂中也提供了不少援助，以間接打擊波斯。

在阿塔澤克西斯一世死後，波斯國內又由於王位繼承問題而陷入長期的內鬥，帝國的氣勢逐漸走下坡。許多原本在帝國統治下因受保護而樂於生活的被征服者愈來愈不能忍受波斯的領導，這些地方包括埃及、小亞細亞和敘利亞沿岸諸小邦等。而心懷不滿的尚不止於此，阿塔澤克西斯一世的孫子小居魯士居然在任總督時率領一批希臘僱兵攻擊他的哥哥阿塔澤克西斯二世（西元前 404–358 年）。他雖然得到勝利，卻死在沙場之上。率領這批希臘傭兵撤回到黑海邊的希臘將軍塞諾芬 (Xenophon) 後來將他們的經歷寫下來，成為著名的《長征》(Anabasis) 一書。由於他對當時波斯帝國由巴比倫到小亞細亞各地情況的記載，可以看出波斯龐大的領土已經四分五裂。希臘一些有識之士在此時已經認為希臘人可以反攻波斯，擊敗宿敵。但希臘城邦本身也並不能團結，在伯洛奔尼撒戰爭 (Peloponnesian Wars) 之後，斯巴達雖然代替雅典成為希臘世界的領導者，卻不能號召希臘人團結一致來對付波斯人。一直要到西元前四世紀

下半葉，馬其頓王腓力普 (Philip) 出現，統一了希臘，他的兒子亞歷山大最後終於征服了波斯，創造了一個更大的帝國。

　　波斯帝國的消長代表的不止是波斯古文明發展的挫折，也是古代兩河流域文明和古埃及文明發展到終點的象徵。兩河流域文明在波斯統治的早期因為居魯士和大流士的政策而繼續存在，但到了中期之後，波斯王不再特別顧及巴比倫的古文化，而不斷的戰爭使得波斯人的統治政策以收稅為主要目的，古文化不斷在此政策之下流失。在政治上，巴比倫不再有一個自主的政治主體；在文化上，此時波斯境內由於民族的複雜，波斯政府只好採用當時最通行的語文──亞蘭文 (Aramaic) 為帝國的通用語，於是原本就只有極少人能使用的楔形文字就益發成為一種死文字，只剩下極少的學者和教士尚能懂得。亞歷山大統治此區之後，在民族和文化的混合上更加嚴重，兩河流域古文化就在文字以及由文字所傳遞的文化喪失及民族的混合之下逐漸被人遺忘。

　　埃及文明在亞歷山大之後的托勒密時代也面臨著和兩河流域文明相似的局面。托勒密王朝在表面上雖然承襲了古埃及的政權形式，如國王採用法老的頭銜、在各地建築許多宏偉的神廟，但這些多是為了安撫埃及人的手段，實際上，托勒密王朝和其希臘統治階層人士在文化上是以希臘文化為認同對象，官方的通用語言也是希臘語文。他們主要居住的城市，如亞歷山卓 (Alexandria) 城，其實是希臘式的城市，有各種希臘式的公共建築，如戲劇院、神廟、浴池等等。而一般埃及人若想在政治上有所發展，就必須學習希臘文，久而久之，菁英分子也逐漸的遠離了古埃及。尤其是在西元二世紀之後，基督教傳入埃及，人們在傳統埃及宗教式微、象形文字也不再為人所熟悉的情況下，漸漸接受了基督教的信仰。西元四、五世紀之後，古埃及文明已經為人所遺棄，而當伊斯蘭教徒於西元七世紀中征服埃及之後，埃及全面接受了伊斯蘭的宗教和文化，基督教則只保存在一小部分地區，一直到現代。有關古埃及的文化和宗教就此在這片土地上消失，而相關的片斷認識也只保存在一些希臘典籍之中。爾後古埃及和兩河流域的文字和文明再度為世人所認識，已經是十九世紀的事了。

第十章
早期希臘：歐洲文明的源頭

第一節　古代愛琴海文明

　　古代希臘地區，包括巴爾幹半島、希臘半島和愛琴海等區域，在西元前 6500 年左右就已經有新石器時代的人類在活動。一直到西元前 2000 年左右，這些人們的文化型態基本上與小亞細亞和西亞各地的新石器時代文化類似，如他們的宗教崇拜中，有一種所謂「地母神」(Mother Goddess) 的偶像，與其他地區出土的形制極為相似。這種地母神的意義為何，學者眾說紛紜，但共同的想法是和生殖崇拜有關。

　　大約在西元前 2000 年左右，一批新人種經由巴爾幹半島進入希臘，他們可能就是後來希臘人的祖先。據語言史學者推測，這些人是所謂的印歐民族，他們的語言系統與後世在印度流行的梵語 (Sanskrit)、西臺語 (Hittite)，乃至於希臘語、拉丁語，以及日後在歐洲大陸上發展出的各種語言，如德語、法語、英語等等，有相同的源頭。這可以由文法結構的一些特徵，以及一些基本語彙的相似性而得到證明。不過他們起初並沒有較複雜的文化，而主要是受到在愛琴海諸島嶼上所發展出的愛琴文明的引導。愛琴文明的重心就是諸島中最大的克里特島 (Crete)。克里特島上的居民可能在西元前 3000 年以前就已經由小亞細亞移來。從西元前 2000 年左右開始，由於其地理位置的優越，克里特島逐漸發展成為一個海上貿易強權，其貿易的範圍包括埃及和西亞的古文明區，不過主要是以小亞細亞和敘利亞巴勒斯坦沿岸為對象。

　　希臘半島及巴爾幹半島地區的地形破碎，多山，少平地，人們雖行農業，畜養牲口也是重要的經濟來源。希臘的農業三寶是穀物類（大麥、小麥）、葡萄、橄欖樹，生產的食物就是麵包、酒和橄欖油，直到今日基

本上仍然沒有太大改變。由於土地面積狹小，當人口增加，食糧不足分配時，人們只有設法向其他地區移民。由於大多數城邦離海都很近，因而向海外移民就成為自然的趨勢。大部分希臘移民都去到義大利半島和地中海東緣等氣候與希臘本土較接近的地區。

　　十九世紀末，英國考古學者伊凡斯 (Arthur Evans) 在克里特島上發掘出一座宏偉的宮殿，不但佔地廣闊，有三百多間房間，建築技術也相當精良，主要以石材及泥磚建構，以木材加強以防地震，二三樓的建構，下又有地窖，屋間有天井，引入新鮮空氣及光線，宮中又有陶製排水管、上釉窗戶、彩繪壁畫、巨大酒窖等，可說極為豪華舒適。在希臘神話中，克里特島之王麥諾斯 (Minos) 曾在挪索斯 (Knossos) 地方建了一座大型的迷宮，來幽禁他那半人半牛的兒子，考古學家即據此神話而稱這城為挪索斯，而稱宮殿為麥諾斯之宮 (Palace of Minos)，克里特島的文明也就被稱為邁諾安 (Minoan) 文明。在《荷馬》史詩〈奧德賽〉(Odyssey) 中，英雄奧德賽所描述的克里特島如下：「在如酒似深墨的大海中，有一座島嶼，稱做克里特；美麗又肥沃，四面臨海，上有無數人民，九十座城池，

圖 10–1　希臘及地中海

……其中有挪索斯，是個偉大的城市，麥諾斯在此稱王。」

由此宮殿的大小來判斷，它應該是一個複雜的行政中心。由於克里

圖 10–2　挪索斯宮殿重建想像圖

圖 10–3　挪索斯宮殿遺址

圖 10-4　邁諾安金飾

特人主要以貿易為生，良好的行政組織是成功的必要條件。學者推測此時的經濟活動基本上是以宮殿為中心的再分配系統，國王控有向境內百姓徵收生產資源，並且再分配給各個階層人民的大權，而這意味著當時克里特的君王有能力運用相當大的人力和物力。宮殿同時也有一些工坊，將各地送來的原料，如羊毛、麻布、皮革、象牙、青銅、金銀等等，製造成商品，以供消費及貿易。

　　此外，在克里特發現的其他大型遺址都靠近良好的港口和海灣，可以說明邁諾安文化的整體發展是以海洋貿易為主。在埃及新王國時代的一些貴族墓室壁畫中，我們可以看見一些外邦人，被稱為克夫提 (Keftiu) 人，他們的衣著花飾鮮豔，頗有克里特人服飾的特點，又攜帶著他們特有的器皿，與克里特島的產品極為相似，因而學者認為他們就是克里特島來的商人，這也說明了此時雙方之間有某種程度的商業往來。

圖 10-5　邁諾安壁畫

　　挪索斯宮殿中最引人注目的地方之一，就是彩繪壁畫。畫中有姿態優美的人物，線條細緻流暢，表情生動。而除人物之外，又有大量的花卉、動物，表現出一種對大自然的愛好和親近心態。這種情況，與埃及或兩河流域文明的宮殿裝飾那種強調國王形象和事蹟的風格相當不同，因為這裡的統治者似乎沒有那種為個人權勢和榮耀宣傳的意願。他們的陶器上也經常以水產、海藻植物作為裝飾花紋，成為特有的標誌。相對於此，克里

圖 10-6　邁諾安壁畫

特島上的建築遺存有另一特色，就是缺少防禦性建築。考古學者找不到任何城堡的遺跡，也幾乎看不見任何武器。這一點與其同時代其他地區，如希臘、兩河流域和小亞細亞等地均不同。學者一度認為這表示克里特人是愛好和平的民族。不過近年來新考古證據顯示，壁畫中亦有一些戰爭場面，因此我們不能認為克里特人能夠完全免除戰爭的威脅，因為任何一個正常社會與其他社會交往以及其社會中分子彼此之間的往來，都會有需要某種型式的武力來維持秩序的時候。

我們對克里特人的宗教信仰所知不多，在宮殿壁畫中有一類「鬥牛」的主題，似乎在表現鬥牛者在牛快速衝來時躍起在空中避開的情景。有人解釋這是一種宗教崇拜的儀式，以牛為崇拜的對象。但我們並無法知道這崇拜的內容。比較確定的是，克里特人的宗教信仰屬於自然崇拜，其中常見的是一身著露胸長衫、兩手各執一蛇的女神，可能是主生殖的神明。

值得注意的是，他們似乎沒有建神殿的習俗，島上最大的建築即為國王的宮殿，可以說明，在他們的社會中，王權似乎可以與宗教具有相

圖 10-7　女神　在邁諾安文化遺址中出土一些女神像，手持兩蛇。

圖 10-8　線狀文字　圖上方兩塊泥板為 A 型線狀文字，而下方比較整齊的是 B 型線狀文字。

等的重要性。但除非有文字材料為證，考古材料無法具體回答有關社會制度以及思想方面的問題。

考古學家在克里特發現了兩種寫在泥板上的文字，就依其字形分為 A、B 兩類。克里特人的語言可能就是所謂的 A 型線狀文字 (Linear A)，此種文字的前身為受到埃及象形文字影響的圖像符號，大約在西元前 1900 年就開始被使用，到西元前 1800 年時，演化為比較簡化的線狀符號，出土於克里特島上多處遺址，至今尚未被解讀，但可確定不是希臘文，因為學者已經發現，另一種稍晚出現的文字，也就是所謂的 B 型線狀文字 (Linear B)，雖然借用 A 型線狀文字的符號，但可以被解讀，並且證實為和後世希臘文屬同一語文系統。而 B 型線狀文字除在克里特出土外，也出現於希臘半島，因此可能是希臘商人在克里特學得克里特人的文書符號之後，用來拼寫自己的語言。這與阿卡德文借用蘇美人的楔形文符號來拼寫自己語言的情況相類。B 型線狀文字出現的時間大約在邁諾安文明的晚期，而其內容主要是商業往來的貨品單據。這些曬乾的泥板，本來並不能長久保存。不過，大約是在西元前 1400 年左右，克里特經歷了一次大難，城市被擄掠，宮殿被焚燬，以至於那些原本易碎的泥板被燒硬了而保存下來。是誰造成這毀滅？沒有任何足夠的證據可以說明，

但一般的推測，這可能是此時正開始興起的希臘麥錫尼文明 (Mycenaean Civilization)。

第二節　麥錫尼文明

　　自西元前 2000 年左右進入希臘的印歐民族在經過了數百年的發展之後，在各地建立了許多的小邦。這種情況很可能是由於希臘地區地形破碎所致。到了大約西元前 1600 年左右，考古學家在希臘各地遺址中普遍發現以巨大石塊建築的城牆，有些厚達六、七公尺，顯示當時人相當重視城市的防禦，不但表示戰爭威脅的真實性，也間接指出當時的戰爭具有相當大的毀滅性。這種情況與邁諾安文明的城市之缺乏城牆，成為明顯的對比。而在此時貴族及王室墓葬的特色是一種蜂巢式的巨大石造墓室，其中出土的大量金飾以及各種貴重物品，顯示當時工藝水準的進步以及王室力量的強大。由於這一時代的文化最初在麥錫尼 (Mycenae) 被發現，一般就以此一名稱來稱呼這文明。麥錫尼文明大約在西元前 1400 年至西元前 1200 年之間發展至最盛。

　　前面已經提到，麥錫尼文明與克里特島之間有密切的商業來往，在

圖 10-9　麥錫尼的石室

圖 10-10　麥錫尼壁畫　在麥錫尼宮殿亦出土壁畫，色彩與邁諾安壁畫相類，但人物造型和動作比較拘謹，不若邁諾安壁畫那樣自然。

此時代所使用的 B 型線狀文字中，「國王」一詞已經出現，一些文獻中提到國王所擁有的土地。又有所謂的「侍從」，為追隨國王、助他管理眾人的貴族。「侍從」又可以擁有或者買賣奴隸，但奴隸以女奴為主。而一般人的職業分工已經相當精細，如女工中有「磨麵工」和「織布工」之別。此時農業產品包括了大麥、小麥、葡萄、橄欖、無花果、蜂蜜，以及各種香料，基本上與古典希臘時代的產品相同。

在工技方面，麥錫尼時代已經開始使用青銅器，他們雖已知道用鐵，但鑄造方法仍不成熟。不過由於希臘本身缺銅礦，原料必須由賽普勒斯島或小亞細亞等地輸入。至於合成青銅所需的錫，希臘亦不出產，則可能來自現代的捷克、西班牙等地。由此可見古代世界的貿易範圍之廣大，以及當時人們的冒險精神，常常出乎現代一般人的想像之外。

至於麥錫尼時代人的宗教信仰，由 B 型線狀文字的文獻中可以知道，他們所崇拜的神明中已經包括了宙斯 (Zeus) 和他的妻子赫拉 (Hera)，以及赫米斯 (Hermes)、雅典娜 (Athena)、阿特米斯 (Artemis) 等後代希臘宗教中的重要神祇。由此看來，麥錫尼文明和後來的希臘文明有相當密切的傳承關係。實際上，根據學者推測，宙斯為早期印歐民族共同崇拜的天神，也就是羅馬人的丘比特 (Jupiter=Zeus pater) 神的前身。

希臘最早，也是最著名的史詩《荷馬》(*Homer*)，包括了兩大段故事，一是〈伊里亞德〉(*Iliad*)，一是〈奧德塞〉(*Odyssey*)。在〈伊里亞德〉中，詩人以希臘人和位於小亞細亞的特洛伊城 (Troy) 之間所發生的衝突作

為故事的背景，而這衝突所發生的時代大約就是在麥錫尼時代的晚期。西元1870年，一位名叫史利曼(Heinrich Schlimann)的德國商人兼業餘考古愛好者，由於堅信《荷馬》史詩中的敘述有歷史背景，於是根據史詩的記載，在小亞細亞西北岸的Hissarlik地方進行發掘，結果發現了一個重要的遺址，他認為就是特洛伊城的遺址。不過遺址有至少七個考古層位，其中年代屬於麥錫尼時代的那一層所顯示的當時的特洛伊城，只是一個人口稀少而不甚發達的小城。這種情況如何能夠與《荷馬》所描述的強大特洛伊城相合，是一個不容易解釋的問題。如果它真是《荷馬》中所稱的特洛伊城，那麼《荷馬》史詩所描述的時代顯然是有些錯亂，或者，詩人的想像不一定在每一個環節都符合歷史事實。

在《荷馬》史詩中，詩人稱當時的希臘人為「愛琴人」(Achaeans)，這是「愛琴文明」或「愛琴海」等稱呼的來源。至於「希臘」一詞則來自古典時代他們自稱Hella、Hellens，因此「愛琴」一詞的來源要比「希臘」早得多。我們在前面曾經提到，在西臺文獻中所出現的「海洋民族」中有一「阿希阿瓦」(Ahhiiyawa)人，有學者以為可能即是「愛琴人」。不過即使這個推測可信，這「阿希阿瓦」人也只能是愛琴海世界中的某一小邦。而且，那許多使得西臺帝國崩潰，埃及帝國動搖的「海洋民族」在西元前1200年左右不但侵擾了地中海的東緣，也很可能擾亂了愛琴世界的秩序。代表麥錫尼文明的希臘各小邦在此紛紛受到破壞。當然，這破壞的過程長達一、兩百年之久，對於當時的人而言應該是很難察覺到的。從西元前1100年左右以下，麥錫尼文明特有的一些器物不再出現於考古遺址之中，說明這個文明已經走到了盡頭。

第三節　早期希臘城邦的發展

黑暗時代的來臨

由西元前1200年至西元前800年左右，是希臘史上一段文化衰退時期。這文化衰退的現象可以從考古發掘的結果得到證明。首先是考古遺

址的數量本身。例如：在整個愛琴文明區中，考古學家在西元前1300-1200年、西元前1200-1100年，以及西元前1100-1000年等三個時段之中所發現的遺址數目依次是320、130和40。這是1970年代末期的統計。今日這些數字即使有些變動，也不會改變其基本的相對比例。遺址數目的減少顯然意味著人口的減少，根據遺址大小的變化來推測，整個希臘地區人口銳減，大約少了60%-90%。人口減少的結果自然是創造文明的動力削弱。而這些遺址中出土的遺物，不論是建築或墓葬或器物，如果拿來與麥錫尼時代的相同器物相比，可以明顯的看出，有一個不斷退化的趨勢。例如年代在西元前1125年至1050年之間的陶器，其器型和紋飾都仍然模仿前一時代的陶器，但不同的是，器型種類較從前少，紋飾繪工明顯粗糙，燒製的品質粗劣，在墓葬中出土隨葬器物的比例也較從前為少。這些現象所造成的總體印象是，麥錫尼時代那種高度階層化的社會，包括居住在城堡之中的國王、複雜的土地擁有方式、精細的分工，以及稅捐系統等等現象都不再存在。由於沒有管理的問題，那原來為了管理的需要而發明的文字也就沒有存在的必要。在這幾百年之中，人們已經不知文字為何，B型線狀文字的原則和方法已經完全被遺忘。這是一段無知、無藝術，沒有任何工技上的進步、也沒有商業和城市生活的時期。

　　為什麼會有這種衰退發生？的確是令人難解的問題。有些學者認為是由於原本複雜的再分配系統崩潰，大規模戰亂和人口移動，造成經濟生產的衰退，導致人口減少。不過應該注意的是，即使是在這段所謂的黑暗時代，人們基本的生活技能和生產方式並不曾完全退到原始狀態，而是保持了一種維繫生存的低水平。這才使得後來的復興有可能。

由衰落到復興

　　否極泰來一詞，可以說明在西元前900年左右開始的轉變。一方面，在陶器的製造方面，開始出現了一種新的紋飾型態。在麥錫尼時代，陶器上的紋飾多為徒手繪製，以海中生物為主題，章魚是最受歡迎的圖案。

但新的轉變是，陶工不再繪製章魚，而偏好幾何
型的圖案，如同心圓、直線、交叉線、菱形、三
角形等等。同時，對於陶土的選擇也開始比較講
究，燒出的器皿一般比前一時期細緻而形狀精
巧。整體而言，圖案與器型的結合更為均衡和
諧。考古學者稱這種器皿為原初幾何型
(Proto-Geometric)，因為接著出現的器型，是所
謂的幾何型 (Geometric)。考古學者將幾何型陶
器分為三個階段：早期（西元前 900–850 年）、
中期（西元前 850–750 年）、晚期（西元前
750–700 年）。

圖 10–11　原初幾何型陶
器　約西元前十世紀。

　　這時的紋飾中，原初幾何型時代常見的圓
形及半圓形紋飾，逐漸被有棱角的線條紋或迴
紋所取代，到了晚期，又開始出現動物及人物紋
飾，有些更開始有某種敘事風格。例如在雅典發
現的一個水罐，上面繪有葬禮的場面。其中人物
造形趨近於幾何形狀，但明顯表現出以手撫頭
的哀悼姿態。由於陶器形制的變化有相當的一
致性，因而也常被用來作為其他考古材料斷代
的依據。

圖 10–12　幾何型陶器
約西元前八世紀。

　　另一方面的變化，是人口衰退由最低點開
始回升。一開始是極為緩慢的增加，一直要到了西元前 800 年左右，考
古學家根據各個遺址中墓葬數量的變化，發現在全希臘各地的人口開始
有了明顯的增長，在一百年之間，人口增加了七倍以上。整個希臘地區
又開始活絡起來。至於這人口增加的基本條件，則是食糧生產的增加。
正如歐洲中古初期的日耳曼地區由於有了新的農耕技術導致人口增加，
此時希臘地區的人們開始普遍實施農耕。這不是說他們從前不知道農耕，
而是在麥錫尼文明衰落之後的世代中，小聚落型態的生活方式主要是半

圖 10–13　　早期希臘雕像
在西元前七世紀中期左右出現的希臘人像受到埃及和兩河流域大型人像雕塑風格的影響，姿態基本上為正面直立，雙目直視。要到了西元前五世紀初的時候，才有了新的變化。

圖 10–14　　木馬之計　在一個西元前 650 年左右的陶罐上，工匠以浮雕的方式表現出荷馬史詩奧德賽中提到的木馬。

游牧的小部落，當時所謂的「戰爭」其實不過是一場場牲口掠奪的衝突。而這樣的生活型態和政治型態正是麥錫尼文明崩潰之後、古典城邦時代來臨之前，希臘各地的情況。由是，《荷馬》詩人雖然歌頌的是有關麥錫尼時代的英雄故事，他描述之下的英雄的生存背景卻是較麥錫尼文明為晚的時代。而《荷馬》史詩本身的出現，又象徵了希臘文明在西元前八世紀中的復興。

　　《荷馬》史詩不但是希臘文學的源頭，也是後世歐洲文學最重要的靈感泉源。但《荷馬》作者是誰，生活在什麼時代，卻是沒有答案的問題。我們只能說，由〈伊里亞德〉(Iliad) 和〈奧德賽〉(Odyssey) 兩部史詩合成的《荷馬》，極可能不是出自一個詩人之手。更正確的說，這兩部作品是在不同的時候（〈伊里亞德〉也許較〈奧德賽〉早半個世紀）先由不同的詩人在集結了早期流傳在希臘世界中有關特洛伊戰爭的故事之後所吟唱出來，再將之行於文字所造成的。

　　〈伊里亞德〉的意義是「關於伊里翁 (Ilion 即特洛伊城) 的詩歌」。它的背景是特洛伊之戰。由於斯巴達王麥尼勞斯 (Menelaus) 的妻子，當時公認為希臘最美麗的女子海倫 (Helen)，被特洛伊王子巴里斯 (Paris) 所奪走，為了要奪回海倫，雪洗恥辱，於是希臘人成立聯軍，在麥尼勞斯的哥哥麥錫尼王阿卡曼儂 (Agamemnon) 的領導之下

攻打特洛伊。這一仗打了十年之久，希臘人始終攻不下特洛伊城。故事開始時，正是在十年纏鬥之後，雙方都已筋疲力盡之時。而希臘的英雄阿奇力士 (Achilles) 又為了一名心愛的女奴被阿卡曼儂奪走，忿而退出戰爭，使希臘軍隊受到重挫。後來阿奇力士的好友帕特克魯斯 (Patroclus) 因冒充他去作戰，被特洛伊人殺死，阿奇力士為了替好友復仇，再度加入戰爭。最後特洛伊終於被希臘人的木馬之計攻破。

在特洛伊被攻下之後，希臘人開始回到老家去，這就是《荷馬》的第二部分〈奧德賽〉。設計木馬的英雄奧德賽在回家的路上遭遇許多驚險奇異的事情，十年之後才回到家，卻發現他美麗的妻子潘尼諾佩 (Penelope) 正被許多求婚者所包圍，他的王國也被侵佔。奧德賽祕密的與他的兒子商量，讓他的兒子說服潘尼諾佩，答應和拉得開奧德賽所留下的弓的人結婚。結果沒有人能拉開弓，最後只有化裝進入現場的奧德賽拉開了弓，並將那些無理的求婚者一一射死。這就是〈奧德賽〉的故事大綱。由於詩人在將詩詞寫下時，這些故事已經流傳甚廣，因此他的描述並不在說一個完整的故事，而是利用這些現成的材料，來歌頌一個逝去的英雄時代。

《荷馬》成書的年代大約在西元前 750 年左右，這也正是希臘人從腓尼基人 (Phoenician) 那兒學得一套文字符號系統之時，希臘社會於是再度進入文字時代，在二、三百年之間，創造了極為豐富的文化。

從西元前 750 年到西元前 550 年之間，由於人口的增加，希臘地區有兩個明顯的發展趨勢，一是人口集中造成的城市化，一是由於耕地不足而造成的移民運動。在大部分希臘地區，人們普遍的集中於城市之中，而又由於此地區地形破碎，島嶼眾多，間接促成許多獨立小城邦的出現。這些城邦最重要的特徵就是政治上的獨立地位，而其明顯的物質上的象徵就是神廟的建立。此時代中許多城邦紛紛建立了大規模的神廟，不但是一城邦中的宗教中心，同時也為城邦的政治、社會和軍事活動的核心。在許多城邦中，人民憑著其對土地的擁有權而獲得公民權，可以參與城邦中公共事務的討論和執行。當然並不是全希臘地區都實行所謂的城邦

制，有些地區的人們仍然散居在一片廣大的範圍之中，而在宗教、習俗上有相同的傳統使他們結合為一類似部落式的政體。這類政體在整個希臘古典時代的歷史中都一直存在，最後，當城邦政治發展到末路之時，將整個希臘統合為一個大政體的馬其頓正是這樣一種部落。

在西元前七世紀中，希臘各地的城邦政體普遍有一改變的浪潮，就是王政的廢除。這改變的確切原因並不很清楚，我們只知道，在大部分的城邦中，擁有土地的貴族階級成為主要掌握政權的人。由於各個城邦有不同的政經情勢，其政體的發展也各有其特色。有些城邦的政府由一小群貴族掌理，稱為「寡頭政治」(Oligarchy)，另外一些城邦中，因為貴族階級之間的爭權奪利，比較會利用群眾心理和時機的野心貴族最後取得大多數人民的支持而成為獨裁者 (Tyrant)。基本上，所謂的 Tyrant 原本是指不合法取得統治權的人，並不一定有負面的意義。但當然一些原本有政治經濟地位的貴族階級人士對這種獨裁者掌握大權的情形不滿，因而產生負面的指摘，後世 Tyrant 一詞有「暴君」的意思，乃由此而來。由西元前七世紀中至六世紀末，希臘各地許多城邦都經歷這種獨裁統治。不過，獨裁者多半靠個人魅力，很少能夠將權力傳至第二代或第三代。

獨裁者的現象說明了當人們在推翻了王政之後，已經逐漸的發展出一種政治平等的意識，這「平等」先是在一批貴族之間產生，而後又擴展至擁有土地——因此也有相當經濟能力——並且能參加戰鬥的自耕農。這些獨裁者之所以能夠獲得人們的支持，主要是在於他們能夠為這些新興的平民爭取到比較多的政治和經濟權益，以作為他們自己掌權的交換。「獨裁者」的形式雖根源於王政，但他並不能真正的成為一個為所欲為的專制君王，因為他的權力來自於人民的共同默許，若他的行為超出了人們所願意忍受的程度，就很難再保持其位。這一點，可以由此時許多城邦都開始頒布成文法看出。成文法的頒布，象徵城邦中的政治秩序有一超乎於個人之上的規則和權威可循。儘管成文法最初可能是統治者為了維護既有秩序和既得利益而設，但一旦寫成，就無可避免地會成為討論和批評的對象，而逐漸改進，符合眾人的需要。不少獨裁者及其

家人最後的下場不是被放逐就是被殺，或又改為寡頭政治。在上百個希臘城邦之中，寡頭和獨裁的政治以各種不同的程度和組合出現，而當兩者均不能滿足人們的平等要求時，就產生了所謂的「民主」(Democracy) 政體，這是下一章要討論的問題之一。

　　人口增加自然造成的結果是食糧和耕地不足的問題。許多城邦的人由於生計問題而集體移民到別處，他們的足跡遍及地中海邊緣各地，如義大利、法國南部、西班牙、北非等地。殖民地的建立，是由母城邦中公民先選擇一個合適的地點，再選出一個領導者，負責殖民的經營。殖民城邦與母城邦之間有密切的經濟和宗教關係，但殖民地的人民在政治上已不是原母城邦的公民，而屬於新城邦。這些殖民地的建立主要雖為解決人口問題，也成為了希臘人在海外發展商業的據點。不過商業活動本身在希臘的經濟活動中所佔的分量並不能算是很大。此時最重要的經濟活動仍然是農業生產，而戰爭所獲得的戰利品和神廟所獲得的貢獻也在城邦的經濟生活中佔相當重要的地位。當然，新殖民城邦的建立，使得希臘文明傳入地中海西部地區，也傳入黑海地區，對於這些地方的文化發展有相當大的影響，而希臘人在新地區的生存發展也自然受到當地的影響而有所轉變。

　　不同城邦之間由於經濟社會之發展，難免會有衝突，衝突則常以戰爭手段解決。在西元前八至七世紀，隨著城邦的發展，戰爭形態也有變化。這時有所謂方陣 (phalanx) 的出現。方陣由數排步兵 (hoplite) 緊密的靠在一起，形成方形的陣式，兵士頭戴銅盔，身著護胸及護膝的鎧甲，左手持圓盾，右手持長矛，向敵軍衝刺。又佩以長劍，在近距離搏鬥時使用。當一方的方陣突破敵軍的方陣，戰爭差不多即結束，敗者四散逃亡，勝者甚少窮追不捨。這種戰爭方式講究的是團體合作，不用個人英雄主義，與《荷馬》史詩中描述的英雄對決相當不同。有學者以為這種方陣的出現，象徵了城邦時代注重團體合作的精神，也凸顯了平民意識，貴族血統和財富地位的重要性也因而下降。可想而知，這種平等和平民精神的發展，與後來民主政治的發展有相當重要的關係。當然，這一切

的發展和變動又與文字的普及有很大的關係。我們雖然不清楚當時的識字率為何，但是顯然各行各業的人都能夠有效的使用文字來傳達信息，使得社會組織和思想的發展得到很大的助力。總之，到了西元前六世紀中葉，希臘地區政治、社會和文化的發展已經為古典時代的希臘奠定了穩固的基礎。

第十一章
城邦時代：政體之實驗與衝突

第一節　雅典式的民主

雅典所在的半島平原叫做亞提加 (Attica)，總面積大約一千平方哩，地形大致和希臘其他的地方一樣，山谷和丘陵間互分布，土地不算肥沃，但也可以維持一定的產量。所有住在亞提加的自由人，不論是在雅典城中或鄉間，都是雅典公民，在理論上都有權參加在城中舉行的公民大會。不過，這是西元前五世紀初民主政治已經在雅典建立後的情況。在此之前，雅典在政治方面的發展也經過了王政時代、貴族政治時代，而向獨裁的方向走。

在西元前七世紀初，雅典王政取消之後，人們就選出三名（後來增至九名）執政 (Archon)，共同掌理公共事務。這些執政最初可能來自貴族階級，每年由男性公民選舉，任期一年。退職之後，他們自然成為諮詢會 (Areopagus) 的一員。這諮詢會員是王政時代國王的顧問會，在王政廢除之後仍然存在。由於其中的成員都是有經驗的退休執政，其對雅典政治的影響當不亞於當事的執政。

根據希臘人的傳說，在西元前 621 年時有一個名叫德拉可 (Draco) 的人替雅典立下了第一部法典。後

圖 11-1　希臘神廟　雅典的巴特農神廟是最為人所熟知的希臘神廟，但在希臘各地仍有不少類似的神廟存在，其造形基本上都相當類似。圖中神廟位於雅典近郊。

人以為這部法典相當殘酷，因而有人說它是「以血，而不是以墨水寫成的」。其實，德拉可所做的，可能只是把有關謀殺罪的法律比較詳細的記載下來而已。其中，他也將蓄意殺人和過失殺人的罪刑作了分別。

在西元前第七世紀中，由於人口的增加、食糧和耕地不足，雅典的農業產生了一連串的危機。在荒年時，有些農人以次年的收成作為當年糧食的抵押。在這類的惡性循環之下，有許多農人失去了田產，成為富人的佃農，甚至賣身為奴。到了西元前 594 年，有一名叫索倫 (Solon) 的人被選為執政。由於他同情一般平民，人們就要求他成為獨裁者，但他為人正直，不肯同意。他的作為主要有二方面：一是取消雅典農民的債務，贖回因債而賣身的人，同時立法禁止自由人被作為債務的抵押品。他雖然沒有進一步沒收大地主的土地來分配給無地的農民，至少已經給予雅典人的自由和權利不少的保障。在另一方面，索倫對雅典的政權結構也做了相當的修正。他把人民依財富多少（以土地生產量為準）分為四等，前三等可以擔任公職，第四等（主要是工人、佃農）則只有投票權。這種辦法使得參與政權的資格由出身轉為財產，貴族出身不再是獲高位的保證，平民只要努力累積財富，也可以有機會當政。索倫的改革可能是西方歷史上第一次有政治領導者將一般平民的苦難作為其政治考慮對象的例子。

雖然如此，索倫的改革並不能完全解決雅典的社會問題，許多農民雖不負債，依然無田可耕、無工可做。雅典終於走向獨裁政治。

雅典的第一個獨裁者是皮西斯特拉特斯 (Pisistratus)，他統治的時間是西元前 545 年至西元前 527 年，其子西皮亞斯 (Hippias) 繼承他的位置，到了西元前 510 年才被推翻。皮西斯特拉特斯的得勢是因為他率領雅典軍隊成功的對抗外侵，成為雅典的英雄，得到平民（尤其是一些不滿現況的工人和佃農）的擁護，而被推舉為獨裁。不過他治理雅典的方式相當謙和，讓原有的政治體制，也就是公民大會、九名執政的選舉以及諮詢會等，都繼續存在。這方式對雅典日後民主政治的發展有相當的助益：因為人們雖然不一定能真正選出他們心中的人選，至少維持了一

種以選舉表達意見的傳統；而貴族階級雖然仍擁有財富和高位，也漸漸的習於在一定的政治體制中活動，以至於後來的民主改革沒有遭遇太大困難。

從西元前 508 年起推動雅典政治改革的是在西皮亞斯執政時被迫逃亡的克來斯坦尼斯 (Cleisthenes)。他雖然出身貴族，也在西元前 525 年任執政官一年，但並不滿意當時雅典的政治。當他流亡時，曾借重斯巴達的力量，終於將西皮亞斯推翻。他在回到雅典之後，推動了一連串的改革。為了要打破以往以宗教和地方信仰為主的政治結合，他將雅典和其勢力範圍之內的亞提加半島，區分為城市、沿海、山區三大部分，這三大部分再各分為十區，然後每三種不同地區的小區又組成一個行政區 (Phyle)，所以共有十個行政區。這樣，每個行政區中的人口數量和職業、出身背景都能夠得到平衡。每一行政區中的公民，抽籤選出三十歲以上的五十人，合成為一個五百人會議，掌財政、軍事、外交、民政。不過對於日常行政而言，五百人是太多了些，所以又規定每區的五十名代表組成一個委員會來監督日常行政，由一人為主席，任期一天。而每一個委員會的任期則為一年的十分之一，如此五百人在一年的任期中都有機會輪流成為政府中重要的行政人員。又由於不得連任的規定，城邦中的公民每個人都有很大的機會參加五百人會議。

公民大會本身則是立法、宣戰、締和的最高機構。在西元前五世紀中的時候，公民大會每月舉行一至三次，討論城邦的重要事項。每次參加的人數大約在六千人左右，約佔雅典男性公民人數的八分之一。公民大會的召開，理論上是由輪值的五十人委員會提案，於開會前五天公布。當然，在會議的實際進行中，有各種可能性會使得議案的內容或方向有所變更。可想而知，五、六千人一起開會，在沒有麥克風的時代，大概是一片混亂。有的人一語不發，有的人則爭相發言，最後，聲音最大的意見可能佔得上風，大家舉手表決。至於誰會去參加公民大會？大概是那些距會場較近的城市公民。鄉村農民雖不一定沒有興趣，距離和天氣的因素總是較大的阻力。

法庭的組織，是由年滿三十歲的公民中有意願者抽籤選出，每任一年。人數視法案情況，通常由 201 人到 501 人擔任，當然也有例外。這些法庭成員一方面可說是法官，一方面又有點像陪審員，他們在聽取兩造辯論之後投票表決，即為最後的決議，沒有上訴的可能。因為這樣的設計基本上認為二百或五百人的判決已經是可以代表一種比較公正的集體意志。

至於原有的九人執政官並沒有廢止，但其成員也逐漸由貴族轉移到平民階級，並且在西元前 487 年之後也由推選改為抽籤。而政府中的各級行政官吏，除了必須有專業知識才能勝任的將軍和建築師之外，也都是由抽籤選出。此外每一重要的行政任務都有十個人組成委員會來共同負責。這樣的政治運作系統之所以能夠成功，主要是因為當時公共事務的範圍不大，性質簡單，因而一般公民憑藉他們參與公民大會以及五百人會議的經驗就大致可以勝任。何況每一個人在某一職位上的意見只佔十分之一，縱有差錯，影響不致太大。據統計，雅典城各級官位大約共有七百多種，基本上都是由數人委員會運作，以保持權力分散的原則。此外，又有一種防制獨裁者或危害公共安全者出現的辦法，就是在必要時公民大會每年可以投票選出他們最不喜歡的人物，若達六千票以上，得票最多者就必須被流放至國外十年。由於當時的選票是利用破瓦片，將人名寫在瓦片上，投在箱內，此制度就被稱為「瓦片流放制」(Ostracism)。

雅典的這套民主政治制度在克來斯坦尼斯的奠基之下，在西元前第五世紀中逐漸成形，

圖 11-2　雅典衛城 Acropolis　雅典娜神廟位於一小山丘上，四周為一些公共建築，如半圓形劇場及市場等，是雅典公民日常活動的場所。

成為希臘城邦世界中民主政體的模範。不過希臘城邦的一個特色就是各有獨立的性格，每個城邦中的政治制度都不盡相同，而與雅典民主相對的，正是斯巴達的集權。

第二節 斯巴達式的集權

斯巴達位於伯洛奔尼撒 (Peloponnesian) 半島南部的拉空尼亞平原 (Laconia) 中央，沒有城市中心，是由四個主要的鄉村圍繞一小山丘組成的「城邦」。由於它不近海港，土地較沃，故經濟活動以農為主，不似雅典那樣重視貿易，因而當地人民具有比較淳樸的性格。

早期的斯巴達歷史多半為傳說，《荷馬》史詩的女主角海倫就是斯巴達王之妻。但那是麥錫尼時代的故事，從西元前 1000 年以下，伯洛奔尼撒半島上的居民主要是一批說多利安 (Dorian) 方言的人，這些人大約是在麥錫尼文明衰亡之後由北方山區進入半島區的。根據後世記載，斯巴達的王朝系統可以上溯到西元前 950 年左右，不過一般學者大多認為，在西元前 800 年左右時，古典時代斯巴達城邦的結構已經成形，就是極為特殊的「雙王」制，有兩個地位平等的國王 (basileus)，其主要的任務是率軍隊作戰。這種情況可能是出自為了要平衡兩大領導家族或集團的張力，因為雙王是由兩大家族中選出，並且為世襲。這兩個國王一主外，一主內，是既合作又競爭的關係，他們有軍事、宗教和司法的大權，當一個國王去世，另一個國王可以繼續承當領導的任務，國家因而很少會有無領導者的情況出現。

此外，國內政事則每年由年滿三十歲的公民中選出五人為監察 (ephor)，他們可以制衡雙王的權力，如果雙王不依法行事，還可以起訴他們。此外，五人監察也可以創制法律、召開公民大會和長老會，對外交事物也有很大的影響力。監察的權力雖看來相當大，但任期只有一年，不得連任，且會受到下任監察的查核，可以說也受到制衡。

長老會 (gerousia) 的成員除了國王之外，由二十八位六十歲以上的長老 (grontes) 組成，由公民投票選出，為終身職。可想而知，長老通常

是社會中有財富、有地位的人。公民大會由所有三十歲以上的男性公民組成，每月集會一次。但是其權力相當薄弱，不能提出法案或者辯論，只能就長老會所提出的案子投票表決，而長老會還有權否決大會的決定。因此斯巴達的政治實際上是一種寡頭政治。

斯巴達的社會組織也相當獨特。在城邦範圍內，純血統的斯巴達人人數不多，為統治階級。當他們於西元前 720 年左右征服了鄰近的麥西尼亞 (Messenia) 之後，將其土地分給斯巴達公民，其人民則成為農奴 (helot)。不過這種農奴和奴隸不同，他們雖沒有個人自由，也不能自由行動，但並非屬於任何個人，而是屬於國家；國家將他們分配給個人，但個人不可以自由處置他們。他們的工作是替斯巴達主人耕種、畜牧，並繳交生產所得的半數以上。他們住在自己的社區之中，有自己的家庭生活，可以世代繁衍，身分不變。

除了這種農奴之外，另有所謂的「邊民」(perioci)，是居住在斯巴達周圍的其他小城邦的人，他們服從斯巴達的領導，但沒有斯巴達公民的身分。至於斯巴達人本身，則是「全國皆兵」，男性公民為專業軍人，男孩在出生後，由政府檢驗他的體格是否健康，決定是否應該讓他活下去。七歲以後，就由政府主動予以教育，以體力、戰技、服從為重點。二十歲之後，他們就被編入軍營，以十五人為一個生活單位，食糧由農奴供應。他們必須在軍中生活到三十歲，雖然可以結婚，也得等到三十歲之後才能回家過正常的生活。即使如此，仍然隨時可能應召入營。

斯巴達人對於女性也賦予相當多的體能訓練，如賽跑、摔角、投擲標槍和鐵餅等。羅馬史家普魯塔克 (Plutarch) 認為這是為了成就健康的母親，以及健康的小孩。由於男性多半在軍中，斯巴達的婦女擁有較希臘其他城邦婦女為多的自由空間，她們的社交活動也相當多樣，並且可以擁有個人財產，以及自由處分財產的權力。

由於斯巴達人這種特殊的軍國主義傳統，使他們的武力相當強大，在希臘世界中以其軍事力量聞名。他們所推崇的美德是勤勞、自制、刻苦、忠於城邦，對於舒適的生活相當鄙視，因而斯巴達雖稱為城邦，其

實並沒有像雅典那樣的城市公共建築，也沒有大型神廟。現代考古學者對此也感到無奈，因為沒有什麼遺跡可以發掘。相對的，他們在文藝方面則可以說繳了白卷，因而有關斯巴達的歷史記載都是外人所寫的，其中難免有偏差之處。

在西元前六世紀末的時候，斯巴達成為伯洛奔尼撒半島上最強大的城邦，並且聯合各邦，成立所謂的「伯洛奔尼撒聯盟」。半島上其他城邦各派代表組成會議，和斯巴達本身的會議同時議事，雙方達成共識之後，由斯巴達王執行決議，由於斯巴達對友邦通常相當支持，因而其領導地位益形鞏固。西元前六世紀末，希臘世界受到一次嚴重的外侵，就是波斯的西進。在抵抗波斯的侵略中，雅典雖然是領導者，斯巴達也出了很大的力量，不過在戰爭的初期，斯巴達的態度是比較保守的，並不願主動出擊。

第三節　從波希戰爭到希臘內戰

雅典的民主制度自從在西元前第六世紀末由克來斯坦尼斯立下規模之後，其成長和鍛鍊，大部分時間可說是在波斯帝國的威脅之下完成的。從西元前 512 年開始，波斯帝國在大流士的領導之下，積極的想要向地中海西岸發展，先征服小亞細亞西岸的諸希臘城邦，沿愛琴海北緣向希臘本土逼進。西元前 499 年，小亞細亞沿地中海岸的希臘城邦想要求希臘本土的城邦幫助他們反抗波斯統治，但由於只有雅典和另一小邦出兵，因而沒有成功。

經過幾次小接觸之後，波斯王大流士改變了以往沿愛琴海北岸的進攻路線，派遣了一支艦隊直接越過愛琴海南部，出其不意的在馬拉松 (Marathon) 登陸，距雅典只有二十幾哩的路程。雅典立即派了當時最有名的長跑健將去斯巴達求救。不過在斯巴達軍隊到達之前，雅典軍隊已經擊敗了人數比他們多一倍的波斯軍隊。

這次的衝突，對於波斯來說，只是在他遙遠邊界上的一次小小的挫折，不影響其征服整個希臘的計畫。對於雅典而言，馬拉松的勝利卻是

對抗波斯侵略的一劑強心針。他們開始積極的建造一支足以對抗波斯的海軍。在數年之間,雅典建成一支一百八十艘戰艦的海軍。而波斯人也在新王澤克西斯一世的領導之下捲土重來,他們的大軍,據現代學者的估計,可能包括六萬陸軍、六百艘戰艦,再度分兩路沿愛琴海北岸進攻,於西元前 480 年攻入雅典,摧毀了雅典娜 (Athena) 的神廟。不過雅典人在事先就已經有計畫的撤出,將軍隊的主力移到海上。波斯的海軍實力本來就很強大,但是中了希臘人的反間計,把艦隊開入沙拉密斯 (Salamis) 灣中。由於水面狹窄,大船轉圜不便,反而被數量較少的雅典艦隊擊敗。澤克西斯一世在陸上見大勢不好,就退回小亞細亞,不過波斯軍隊仍然控制著希臘北部地區。次年,波斯人再度攻入雅典,不過在他們退走之後,斯巴達傾全國的兵力出擊,消滅了波斯在希臘的軍隊。

有關這次波斯與希臘的衝突過程,希臘史家希羅多德 (Herodotus,約西元前 484–430 年) 在他的著作《歷史》(*Historia*) 中有詳細的記載,他並且旁及其他地區如埃及、兩河流域,以及小亞細亞的歷史,因而成為西方古代歷史作者的第一人。書中所述雖不見得完全合乎事實,尤其是有關古埃及和兩河流域的歷史,因缺乏一手資料而有道聽塗說之弊,但在有關波斯與希臘關係的近代史實,仍足以為重要的參考。他一開始是這樣說的:

在這裡發表出來的,乃是哈利卡爾那索斯人希羅多德的研究成果,他所以要把這些研究成果發表出來,是為了保存人類的功業,使之不致由於年深日久而被人們遺忘,為了使希臘人和異邦人的那些值得讚嘆的豐功偉績不致失去它們的光彩,特別是為了把他們發生紛爭的

圖 11-3 波斯宮廷 這是一幅希臘瓶畫上所描繪的波斯宮廷,大流士坐在中央的王座上,正在聽取報告。

原因記載下來。

而在描述了有關波斯人對於他們和希臘人之間衝突的起因之後，他又說：

以上就是波斯人對這一事件的經過的敘述。他們認為希臘人攻略伊里翁（譯註：即特洛伊），是他們敵視希臘人的開端。然而在談到伊奧的事件的時候，腓尼基人的說法和波斯人的說法不同。他們否認在帶她到埃及去的時候曾使用任何強暴的手段；他們說，伊奧本人在阿爾哥斯便和停泊在那裡的一隻船的船主有了來往，而在她發現自己已經懷孕的時候，羞於把這件事告訴自己的父母並害怕被他們察覺，便在腓尼基人離開的時候心甘情願地隨他們一同乘船走了。以上便是波斯人和腓尼基人的說法。這兩種說法中哪一種合乎事實，我不想去論述。下面我卻想指出據我本人所知是最初開始向希臘人鬧事的那個人，然後再把我所要敘述的事情繼續下去，不管人間的城邦是大是小，我是要同樣地加以敘述的。因為先前強大的城邦，現在它們有許多都已變得沒沒無聞了；而在我的時代雄強的城邦，在往昔卻又是弱小的。這二者我所以都要加以敘述，是因為我相信，人間的幸福是決不會長久停留在一個地方的。（Herodotus 著，王以鑄譯，《歷史》，1-3。）

由這段引文，我們已經可以看出，希羅多德雖有相當高度的歷史感，熟悉人事的滄桑，也知道不同來源的故事會造成不同的歷史解釋，但畢竟不能不依靠傳說和不完全可靠的資料來編寫他的故事。

不論如何，這次對波斯戰爭的勝利可以說是對雅典政治和文化發展的重要鼓勵。一方面，雅典人證明了他們的民主制度勝過了波斯的獨裁制度，使得雅典人更有信心於他們的生活方式；另一方面，不論在藝術、文學、思想等各方面，也受到勝利的刺激而蓬勃發展，進入了所謂的「古典時代」。

不過波希戰爭之後，波斯雖然退出了希臘本土，但仍控有小亞細亞和巴爾幹半島。對希臘人來說，若不將波斯的勢力推出這些地區，希臘的自由就沒有真正的保障。於是一些希臘城邦以雅典為首組成了提洛聯

盟 (Delian League)，展開與波斯的長期鬥爭。到了西元前 460 年左右，
波斯的勢力已經退出了小亞細亞西岸。希臘不少城邦因此以為波斯的威
脅已經解除，於是就不再想繼續受雅典的指揮，要求完全的獨立地位。
雅典的主政者認為波斯入侵的意圖並沒有消失，主張把提洛聯盟的性質
改變為帝國，也就是各城邦成為雅典的附庸，各城邦原來所出的捐款成
為固定的稅款。這種作為，由於是獨厚雅典，遭到不少城邦的批評。當
時雅典執政的柏立克理斯 (Pericles) 也有他的辯解。羅馬史家普魯塔克
(Plutarch) 對於這段故事有以下的描述：

> 雅典城最令人欣賞的東西，最優美的裝飾，最使所有外國人讚嘆
> 甚至驚愕的事物，現在唯一能夠表明希臘古代勢力與富庶的並非
> 傳奇或無稽之談的證據，乃是那些神殿和雕像等等。可是，在柏
> 立克理斯的一切行政措施之中，最為他的敵人們所反對和苛責的，
> 也正是這件事情。他們在人民大會中大聲疾呼地抱怨說，雅典已
> 經喪失它的美譽，在國外到處受人唾罵，因為雅典人把希臘人共
> 有的錢財從第勒斯島 (Delos) 挪到他們自己的掌管之下；他們當初
> 的最好藉口，就是恐怕那些財富會被野蠻民族奪去，所以才拿到
> 雅典收藏，以策安全，現在柏立克理斯卻把這項藉口推翻了，「全
> 希臘人為了戰爭而被迫捐獻的金錢，都被我們肆意濫用於自己的
> 城市，把它周身都打扮裝飾起來，像一個虛榮的女人一般，飾以
> 貴重的寶石、雕像和神殿，耗費了無數的金錢。」
>
> 針對這項指責，柏立克理斯卻告訴雅典人民說，他們無須為那些
> 金錢而向盟邦提供任何的說明，只要他們能夠保衛那些盟邦，使
> 他們不會受到野蠻人的攻擊；而那些盟邦不曾提供一匹馬，一名
> 士兵，或一隻船，只是拿出一些錢，來換取他們的服務；他說，
> 「那些錢已經不為付給者所有，而為收受者所有，只要他們履行
> 了收受那些金錢的條件。」因此，現在雅典的作戰必需品既已準備
> 得很充足，把剩餘的錢財用於那些建設上面，實在是很適當的作
> 法，那些建設在完成之後，將為他們帶來永恆的光榮，目前在進

行期間，也可以使全體人民因而豐衣足食。那些事業需要種種的手藝和技巧，供給種種的服務機會，各行各業所有的人都可以一顯身手，可以說是全城的人都受僱領酬；所以雅典不僅美化自己，同時也在維持自己的生計。年輕力壯的人們都因參加軍隊遠征外國而得到公家的豐厚報酬，至於那些居留國內外的不能打仗的大批工人，柏立克理斯認為也應該使他們領受公家的薪餉，但是不能讓他們不做任何事情而領受薪餉，為了這個目的，他乃提出那些鉅大的建築計畫和作品設計，並且得到了人民的認可，那些計畫要經過相當久的時間才能完成，可以使無數行業獲得就業的機會，這樣一來，居留國內的人民可以像那些或在海上、或駐守、或遠征的軍人們同樣地有個公平的機會，來從公家的錢財裡面分取一份收入。

所使用的材料，是石頭、黃銅、象牙、黃金、烏木、柏木；運用這些材料做工的人則有鍛工、木匠、塑工、鑄工、銅匠、石匠、染匠、金匠、象牙匠、畫匠、刺繡匠和鏇工；此外，還要有人把那些材料運到本城，在海路方面要用商人、水手和船主，在陸路方面要用車匠、牲畜馴養者、車夫、製繩匠、麻匠、鞋匠、鞣皮匠、修路工人和礦工。正像一位司令官的屬下有他的一支軍隊一樣，每一種行業也都有它屬下所僱用的一批職工和工人，結成一個隊伍，來執行他們這一部分的任務。因此，總括起來用一句話說，這些公共建築物和設置所提供的機會和職務，把財富分配給各種年齡和各種身分的人們。〔Plutarch（吳奚真譯），《希臘羅馬名人傳》（上）（臺北：臺灣中華書局，1963），103-105。〕

提洛聯盟在表面上雖然得到各城邦的支持，但實際上仍有不滿的情緒，尤其是斯巴達在波希戰爭後便獨立於提洛聯盟之外，這時更和雅典處於對立的地位，暗中支持各城邦中反對雅典的力量，最後終於導致希臘的內戰。希臘各城邦形成了以斯巴達和雅典為首的兩大集團，從西元前431年一直持續對抗到西元前404年。在這場鬥爭中，雅典有強大的

圖 11-4　交易圖　在一幅瓶畫上，一個坐著的人，名 Alkesilas，正在監督工人將貨物過秤。

艦隊和雄厚的資金，而斯巴達則有精銳的陸軍，但缺乏海上勢力和財力。雅典的情況原本不錯，但領導者柏立克理斯在西元前 429 年去世後，大計乏人主持，於是在西元前 421 年一度與斯巴達媾和。西元前 415 年，雅典名將阿基比阿底斯 (Alcibiades) 率軍大舉進攻西西里島上的敘拉古斯 (Syracuse) 城邦，如果佔領，則雅典可以控制地中海，進而嚴重威脅斯巴達。但在出兵前夕，雅典內部反對他的人設計陷他以叛國罪，於是他只好逃到斯巴達以求庇護，並供出一切進攻的計畫，使斯巴達能及時營救敘拉古斯，結果雅典全軍覆滅，耗盡所有的國力，從此一蹶不振。斯巴達終於在西元前 404 年擊敗雅典。

關於這次內戰，希臘史家修西底的斯 (Thucydides) 的著作《伯洛奔尼撒戰爭史》有詳細的記載。他不但提出了自己的分析，也示範了一個史家在面對複雜的史料時應有的態度：

在這次戰爭剛剛爆發的時候，我就開始寫我的歷史著作，相信這次戰爭是一個偉大的戰爭，比過去曾經發生過的任何戰爭更有敘述價值。我的這種信念是根據下列的事實得來的：雙方都竭盡全力來準備；同時，我看見希臘世界中其餘的國家不是參加了這一邊，就是參加了那一邊；就是那些現在還沒有參加戰爭的國家，也正在準備參加。這是希臘人的歷史中最大的一次騷動，同時也影響到大部分非希臘人的世界，可以說，影響到幾乎整個人類。雖然對於遠古時代，甚至對於我們當代以前的歷史，由於時間的遙遠，我不能完全明確地知道了，但我盡我的能力所及，回憶過去，所有的證據使我得到一個結論：過去的時代，無論在戰爭方

面，或在其他方面，都不是偉大的時代。

……

在研究過去的歷史而得到我的結論時，我認為我們不能相信傳說中的每個細節。普通人常常容易不用批判的方式去接受所有古代的故事——就是對於那些和他們本國有關的故事，他們也是這樣。例如，多數雅典人以為哈摩狄阿斯和阿利斯托齋呑所刺殺的希帕庫斯是當時的僭王，而不知道希比亞是庇西斯特拉圖的兒子中最長者和支配者，而希帕庫斯和帖撒拉斯是他的弟弟。

……

在這部歷史著作中，我利用了一些現成的演說詞，有些是在戰爭開始之前發表的；有些是在戰爭時期發表的。我親自聽到的演說詞中的確實詞句，我很難記得了，從各種來源告訴我的人也覺得有相同的困難；所以我的方法是這樣的：一方面盡量保持實際上所講的話的大意；同時使演說者說出我認為每個場合所要求他們說出的話語來。

關於戰爭事件的敘述，我確定了一個原則：不要偶然聽到一個故事就寫下來，甚至也不單憑我自己的一般印象作為根據；我所描述的事件，不是我親自看見的，就是我從親自看到這些事情的人那裡聽到後，經過我仔細考核過了的。就是這樣，真理還是不容易發現的：不同的目擊者對於同一個事件，有不同的說法，由於他們或者偏袒這一邊，或者偏袒那一邊，或者由於記憶的不完整。我這部歷史著作很可能讀起來不引人入勝，因為書中缺乏虛構的故事。但是如果那些想要清楚地了解過去所發生的事件和將來也會發生的類似的事件（因為人性總是人性）的人，認為我的著作還有一點益處的話，那麼，我就心滿意足了。我的著作不是只想迎合群眾一時的嗜好，而是想垂諸永遠的。〔Thucydides（黃文龍譯），《伯洛奔尼撒戰爭史》（臺北：權力書局），3, 15, 16.〕

我們可以看出，修西底的斯對於史料的鑑別有著相當嚴格的自覺和標準，

他很清楚知道，即使是個人親身經歷或者聽見的事，都不見得完全可靠，何況是二手傳播的消息。

在這場伯洛奔尼撒戰爭結束之後，希臘諸城邦不論勝負，都是元氣大傷，分裂的希臘政治地理再也無法被統一起來。這情況一直到馬其頓 (Macedon) 王國在北方興起才有所改變。但在波希戰爭到希臘內戰的這段期間，希臘地區在政治上的情勢雖然不能說是安穩，在文化上的發展卻極為輝煌，在西方文學、歷史、哲學、藝術的發展史上均佔有重要的地位，這些都是下一章要談的。

第十二章
希臘文化：人文、宗教、藝術

第一節　希臘的宗教與神話

　　考古發掘顯示，西元前七世紀以來希臘人的宗教信仰和麥錫尼時代的宗教有相當密切的關係，而一切重要的神明，如宙斯，則是早期印歐民族所共有的天神。不過到了《荷馬》時代，希臘人已經將這些早期和外來的神明融鑄在他們的神話傳說之中，而我們對於古典時代希臘宗教的了解，也主要靠的是散在各種文學和哲學作品中的神話片段，其中以《荷馬》史詩所保存的最為豐富。

　　在《荷馬》史詩和一些早期文學作品中所呈現出來的希臘神明，不但完全以人的形象出現，而且他們的一切想法、作為，似乎和凡人並無不同。他們之間的鬥爭、嫉妒，以及自私自利的性格，正有似那些爭風吃醋的國王和貴族。事實上，要了解這時希臘人心中神與人的關係，可以把神明和人類想像為一個大的社會架構，在這架構的最下層是一般凡人，其上有貴族、英雄和國王，最上面則是神明。國王和神明之間的關係就像一般人和國王之間的關係一樣，下對上只有聽命，而沒有反對和懷疑的權利。神明的旨意和作為與國王一樣，有合理寬大的一面，也有偏狹、愚昧的一面。國王要如何對待他的屬下，很可能只是他一時的好惡，而不一定是因為任何理性的決定。同樣的，神

圖 12-1　英雄弈棋　希臘製瓶工匠經常將神話傳說故事繪在瓶上，並在人物旁邊注明人物身分，以幫忙觀者了解該圖的內容。在一幅瓶上，荷馬神話中的英雄阿奇力士和他的好友埃傑克斯正在玩遊戲。

圖 12-2　阿奇力士之死　在一幅瓶畫中，阿奇力士全身唯一的弱點被對手發現，被利箭射穿他的腳踵而亡。

明要如何對待人，完全是神明的單方面決定，並不一定是由於神明要保障世間的正義之故。實際上，在希臘文中，至少在《荷馬》史詩中，現代人譯為「正義」的字——dike，其本義只是「習慣上的行為」，通常是作為「某種人的習慣行為」來用，譬如說，僕人的 dike 就是忠心的服侍主人，國王的 dike 就是他有權做他想做的事。神明的旨意，不論合理與否，都是他的 "dike"。當然我們可以想像，某一種身分的人會有某種合於他身分的行為習慣，一個作為領導人物的國王，應該會有比較正直的行為，於是 "dike" 就有了「正義」的意思。在這裡，我們可以用中國的「道」來做此比喻。「道」字的原義是人行的路，引申為人的行為，最後則成為一種宇宙正義和公理的同義詞。總之，在《荷馬》時代的希臘宗教中，神明和凡人最大的不同，不是他們具有巨大的神力（雖然那並不可缺少），也不是具有高尚的道德，而只是因為他們是不死的，而凡人是必死的。

如此看來，希臘宗教中似乎缺乏一種道德的原素，的確，例如在一組有關宙斯的神話中，世界之初是一片混沌，由混沌中生出了地，是所有神明的母親。地產生了天，天地交合產生了日月和一群怪物。天被他的兒子克羅諾斯 (Cronos) 所推翻而囚禁起來，克羅諾斯聽信他父母的預言，說他會被自己的子女所推翻，於是他就把他的子女在一出生之時就吞下肚去。他的妻子在悲傷之下向父母求訴，於是在她又懷孕時，被送到克里特島上去藏起來，生下了宙斯。而後來克羅諾斯又被宙斯所囚禁，最後才創造了人的世界。在這組神話中，兒子推翻父親，父親生吞子女，很難給人一種「神是公正的」印象。不過，神話的功能主要是在給人一種有關世界起源的解釋，這解釋以故事的形式出現，但故事中的情節並

不一定會合於後人的社會和道德理念。

由《荷馬》史詩中的描述看來，詩人所吟唱的，主要是娛樂人們的故事，故事中的希臘英雄們為了自己的榮譽而戰，而神明分別支持希臘人和特洛伊人，有時干預，有時罷手，反而不如凡人有一致性。這情況所透露出的，恐怕仍然是人對於自己的努力沒有一種最終的把握，而命運，也就是神明反覆不定的旨意，是人難以解開的謎團。

實際上，有些比較理性的希臘哲學家就覺得那些神話是虛妄的迷信，是人依照自己在人世間的經驗所創造出來的。西元前六世紀的哲學家賽諾芬尼斯 (Xenophanes) 就曾經語帶諷刺地說，如果馬牛有宗教的話，牠們一定會把牠們的神明想像成馬牛的形象。在他認為，所謂的神明，應該是公正完美和自有自滿的，如果像《荷馬》中所描述的，神明所行的事不見得是公正的，就和神明的定義相互衝突，不能被認為是神，如果他有任何慾望和不可控制的情感，他當然也不可能是神。因此他反對《荷馬》和一些詩人所描繪出的神明形象。賽諾芬尼斯的這種說法，其實可以說是西方歷史上最早以客觀理性方式來討論宗教本質的例子。一直到十九世紀中，這種說法還是有人支持。這種人以自己的形象造神的說法，在西元前五世紀時希臘作者普羅的卡司 (Prodicus of Ceos) 的主張中有進一步的發展。普羅的卡司認為神明代表宇宙中善的力量，在古代能夠給人以良好生活的人物也就被後人認為是神明，為人崇拜。到了西元三世紀，尤西米魯斯 (Euhemerus) 做了更進一步的發揮，他認為所謂的神明，不過是古代的英雄人物，在死後受到人民的崇拜而神化之後形成的。這神化論 (Euhemerism) 的立場在現代也仍有相當的說服力。

不過悲劇作家和詩人卻並不如此反對神話。悲劇作家使用神話作為題材，基本上表現的是人與神意之間的抗爭和人不可避免的失敗命運。為了要表達對人性和命運的看法，他們甚至常在必要的時候為了劇情的需要而更改神話的情節，於是同一個故事在不同作者的筆下常會有不少情節上的異動。其實不只是悲劇或詩歌，在希臘那種地理和政治上分離破碎的情勢之下，人們常常有機會創造新的神話，因而神話有不同的版

本不是重要的問題。在許多時候，希臘人也認為神話是對於某些現象或事件的一種解釋。神話的重要性在於它們與神聖儀式之間的關聯，因為通過對神話的了解，可以提供某些儀式一些解釋，或者說，一些通常都已經文飾過的解釋。詩人們用他們的文字給予個別的神話一種固定而可以紀念的形式，而頌讀這些詩歌又成為每一個慶典的重要節目。

然而，不論是哲學家、詩人，或者劇作家，他們所談論的神話，以及其中所反映出的以宙斯和奧林匹亞 (Olympia) 山神族為主的宗教信仰，主要是上層社會和知識階級所持有的理念，其神人關係的特點是，人和神之間有不可跨越的界限，也就是死亡和永生的分別。人應該認識自己生命的限制，不可妄想永生。在古典時代的希臘社會中，由於《荷馬》史詩具有極大的威權，其中所流傳的宗教理念對一般人有相當重要的影響，也成為城邦中的「公共信仰」，是城邦維持團結的重要力量。但除此之外，希臘人其實也相信另一些可以影響人生禍福的神明，包括對於地下世界以及其中一些神明的崇拜。例如對於地母神狄米特 (Demeter) 的崇拜，主要是一種對於大地生殖能力的崇拜，而在狄米特崇拜之中心地的艾琉西斯 (Eleusis)，人們相信在崇拜者經過一定的潔淨和獻祭儀式之後，可以經歷到一種神祕的經驗，能使人得到永生。這種對於永生不死的嚮往，也表現在許多地方性的英雄崇拜之上。英雄本為凡人，但由於他們所具有的特別能力和奇妙的遭遇，使他們在死後能得到永生。此外，對於酒神戴奧尼索斯 (Dionysus) 的崇拜，在近乎

圖 12-3　戴奧尼索斯　這幅瓶畫描述酒神戴奧尼索斯有一次被海盜劫持，但他讓船桅長出葡萄藤，將水手變成海豚，顯示他的大能。

野蠻的狂歡慶典中,希臘人表達了另一種對於自然界中生殖力量的崇拜。在希臘瓶畫上,酒神祭典的活動是最受歡迎的主題之一。

在城邦時代,最著名的兩大宗教中心為奧林匹亞的宙斯神廟和德爾菲 (Delphi) 的阿波羅神廟。人們由各地前來參拜,不但求神諭,也在固定的時候參加各種音樂和體育競賽。在西元前七世紀末,奧林匹亞的四年一度以尊崇宙斯神為名的競賽活動已經吸引全希臘各地人民來參加。體育競賽以個人為單位,沒有所謂的團隊項目,目的仍然是為了個人英雄主義的展現,而參雜在體育活動之間的音樂表演,則是詩人大顯身手的機會。由於在競賽大會中,希臘各地的人們都要參加,無形中增加了彼此之間的交流和了解,對於一個所謂希臘文化的塑造產生了重要的影響。尤其是競賽一個月的期間,各城邦之間若有戰事,必須停戰,也因而弭平了不少不必要的爭端。不過,一個為各個城邦共享的希臘文化並不見得會造成團結。各個城邦其實仍有極強的自主性和自我認同。只有到了西元前五世紀中,由於受到波斯帝國的威脅,由雅典所領導的一批城邦才團結在一起,一致對抗強敵。但波斯的威脅解除之後,希臘城邦世界又恢復為分裂的狀態。

至於神諭的祈求,以德爾菲的阿波羅神廟最為著名。神諭通常是以神靈附體的方式,降在一位女祭司身上,她於是喃喃出聲,然後再由一名祭司加以解讀。一般人可以向阿波

圖 12-4　德爾菲　德爾菲位於山坡上,圖中由右上至左下依序為運動場、劇場、阿波羅神廟。

羅詢問愛情、婚姻、疾病等日常生活的事項，政客們則詢問軍國大事。由於求神問卜的人來自希臘各地，甚至遠至希臘以外的地區，阿波羅的神廟也就成為當時的一個消息中心。

總之，儀式和神話是希臘宗教的兩個方面，其中沒有創立者、經典或教會組織。在城邦神廟中雖有祭司主持祭典，其功能主要只是執行與廟中主神有關的儀式，並且有時解讀神諭。至於一般公民，以家族為單位，每一個家長均可以在家中自行向神明獻祭祝禱。家中的保護神通常是作為大家長的宙斯，以及作為保護神象徵的家蛇。這種對家蛇的崇拜在各早期文化中，乃至於現代一些農業社會仍然存在著。

第二節　希臘的文學與哲學

希臘衣冠文物的精神遺產是藉著各種文學和哲學作品流傳下來的。由於希臘人在西元前八世紀接受了腓尼基人的文字系統，加以改造，成為一套適合希臘語言的文字，希臘人藉著文字的方便而加速了思想和理念的交流，在短短數百年之間就創造出了許多極為豐富而有深度的作品，影響此後西方文化和思想至鉅。

在希臘文學史上，《荷馬》史詩是一座雄偉的里程碑。論者常以它為世界文學史上的鉅著，雖然它的作者究竟是誰始終是一個未決的問題。《荷馬》史詩中的神話故事影響而且塑造了此後希臘人宗教信仰的特質，而其英雄主題也成為希臘文學作品中不絕的泉源。不過，《荷馬》作者在敘事的過程中始終是採取第三者的旁觀態度，並且沉醉在對一個逝去的英雄時代的歌頌之中。〈伊里亞德〉一開始是這樣說的：

> 阿奇力士的憤怒是我的主題，由於這惹禍招災的一怒，致使宙斯稱心如意，卻帶給希臘人那麼多的苦難，並且把許多豪傑的英靈送達哈得斯，留下他們的屍體作為野狗和飛禽的食物。詩歌女神啊，讓我們從阿卡曼儂和丕留斯之子偉大的阿奇力士的決裂開始吧。究竟是哪一位神使得他們爭吵的？
>
> 阿波羅是宙斯和勒托之子，發動了這場戰爭，是因為阿卡曼儂對

這位神的祭司克利西斯無禮，神就懲罰他，對他的軍隊施放一種
凶險的瘟疫，要殲滅他的部下。在這之前，克利斯希曾經到希臘
人的船舶裡來贖取他被俘的女兒。他是帶著豐厚的贖款而來的，
手裡拿著金杖頂著射神阿波羅的花冠。他向希臘的軍隊求告，尤
其是向兩位司令官，阿卡曼儂和米尼勞斯說：

「我的王爺們，和希臘的將士們，你們是希望掃蕩了普里安王的
都城而平平安安回家的。但願在奧林帕斯山的群神成全你們的心
願——可是有這樣一個條件，就是要你們收下這筆贖款，釋放我
的女兒，以表示你們對宙斯之子阿波羅的尊敬。」

軍士們歡呼起來。他們都願意看見這個祭司受到尊敬，這筆誘惑
人的贖款收受下來。可是這樣的辦法全然不被阿卡曼儂王所稱心。
他就對那老人嚴厲地制止，無禮地斥退了他。

「老頭兒，」他說道：「你別在這些樓船邊逗留，讓我逮捕到，也
別去了又回來，否則你會發現神的金杖和花冠是一樣不中用的護
身物。我絕不會同意釋放你的女兒，正要她遠遠離開她的本國，
終老在阿格斯，在我的家裡，替我織布，和我同床。現在你滾吧，
不要惹我生氣，如果你還要性命的話。」

那老頭兒嚇得戰慄，只好屈服了。他一語不發，沿著那洶湧奔騰
的大海邊走去。但是，後來他看看四周無人，他就向美髮的勒托
之子阿波羅熱烈地祈禱起來：「請聽我，銀弓之神，克利西斯和神
聖希拉的保護者，梯尼多斯至尊的主人。斯明透斯，念我曾經替
你造神廟，博得了你的歡心，念我曾經把公牛或是山羊的肥腿焚
燒給你，請你成全我這個心願吧。請用你的箭讓達那俄斯人來賠
償我的眼淚吧。」

福玻斯阿波羅聽見了他的祈禱，大為震怒，就揹著弓和裝滿箭的
箭囊從奧林帕斯的高處降落。當他出發的時候，這位憤怒之神的
箭在他肩上琅琅響起來；他的下降如同黑夜來臨一般。他來到那
些船舶的對面坐下，就放了一箭，同時他那銀弓嚓的發出一種可

怕的聲響。他先射騾子和敏捷的狗，然後就將他鋒利的箭頭瞄準
著人，一箭又一箭的發射，日夜都有數不盡的屍體在燃燒。〔鄧欣
揚譯，《伊利亞德》（臺北：遠景出版社，1982），1–3。〕

在這樣的敘事之中，神的旨意和神明干涉人間事物是如此的尋常，人雖
以豐盛的祭品向神明祈求幫助，也不一定會得到滿意的回應。神明的作
為，又是相當衝動，甚至缺少智慧的。這些，雖有詩人說故事的誇張和
趣味，也說明了希臘人面對生命中不可知的力量時所嘗試做的解答。

在稍後其他詩人的作品中，個人對現實環境的感受有更直接的表現。
例如相傳由赫西歐德 (Hesiod) 所寫的《神譜》(Theogony) 中，作者將世
界的發展分為五個階段：金、銀、銅、英雄、鐵，他認為自己所處的是
最墮落的鐵的時代，人們不再生活在無憂無慮的世界中，而且須為生活
而辛勞。在他的另一作品《工作與日子》(Works and Days) 中，他以農村
中的各種生活遭遇為主題，將他所認為的「鐵的時代」做了更詳細的發
揮。赫西歐德所描述的時代是希臘由王政轉入寡頭和民主政治的時代，
他對王政多所批評，對勤勞樸素的農民生活及農夫的美德大加讚賞。不
過，由他的說法我們也可以見到，他的農民其實並不是社會中最低的階
層，因為他所描述的農村生活是假設農民可以擁有奴隸，僱用勞工，當
然也有相當的土地。他認為人只要努力、正直，神明自然會照顧他，他
也不以為奴役他人有什麼根本的問題。因而他的心態無異於一個現代社
會的中產階級。

在西元前六世紀中，希臘各地出了不少的詩人，這些詩人不再寫作
如《荷馬》那樣長篇的史詩，而開始以短歌描寫個人情感、生活等各方
面，這些歌辭通常會以七弦琴 (lyre) 伴奏，因而後來就被稱為抒情詩
(lyric)。早期的抒情詩只有少數殘篇流傳至後世，但由其中也可以看出一
些時代心聲。譬如有些詩人描述平民的生活與感情世界，對貴族文化多
方譏諷，顯示出城邦發展中平民意識的崛起。一個名叫阿基洛可斯
(Archilochus) 的詩人留下了以下的詩句：

唉，某個特瑞斯人正在把玩我的盾牌——我丟在草叢邊的那個，

我並不願意，而且它是個很好的盾牌，
但我救了自己，還管它什麼盾牌？
隨它去吧，我會再找個一樣管用的。(C. R.
Beye, *Ancient Greek Literature and
Society*, 122.)

詩中的兵士丟盔棄甲而逃，只為了保命，這種心
態，分明是在諷刺《荷馬》中戰死沙場的英雄。

圖 12-5　謬斯女神　在
一幅瓶畫上，謬斯女神正
在彈奏七弦琴。

另一方面，也有站在維護貴族文化之立場而
發的作品，其內容不外宣揚英雄的美德，教養與
文化的高尚，以及舒適的生活：

我不喜歡一邊在酒缸旁喝酒一邊談論爭
議戰事的人，

最好是與謬斯 (Muses) 女神與愛神的燦爛贈禮相結合，

心中只想著歡宴的魅力。(S. B. Pomeroy et al., *Ancient Greece*,
119.)

謬斯女神是希臘宗教中主音樂與詩文的神明。在宴會中，謬斯與愛
神的來臨意味著音樂、好酒與美女的陪伴。作者在此詩中的心情，與阿
基洛可斯有相當大的不同。

西元前六世紀末，勒斯博斯 (Lesbos) 島出了一位女詩人莎弗
(Sappho)，是相當獨特的例子，因為在當時社會中，極少婦女可以識字，
更不用說有任何文采。但她屬於貴族階級，也是她為何識字的原因。她
在古代希臘世界享有盛名，但留下的詩篇大多殘缺不全。由於她在島上
與一群上層階級的女子為伍，這些女子在出嫁前往往同居一處。在她們
出嫁時，莎弗就贈以情詩，表達自己的思念。後來十九世紀時歐洲文化
界開始談論女同性戀的問題時，就以蕾絲邊 (lesbian) 一詞來指女同性戀
者。以下是幾段殘詩，可以見到她的詩作之一斑：

我真想死，她哭著離開了我。

她又說，我們受了極大的苦痛，

圖 12-6　莎弗　在西元前五世紀雅典的瓶畫上，畫家描繪莎弗和另一詩人阿爾凱歐斯 (Alkaios) 的形象。

莎弗，我不願離開你。

我說，快樂的去吧，

但別忘了我，

你知道我們多關心你。

如果你不知道，讓我提醒你，

我們共享的美好時光。(I. M. Plant, *Women Writers of Ancient Greece and Rome*, 18.)

莎弗的詩反映上層社會婦女的情感與生活，與阿基洛可斯的詩作成為鮮明的對比。此外，詩人品達 (Pindar) 則以替競賽場中勝利者譜讚頌詩而留名。從西元前六世紀末開始，配合酒神戴奧尼索斯慶典所舉行的頌詩節目逐漸發展成為一種表現形式，稱為 Tragodia，原義為「山羊歌」，因為山羊為戴奧尼索斯崇拜的象徵動物。後來 Tragodia 一詞之所以有「悲劇」的意義，主要是由於這類戲劇的主題通常都是比較嚴肅，有關人的意志和神的旨意之間的衝突，而人在這種衝突中最後總逃不了神明所安排的命運。由於每年酒神祭典中劇作家必須以自己的作品參加比賽，遂產生了許多的戲劇作品，可惜流傳至今的只有少數幾人，如悲劇作家艾斯奇勒斯（Aeschylus，西元前 525–436 年）、索弗克利斯（Sophocles，西元前 496–406 年），和尤斯皮底斯（Euripides，西元前 483–406 年）等三人。索弗克利斯的作品〈奧迪帕斯王〉(*Oedipus Tyrannus*) 可能是希臘悲劇中最著名的一齣，其中奧迪帕斯弒父娶母的情節被二十世紀初心理學家弗洛伊德 (Sigmund Freud) 用來作為心理分析的模型。他的另一齣劇〈安提崗妮〉(*Antigone*) 則探討人在信仰和政治倫理之間的衝突。安提崗妮的兄弟因篡位未遂而戰死，她基於作為家人的身分有責任將她兄弟埋葬，但是由於她的兄弟為叛徒，依法不得舉行葬儀，衝突由此發生。人

類社會，也就如劇中情節一般，不斷的在各種複雜的關係中成長。此劇中有一段合唱，道出索弗克利斯深刻的觀察：

世上奇蹟多有，但無事比人為甚。

他能在寒冬風暴中漂洋過海，

而大地，最偉大的神明，從不倦怠，永恆不老，

人用驢和犁年復一年地來回耕耘，能將她磨損殆盡。

他捕捉天上的飛鳥，地上的野獸，海中的游魚，

他用他的網子，這聰明的人。

他控制天上飛的，山上走的。

他馴服野馬，給山間野牛戴上枷。

他教會自己語言，運思如風，

他建了城市，以避風寒雨露。

他總是能解決問題。

他沒有不能面對的未來，

只有死亡他不能逃脫。(D. Grene & R. Lattimore eds., *The Complete Greek Tragedies*, 192–193)

當然，並非所有的故事都是以「悲劇」收場。另有一類「諧劇」(Comedia)，原義為「浪漢之歌」，以詼諧取笑為主，常附在悲劇之後演出，以抒解觀眾的情緒。但其中也有一些用意深長的對於時事、人物的品評，並不專以胡鬧為能事。諧劇作家最著名的是亞里斯多芬尼斯（Aristophanes，西元前 444 年生），他的作品有諷刺好戰的雅典人的，也有諷刺哲學家蘇格拉底（Socrates，西元前 469–399 年）的，透露出一些雅典市井小民眼中的「英雄」和「思想」的荒謬性。

西元前五世紀中的希臘散文作品以哈里卡那索斯 (Halicarnassos) 的希羅多德（Herodotus，約西元前 484–430 年）的《歷史》(*Historia*) 和修西底的斯（Thucydides，約西元前 460–400 年）的《伯洛奔尼撒戰爭史》(*The Peloponnesian War*) 最為著名；前者以波斯和希臘之間的衝突為主題，旁及於波斯帝國的興起和西亞、埃及的歷史與風土人情，是研究西

元前六至五世紀中希臘和西亞地區歷史的重要材料，後者則主要在訴說西元前五世紀希臘黃金時代中雅典和斯巴達之間的戰爭。希羅多德與修西底的斯兩人也成為後世歐洲人歷史寫作的模範。

　　散文寫作的另一形式就是哲學作品。早在西元前六世紀中，小亞細亞的米列托斯 (Miletus) 地方有一些人開始從自然現象來探究宇宙構成的原因，他們的主張被後世的學人引述，得以流傳至今。其中最早的一

圖 12-7　戲劇演員面具　希臘戲劇演員是戴著面具上場演戲的，面具將角色的個性固定，以凸顯其特點。

個哲學家是泰利斯（Thales，約西元前 636–546 年）。據說他能預測日蝕與春秋分，因而證明日蝕與日之長短不是神明所控制的。他又主張萬物的根本是水，因為水可以成為氣體和固體。他認為地球浮在水面上。另一個米列托斯人，阿那克西曼尼 (Anaximenes) 認為空氣是一切的基本元素，火是活躍的空氣，空氣凝縮成水，再縮而成石。他認為地球浮在空氣上。又有名叫阿那克西曼德 (Anaximander) 的，則認為萬物的根源是無垠無邊的，包括乾濕寒熱等相反的東西，萬物是由一種原質經太陽照暖之後變成的。

此外，又有一個著名的天文學及數學家畢達哥拉斯（Pythagoras，約西元前 582–500 年），強調數字和數學對於了解宇宙真理的重要性。三角學上的畢氏定理就是他的發現。在天文學方面，他認為地球是一個球體，位於一些中空的球面體中，眾星附著在最外面一層球面體上，行星則在較小的球面上。最外的星球體每天自東向西轉，而內部的行星球體則以不同的速度由西向東轉。

另一位哲人赫拉克裡特斯 (Heraclites) 則主張火為物質的基本元素。而到了西元前五世紀時，恩培多克裡斯 (Empedocles) 主張一種調和的物質構成說，認為世界上有土、空氣、火、水等四種基本元素。恩培多克裡斯的說法基本上為此後的希臘科學家們所接受，一直要到了中古時代伊斯蘭科學家在煉金術的發展中才有所突破。這些企圖從自然現象來解釋宇宙本質的人，可稱為自然哲學家，不過他們的想法多半散見於後人的記載或引用，本身並沒有留下作品。同樣的，一些其他的思想家，如主張宇宙萬物皆由原子構成的德謨克利圖斯（Democritus，約西元前 476–370 年），他們的思想雖然對後世有很大的影響，但是沒有作品保存下來。

顯然，這些早期的思想家所關注的問題，大多與宇宙的生成和萬物的來源有關，較少觸及人的社會和倫理。但是，從西元前第五世紀開始，有一批人對於政治、倫理和辯論術之間的關係產生了很大的興趣，當時人稱他們為「雄辯家」(Sophists)，他們以教授年輕人各種辯論的技巧謀

生，其中以普洛塔哥拉斯 (Protagoras) 最為著名。在一些後來的哲學家中，雄辯家常常為了求言辭上的勝利而不惜以詭論歪曲事實真理，而他們在辯論的過程中常導致懷疑主義，如一個名叫哥基亞斯（Gorgias，約西元前 483–376 年）的人就曾說：「沒有東西真正存在；假如有任何東西存在，也是不可知的；即使有人知道，也無法向別人說明。」

　　希臘思想史上最著名的人物蘇格拉底（Socrates，西元前 469–399 年）本人雖否認他是一個以教授辯論術謀生的人，他的思想模式和言行無疑曾受到雄辯家的影響。由於他自己沒有著作留下，有關他的思想和生平事蹟主要保存在他的弟子柏拉圖（Plato，西元前 427–347 年）和塞諾芬 (Xenophon) 兩人的著作中。不過由於這兩人的記載有相當出入，而後人又不易分辨何者為蘇格拉底本人的思想、何者為作者自己的思想，因而成為西方思想史上的一大懸案。儘管如此，由兩人作品中相合的部分，也已經可以大致得到蘇格拉底思想和個人面貌。他的思想中心可以說是一種不斷自我檢討自己和別人所持理念是否正確的精神，並且藉著這樣的檢討而企圖追尋宇宙和人生的目的。由於他在雅典城中經常以街頭辯論的模式和人們談論何謂正義、真理、美、善，並且用檢討的結果來品評當時人的行為，因而觸怒了在雅典主政的政客們，認為他的言行不敬神明，並且腐化青年的思想，遂將他起訴。原本他的罪名不必至死，但是在最後由於蘇格拉底不肯讓步承認自己有錯，終於被處死。由於蘇格拉底的弟子中多有屬於雅典傳統貴族階級的人（如柏拉圖），他受到當時以民主之名統治雅典的政客排擠，並不是意外的事。但他的死亡本身對於當時雅典思想界的衝擊，遠不如對於後世西方思想的深遠，主要原因是因為柏拉圖所留下的不朽作品——《對話錄》。

　　柏拉圖以人物對話的形式寫出了蘇格拉底和朋友、弟子之間對各類倫理和社會問題所做的討論。他不但發揮了蘇格拉底的思想，也藉老師之口說出了許多自己的意見。在數十篇對話錄中，感人至深的當屬蘇格拉底的〈自辯辭〉(The Apology)，在這篇作品中，我們可以大致看出，至少在柏拉圖的了解中，蘇格拉底在面臨死亡的威脅時，是如何心平氣

和的檢討自己的思想，又如何分析那些判他有罪的法官們的謬誤。柏拉圖自己對於老師的遭遇極為心痛，也對所謂的民主政治感到失望。在他的對話錄《共和國》(*The Republic*) 中，他提出「哲王」(The Philosopher Kings) 的理念，認為要處理一個國家複雜的政事，只有具有高尚品格和超凡智慧的哲學家作為專制的國王，才有可能達到理想境界。他又建構了一個理想的國家藍圖，在其中每個人都各安其位，以自己的智力才能去工作，而社會中的各種法律制度也能保證每個人行為和思想的正確。這種「理想國」自然並不曾真正存在過，柏拉圖也試圖到西西里島上的一個小王國去教育該國的國王，希望能實行自己的理想，但沒有成功。雖然如此，《共和國》討論了許多政治上的問題，成為此後西方政治思想史上重要的參考資料。

　　實際上，這理想國的主意多少是受到當時流傳在希臘世界關於古埃及文化和制度的一些傳說的影響。對於希臘人而言，埃及這古老的國度有著極悠久的歷史和神祕的宗教文化，自麥錫尼時代以來，當希臘還是蒙昧未開之時，希臘人就已經接觸到新王國的成熟文化。當史家希羅多德在西元前五世紀中去到埃及，他所聽到的有關古埃及的傳說已經將埃及描繪為一個有聖君賢相，人民安和樂利的理想國度，據說不少希臘名人，如哲學家畢達哥拉斯 (Pythagoras) 和政治家索倫 (Solon) 都曾經去埃及尋求智慧。這種理想的描述，在希臘作家的作品中是一種潮流，柏拉圖也是其中之一。但若仔細分析他的描述，可以看出，其實柏拉圖並不真的了解古埃及，他筆下的理想國是假借古埃及之名建構而成的。另一個有關理想國的可能來源，則是雅典的對手斯巴達。在上章中我們曾經提到，斯巴達的軍國主義和集權主義，造成了一個至少從外表看來有效率而有高度社會秩序的國度，這也可能是柏拉圖的靈感來源。柏拉圖本人對於將他的老師蘇格拉底處死的雅典民主並不具太多好感。

　　此外，柏拉圖又有所謂的「理念論」，他認為世間萬物都是不完美的，每一件東西本身都是那真實的理念的反映。例如被稱為「桌子」的一些東西，必定也有共同的「理念」，而這「理念」是上帝所造的真實的桌子，

人所見到的「桌子」只是真實的桌子的影子。柏拉圖的這種理論觸及了哲學上「普遍」和「特殊」的問題，對於此後形上學和邏輯的發展有相當大的影響。

　　柏拉圖在《對話錄》中所呈現的蘇格拉底的思辨方式，可以由下面一段蘇格拉底和友人討論何謂正義的對話中略知一二。我們的重點不在最後蘇格拉底如何界定正義的意義，而是在觀察他如何在語言和概念上以辯證的方式去釐清一些基本的道德和倫理觀念。

文　獻

蘇：……說到正義，正義是什麼？僅只是說實話，不欠債嗎？而且就以這點而言，難道沒有例外？假定一位朋友，在神智清楚的時候，託存武器給我，而在心神喪失的時候來要，我應該把它還給他嗎？總不會有人說我應該還他，或是說還他是對的，尤之於誰也不會說，我對有著他那種情形的人，應該永遠說實話吧？

塞：你說得對。

蘇：那麼，說實話和不欠債可就不是正義的正確定義了。

……

波：不錯。

蘇：那麼，當向我索還的人，是處在神智不清的狀態下，我就決不可以把東西還他了？

波：當然不可以。

蘇：西蒙尼狄斯說償債就是正義的時候，他並沒有包括那種情形啦？

波：當然沒有。他以為朋友應該經常幫助朋友，永遠不應該傷害朋友。

蘇：你的意思是說，如果接與受的雙方是朋友，則交還對受者有害的託存黃金，不能視為償債——你是不是認為他是那麼說的？

波：不錯。

蘇：仇人是不是也應該收回我們欠他們的？

波：當然他們應該收回我們欠他們的。據我了解，敵人欠敵人應該得到的，也便
　　是傷害。

蘇：那麼，西蒙尼狄斯跟詩人一樣，似乎對正義的性質解釋得頗為曖昧，因為他
　　實際的意旨是：正義是給予每個人應份的東西，而他把這種東西稱做債負。

波：他的意旨大約一定如此。

蘇：我的天！假如我們問他，醫藥那種技藝把什麼應份的東西給什麼人，你想他
　　會怎樣答覆我們呢？

波：他一定會回答，醫藥把藥餌滋養給人的身體。

蘇：烹飪把什麼應份的東西給什麼呢？

波：把滋味給食物。

蘇：正義把什麼東西給什麼人呢？

波：蘇格拉底呀，如果我們根據前面的例證來推想，正義便是予友人以善，予敵
　　人以惡的藝術。

蘇：這就是他的意旨了嗎？

波：我想是的。

蘇：在友、敵患病的時侯，誰最能夠益友而害敵呢？

波：醫生嘛。

蘇：在他們航海而碰到海上的風險的時侯呢？

波：領航員嘛。

蘇：一個有正義的人，在什麼行動上和要達到什麼目的上，最能害敵而益於朋友
　　呢？

波：跟前者打仗，跟後者聯盟。

蘇：可是，親愛的波勒麻查斯啊！一個人健康的時侯，並不需要醫生哨。

波：不錯。

蘇：而不航海的時侯也不需要領航員。

波：可不是麼。

蘇：然則在和平的時侯，就不需要正義了？

波：我可不那麼想。

蘇：你以為正義在平時和戰時一樣地有用啦？

波：是的。

蘇：正好像種田為的是得到糧食？

波：是的。

蘇：或者像做鞋為的是得到鞋子——你的意思是這樣的嗎？

波：是的。

蘇：正義在平時有什麼取得的功用或力量呢？

波：正義在契約上有用。

蘇：講到契約，你是指合夥行為嗎？

波：一點也不錯。

蘇：但在一場投箭遊戲裡，是有正義的人還是技術精湛的人，才是比較有用而更好的合夥人呢？

波：技術精湛的那位。

蘇：好吧。還有另一個問題：我們講到友、敵，是指的友、敵呢，還是好像友、敵的呢？

波：唉，人還能不知道愛他認為善的，恨他認為惡的嗎？

蘇：話是不錯；但是，人不是常常弄錯善、惡，或者說不善的好像善，不惡的好像惡麼？

波：那倒是真的。

蘇：對這種人，善人可就成了敵人，惡人成了朋友啦。

波：不錯。

蘇：既然如此，他們對惡人行善，對好人作惡，都是對的了？

波：顯然如此。

蘇：但是善人是有正義的，不會做不符正義的事呀？

波：對的。

蘇：那麼，根據你的論點，傷害那些無辜的人是合於正義的了。

波：不行，蘇格拉底，這種信條是不道德的。

蘇：那麼，我想我們是應該對有正義的人行善，對無正義的人施惡了。

波：這還像句話。

蘇：但是，請你看看結果：對人性無知的人，常常會有有損的朋友，而既然是損友他就應當施惡於他們。他還有是好人的敵人，應當對他們行善。既然如此，我們就得說出，跟我們認為是西蒙尼狄斯的意旨，完全相反的話啦。

波：不錯。我想，我們最好糾正我們在使用「友」、「敵」兩詞上所犯的錯誤。

蘇：什麼錯誤呀，波勒麻查斯？

波：我們把好像或認為是朋友的人，假定為朋友。

蘇：那麼，我們怎麼樣糾正這椿錯誤呢？

波：我們應該說，真正而不僅是好像的好人，是朋友；僅僅是好像，但並不真好的人，不是朋友。在敵人方面，也當如此。

蘇：你爭論的是，好人是我們的朋友，壞人是我們的敵人？

波：是的。

蘇：我們原來是，正義是利友而損敵。現在要改過來，說成：正義是在朋友是好人的時候利他們，在敵人是惡人的時候損他們，是不是呢？

波：不錯。我看這就是真理。

蘇：但是，正義的人應該傷害任何人嗎？

波：他應該傷害那些又邪僻又是仇敵的人，無可懷疑。

蘇：一匹馬受了傷，是變好了呢？還是變壞了？

波：後者。

蘇：換句話說，屬於馬的良好品質變壞啦，但卻不是狗的吧？

波：不錯。馬的。

蘇：如果狗變壞，變壞的是屬於狗的良好品質，卻不是馬的。

波：當然！

蘇：那麼，如果人受了傷害，是不是也會在專屬於人的道德上，變得壞了？

波：當然。

蘇：而那種專屬於人的道德是正義，不是嗎？

波：那是自然的。

蘇：那麼，受了傷害的人必然就會變得不正義了？

波：結果一定如此。

蘇：但是，音樂家能以他的技藝把別人變得不通音樂嗎？

波：當然不能。

蘇：馬師能以他的技藝把別人變得不通騎術嗎？

波：不可能的。

蘇：那麼，正義的人能以正義把別人變得不正義嗎？再就一般而言，好人能以道德把別人變成壞人嗎？

波：絕對不能。

蘇：尤之於熱不能產冷？

波：熱不能產冷。

蘇：或是乾旱不能產生潮氣？

波：顯然不能。

蘇：好人也不能傷害他人？

波：不能。

蘇：有正義的人就是好人、善人？

波：當然。

蘇：那麼，傷害朋友或其他的人都不是有正義的人的行為，而是與正義的人相反，也便是沒有正義的人的行為啦。

波：我想你說的話都是真的，蘇格拉底。

蘇：那麼，如果有人說：正義在於償債，善是有正義的人欠朋友的債，惡是他欠仇敵的債——這種說法是不智的。原因是，如果像我們已經明白表示的，傷害人既無論如何都不合正義，這種話就不是真的。

波：我的意思跟你一樣。

蘇：那麼，我倆都決心反對任何人，把這麼一句話歸咎給西蒙尼狄斯、畢亞斯、

皮塔克斯，或是任何其他的智人或先知啦？

波：我完全下了決心，跟你並肩作戰。

蘇：我把那句話是誰說的告訴你好嗎？

波：是誰說的？

蘇：我相信是裴連德、蒲迪卡斯、塞克西斯、西庇斯人依斯門尼亞斯，或者其他
　　的有錢有勢的人，是最早說出，正義「意指利友損敵」的人。這種人總覺得
　　自家很了不起。

波：一點也不錯。

蘇：好吧。不過，這個定義既然也不能成立，我們還能想到什麼別的

〔侯健譯，《柏拉圖理想國》（臺北：聯經出版公司，1980），9–21。〕

　　柏拉圖的弟子亞里斯多德（Aristotle，約西元前 384–322 年）可說是
集希臘哲學思想大成的人。他的著作約可分為形上學、倫理學、物理學、
政治學、論理學等方面，對後世的影響都甚為深遠。在近代之前，亞氏
的理論，尤其是物理學和論理學，雖然體系宏偉、架構嚴謹，卻也包含
了相當多的謬誤，使得近代的科學家和哲學家必須花非常大的力氣才能
推翻他的學說。亞里斯多德是希臘古典城邦時代最後的一位大哲學家，
他的思想雖然和柏拉圖不同，但均為希臘城邦生活的產物，他的政治學
和柏拉圖的《共和國》一樣，都是以城邦為考慮的對象。在他之後，由
於他的學生亞歷山大所創造的大希臘世界的出現，逐步摧毀了希臘地區
城邦式的政治單位，成為大領土國家，於是人們關心城邦政治和公共道
德的興趣也隨之消失，而代之以專注於個人內心平安的生命哲學，如伊
比鳩魯 (Epicurean) 和斯多葛 (Stoicism) 學派等，這些，在本書後面會再
談到。

第三節　希臘的藝術

　　和希臘的文學與哲學足以相互輝映的，是希臘藝術成就。從西元前

五世紀以下，希臘的藝術，不論是建築、雕刻、繪畫，都成為羅馬的模範，而在幾乎二千年之後的文藝復興時代，又成為藝術家靈感的泉源。不過希臘藝術本身有其發展的軌跡。在麥錫尼時代，希臘地區所遺留下來的一些工藝作品大致上是受到邁諾安文化的影響，但這傳統在麥錫尼文明衰亡之後並沒有留下痕跡。從西元前十世紀開始，隨著文化活動的復蘇，希臘地區出現了一種新的工藝型態。這就是第十章中提及的「原初幾何型紋飾」(Proto-Geometric)。西元前第九至第八世紀，有所謂「原初幾何型紋飾」。在「原初幾何型紋飾」時期的後期，人物和動物的形象也開始出現在瓶畫中，但這些人物的型態和安排模式所產生的視覺效果仍然是幾何形的。這些人物的形狀雖然與後來希臘瓶畫上的人物相去甚遠，但逐漸的，人物的安排顯示出某種故事性，似乎瓶畫的作者們開始訴說一些流傳在當時的英雄故事，或者社會中的某些活動。這種敘事兼裝飾的瓶畫風格從此成為希臘瓶畫的主要特徵，而它們的出現正和《荷馬》史詩開始在希臘社會中成形有著相對應的關係。在西元前六、五世紀的瓶畫中，我們可以辨認出許多神話和英雄故事的片段，這些也反映出故事在一般人日常生活和心中所佔有的重要地位。

圖 12-8 　大理石人像　這是典型古典時代希臘大理石人像作品，人物全身的肌肉骨骼幾乎近於完美。

在雕像方面，一直要到西元前第七世紀後半期才有較完整的大型石雕人像出現，不過此時的石雕像製作仍在初期的摸索階段，在表情、姿態、對肌理的掌握方面都不夠成熟，同時其人物的姿態也顯示出受到埃及人像傳統的影響。到了西元前第六世紀中以後，石雕人像的技術逐漸成熟，線條和造形漸趨圓潤活潑。但真正的成熟期是在西元前五世紀中，且以雅典地區的作品保

圖 12-9　銅像　這是在馬拉松外海打撈起來的古銅像，約作於西元前 340 年。

圖 12-10　希臘風格繪畫　此畫是在羅馬時代古城龐貝遺址一間房間壁上發現的，可能是羅馬人根據希臘繪畫原本模仿而成。

存最多、最好。此時的石雕人像已經完全擺脫了早期那種僵硬的直立姿態，而能表現人物在生活中各種不同的情況的形象，同時對於人體肌肉和骨骼的架構也有透徹的了解。西元前五、四世紀希臘的人像雕刻（包括銅鑄像）成為西方雕像藝術史上的一個尖峰，其品質一直要到文藝復興時代才被超越。

　　值得注意的是，雕像上通常有彩繪，時間久了之後，顏色脫落，還原為白色，倒成為現代一般人的印象。

　　和雕像同為希臘藝術代表，並且和雕像有密切關係的，就是神廟建築。在神廟屋檐下的三角牆上，通常都會附有和廟中神祇有關的雕像，在神廟之中，當然也有所奉神明的塑像。雅典城的巴特農 (Parthenon) 神廟（建於西元前 447-433 年）已經是希臘建築藝術的代名詞，其架構的均勻、比例的協調，也是經過了上百年的發展歷史才達到的結

圖 12-11　希臘風格繪畫在史塔比 (Stabiae) 地方出土的仿希臘繪畫。

果。

希臘的繪畫藝術除了表現在無數的瓶畫之上，也有各種的壁畫。但由於壁畫的保存不易，現下只有從羅馬時代的一些模寫作品之中得知一二。

整體而言，希臘的藝術作品，在其成熟時期表現出一種既重整體均衡和諧（如神廟及其上的雕像組合）、又能兼顧個體活潑表情（如瓶畫上人物）的精神。值得注意的是，這些所謂的藝術作品其實都有它們的實用目的，不但各種有瓶畫的瓶子是日常生活之中的用具，如酒瓶、杯子、油瓶等，許多雕像也都是城邦為了紀念某個英雄人物而塑造的，或者是作為獻給神明的禮物。這些，當然都和當時的社會與經濟生活有密切的關係。

第四節　希臘的社會與經濟生活

在雅典城中，民眾大致分為三種階級：公民、外邦人 (Metics)、奴隸。雅典公民的父母均為雅典人，十八歲以上的男性即為公民大會的一員，有投票的權利。婦女則沒有選舉權，不能擔任公職，在法律上也沒有直接繼承遺產的權利。從當時的文學作品中，人們常得到的有關婦女的印象，是婦女們似乎生活在一個完全男性中心的社會之中，除了在家裡織布、煮菜之外，沒有其他的活動，而萬一必須外出，也受到嚴密的看顧。一些哲學家，如柏拉圖和亞里斯多德，都說過一些貶低婦女的話，而雅典最著名的政治家裴瑞克利斯據說也曾經說：「女人所能有的最好的名節就是不要給男人談論，不論是好或不好。」

不過這些一面倒的有關婦女地位的印象是否能夠真正反映出當時婦女

圖 12-12　織布的婦女

的社會地位？如果考慮我們現下所能見到有關雅典生活材料的性質，就應該有所保留，因為那些作品原本的目的不在描述當時的婦女地位，何況，即使雅典女性沒有投票權，也並不表示雅典人不尊重女性。十九世紀以來，有不少西方史家以為，雅典婦女被禁錮在家中，只有風塵女子，所謂的 hetaira，才有可能在社交場合和男人來往。但這說法也只是反映了十九世紀歐洲史家的社會經驗。事實的真相可能是，雅典的婦女，如許多其他社會中的女性一樣，雖然在法律和政治上受到不平的待遇，但仍可從其他方面伸張她們的意志。這種看法可以從亞里斯多芬尼斯的一些諧劇中得到印證，因為這些諧劇可說是直接反映了當時雅典觀眾的部分心態。在一齣諧劇中，一群雅典女子為了反對男人成天在外打仗，要爭取自由的生活，便團結起來，以不和丈夫親近作為手段，來迫使男人就範。這雖是虛構的情節，卻也顯示出雅典人的男女關係並非完全的單方面壓迫，同時，一些悲劇中對於不少出色的女性角色的描繪，似乎也不像是一個婦女地位低落的社會能夠產生的。在瓶畫中，以女性和女性活動為主題的作品更是十分普遍，至少表示雅典人對這些活動有正面的看法。

當然，雅典的情況可能和其他城邦不同。斯巴達的婦女就和雅典不一樣。由於斯巴達男人不能擁有私人財產，又有很長一段時間不能有真正的家庭生活，婦女自然有較大的自由和自主權。斯巴達女性也一樣的接受各種體能訓練，是為了要有健康的身體來養育健康的下一代。

在教育方面，一般希臘男孩可以去學校學讀、寫、音樂、體育，而女孩則在家中學習家事。但在當時，學校教育只有少數上層階級才能享受，而且對一般希臘人而言，在對話、辯論、劇場、運動場中，他們有更多的機會學習到傳統的習俗和價值觀；讀和寫的能力並非一個人發展為一健全公民唯一或必要的條件。

希臘的城邦政治雖然對後世留下深刻的影響，但事實上大部分所謂的城邦公民仍然是散居在城外鄉間的農民。這些農人，以雅典為例，大多為自有耕地的農民，也因而為城邦步兵來源，因為只有擁有產業的公

圖 12–13　瓶畫　瓶畫中也常有日常生活的片段，畫中兩人正在肢解一頭牛。

民才有資格和能力自行購置武器鎧甲。又因為他們在農村生活中所培養的堅忍、保守的性格，他們是城邦生活模式的忠實護衛者。不過，他們也許不了解所謂民主的政治運作，也沒有多餘的時間去城裡參加各種會議。

真正以城市生活為主的市民，大多從事各類工商業。雅典商人雖然足跡遠達黑海和埃及、敘利亞沿岸，但雅典的經濟主要仍然是一種半自足的經濟，輸出酒、橄欖油，輸入希臘本土比較不容易多產的穀類。他們的生活模式，大致也和農人一般簡單：主要的食物為麵包和薄酒，配以菜蔬和豆類，肉類是比較奢侈的享受。衣服也甚為單純，基本上是一大塊麻或毛質的布料，以簡單的剪裁套或裹在身上。至於居住的房屋，不論是在鄉下或城裡，都是相當簡陋，和宏偉的神廟或劇場成為強烈的對比。有人因而據此說明希臘人的生活注重的是公共生活面，對於個人的生活享受並不看重。

在城邦中參加生產活動的，尚有所謂的外邦居民 (Metics)，也就是外來的移民。他們一般不能成為城邦公民，也不能擁有土地。不過他們可以擁有錢財，經營工商。奴隸也是當時社會中重要的組成分子，其來源通常是其他國家的戰俘、罪犯，也有遠自非洲而來的黑奴，希臘人本身為奴的佔極少數。奴隸的工作一般分為家事和生產兩大類，最悲慘的命運是被送到礦場去工作。由於工作環境惡劣，去者一般都沒有生還的機會。不過在城市中從事手工業生產的奴隸一般生活情況並不特別苦。他們的工作性質基本上和主人並無不同，唯一的差別是，他們的主人可以隨時放下工作去參加公民大會，奴隸只能繼續工作下去，他們生活的希

望在於可以累積財產，最後贖回自由之身。一般而言，奴隸和主人之間的關係並不是一直處在衝突對立的情況。社會中的衝突主要是發生在公民和公民之間，如土地分發和稅收的問題，奴隸和外邦居民基本上不加入這些衝突的。

但是奴隸的存在和公權力的限制，我們可以看出，產生了輝煌文化的希臘社會和希臘人大部分並不真正認為「平等」是一種重要的社會倫理，所謂「民主」也只是具有狹隘限制的一種政治制度。雅典固然產生了蘇格拉底，也產生了將蘇格拉底處死的「民主政府」；柏拉圖固然可以說是希臘精神衣冠文物的化身，但他基本上卻是一個不信任民主，也和當時社會格格不入的哲學家。亞里斯多德的哲學體系博大精深，但他也曾說：「男性生來就比較優秀，女性比較不優秀，所以男性統治女性是天經地義的事。」我們在讚嘆希臘衣冠文物的精緻面時，也應當對它比較不成功的另一面保持平衡的觀察。這樣不但不會減弱其成就的光芒，反而更能讓我們產生同情的了解。

第十三章
亞歷山大時代：希臘文化的擴散

第一節　亞歷山大與帝國的創立

在伯洛奔尼撒戰爭結束之後，斯巴達成為希臘世界的主人。有三十年之久的時間，斯巴達以強硬的軍事手段控制不服領導的城邦，大小戰事不斷。在此期間，雅典和另一城邦底比斯 (Thebes) 為二個較大的獨立勢力。西元前 371 年，底比斯的軍隊大敗斯巴達軍，但並沒有能夠建立自己的領導地位。希臘城邦陷入一片混亂之中。東方的波斯帝國在此時又取得了小亞細亞希臘諸城邦的控制權，並且在幕後操縱希臘各城邦之間的關係。

在這時候，希臘的命運因為馬其頓 (Macedonia) 的興起而有了轉變。馬其頓原為希臘北緣的一個相當大但衰弱的國家，但自從西元前 395 年一個叫腓力普的人取得王位後，靠他的才能、馬其頓的銀、金礦，開始整頓軍政，向外用兵。他首先降服了東方及北方邊界外的異族，再回頭對付希臘諸城邦。由於各城邦之間無法共同合作，許多城邦本身又充滿了各種社會問題，使得腓力普的勢力發展得很快。此時的雅典恰好出現了一個極為出色而又愛國的政論家德謨斯坦尼士 (Demosthenes)，他以強而有力的演說極力鼓吹城邦意識，設法團結雅典公民，一致出力對抗腓力普。然而一般雅典（或其他城邦）的公民這時卻不再對城邦的生存和自由有無上的興趣，而將注意力放在和個人生活直接相關的事務上，顯示出自西元前六世紀以來發展出的希臘城邦精神正在逐漸的瓦解之中。

這種情況是如何發生的？有些史家認為最主要的原因是由於一種個人主義的興起，以及各種行業專業化加深的自然結果。以藝術作品的表現來說，從西元前第四世紀以後，藝術作品的表現，由從前那種一味追

求「理想型」，一種完美勻稱、但可能實際上不存在的形象，逐漸轉變為如實的表現世間美醜的各種面貌。這種轉變當然不僅是技術表現上的改變，也代表了人們的基本價值觀有了改變，簡言之，就是重視每一個個體本身的價值。價值在於個體獨立性的表現，而不在於一種無個性的理想形象。

在政治方面，原本城邦生活中最主要的原則是每一個公民都有機會參政，這種政體要求每個人都對所有的公共事務有一定程度的興趣和處理能力。但從另一個角度來說，希求每個人都有類似的興趣是不切實際的理想，而即使有了興趣或能力，也是一種「業餘式」的能力，樣樣事皆通的反面即是樣樣皆不精，這是柏拉圖之所以不信任當時那種會將蘇格拉底處死的民主政治的一個主要原因。當雅典在和斯巴達的長期鬥爭之中，為了實際的需要而逐漸發展出了相當專業化的軍事和經紀人才之後，「業餘式」的城邦政治體系也就逐漸的瓦解、變質。尤其是商業活動不但沒有因戰亂蕭條，反而更由於各城邦之間的競爭而大為發展，造成貧富之間差距的加大，也破壞了城邦生活原有的秩序。

德謨斯坦尼士的苦心孤詣後來雖一度激起雅典人同仇敵愾之情，但終於抵不過腓力普的軍隊。西元前 338 年，雅典俯首稱臣。不過，腓力普在兩年之後被謀殺，使得他的政權立刻陷入危機。當時希臘各城邦尚未完全臣服於馬其頓的統治，若沒有人能夠接替他的地位，那麼他所建立的勢力必定會迅速瓦解。然而事實正好相反，他二十歲的兒子亞歷山大 (Alexander) 於西元前 336 年即位為王，在此後的十三年之中，不但成為全希臘的領導者，更征服了波斯，建立了史無前例的大帝國。羅馬史家普魯塔克對亞歷山大有如下的描述：

> 亞歷山大由於他的父親被殺而繼承王位的時候，只有二十歲，當時這個國家的處境可以說是危險重重，強敵環伺。那些和馬其頓比鄰的野蠻民族都不甘被奴役，急於獲得他們本族的帝王的統治；在希臘方面，雖然腓力普已經戰勝了希臘人，但是還沒來得及完成他的征服工作，使他們死心塌地的服從他的統治，所遺留下來

的完全是一個紛擾混亂的局面。在馬其頓人看起來，當時似乎是
一個很危險的時期；有些顧問人員勸告亞歷山大完全放棄希臘各
邦，或者至少不要以武力壓制他們，而要用一種溫和的手段，來
贏回那些企圖叛亂的野蠻部落的效忠，並且設法在反叛剛剛開始
的時候，就採取安撫和防範其擴大的措施。但是，亞歷山大以為
這項建議過於懦怯，而未加採納，他認為他唯一的自保之道是持
著一種堅定態度和寬宏精神，如果卑躬屈節，其結果只有鼓勵大
家都來欺負他。於是他極其迅速地遠征那些野蠻人的地區，深入
多瑙河流域，在那裡把特里巴利 (Triballi) 人的國王舍瑪斯
(Syrmus) 打得一敗塗地，因而敉平了野蠻人的騷亂，以後不必再
擔心他們有發動戰爭之可能。當他聽說底比斯人從事叛亂，雅典
人也響應他們的時候，他馬上率軍通過德摩比利 (Thermopylae)，
並且對狄摩西尼斯 (Demostheness)——當他在伊里瑞亞人和特里
巴利人中間的時候，這個人曾稱他為幼兒；當他到達帖薩利的時
候，稱他為少年——說，等他抵達雅典城下的時候，他將成為一
個堂堂的男子漢了。〔普魯塔克 (Plutarch) (吳奚真譯)，《希臘羅馬
名人傳》，191。〕
亞歷山大到底具有何種性格和能力，以至於能有這樣的成就？普魯塔克
的說法是這樣的：

在他幼年的時候，有一次，波斯國王的使臣們來訪，正好他的父
親腓力普不在，他便代表他的父親接待他們，同他們侃侃而談，
他的彬彬有禮的態度，使他們對他深具好感，而他所詢問的一些
問題，既不幼稚，也不瑣屑（他所問的是：通往亞洲內地的路途
的長度，和道路的情形、他們的國王的性格、在對敵作戰時做出
怎樣的表現，以及有多少兵力可以調往戰場），他們對他大為讚賞，
並且認為腓力普出名的精明，如果同他的兒子在這麼幼小的年紀
就已經表現出來的上進精神和不凡抱負比較起來，實在是不值一
道了。每當亞歷山大聽說他的父親腓力普佔領了一個重要城市，

或者贏得一場重大勝利的時候，他不但完全不因此感覺高興，反而總是對他的友伴們說，他的父親把樣樣事情都預先做好了，將來他和他們便沒有機會來完成偉大的輝煌事蹟了。因為他所熱衷的是功業和榮譽，而不是享樂和財富，所以他認為，他從他父親那裡所承襲的疆土愈廣，他將來表現身手的餘地愈少；他寧願繼承一個陷於憂患與戰爭之中的王國，使他得到一片廣大的榮譽的園地，可以時常有機會發揮自己的勇氣，而不願繼承一個已經繁榮而穩定的王國，使他不能有所作為，只是享受奢侈逸樂的分兒。

〔普魯塔克 (Plutarch) （吳奚真譯），《希臘羅馬名人傳》，184。〕

如果這段描述具有一些真實性，我們可以說，亞歷山大個人的人格特質和他日後的成就有相當大的關係。他即位的前兩年主要在鞏固希臘本身的疆界，平息各城邦的反抗。然後，他於西元前 334 年進入小亞細亞，次年在敘利亞北方伊蘇斯 (Issus) 地方大敗波斯王大流士三世，又揮軍南下，征服了埃及，並且造訪了在三角洲西方西窪 (Siwa) 綠洲中的安夢神廟。據說該廟的祭司稱他為「宙斯之子」，也就是相當於傳統埃及國王的稱號「安夢之子」。這顯然是一項事先安排好的戲碼，目的就是為了要讓亞歷山大取得埃及統治者的合法身分，也是為了要讓埃及政府官僚和宗教機構較容易接受他的統治。然後他再度北上，追擊大流士三世，深入兩河流域的心臟地帶，取得巴比倫城。當大流士三世於西元前 330 年被部下謀殺之後，亞歷山大可以說已成為波斯帝國的新統治者。他繼續揮軍東指，掃除殘餘的反抗勢力，一直到達印度河流域，直到他的軍隊耗盡力氣不肯再前進為止。西元前 324 年，他班師回到巴比倫，繼續計畫征服阿拉伯沙漠，但卻於西元前 323 年因得熱病而去世。

亞歷山大雖然在這樣短的時間之內建立了一個龐大的帝國，但卻沒有時間仔細的處理帝國中各種新舊雜陳的問題。在他死後，名義上帝國疆域有希臘本土、馬其頓、小亞細亞、敘利亞、巴勒斯坦、埃及、兩河流域、波斯，東和印度接壤。在這廣大而文化差異極大的區域中，他所賴以維持統治權威的，除了個人的領導魅力之外，也因為他能夠善於掌

握各地原有的傳統而為己所用。如在
希臘本土，他主要是以柯林斯聯盟
(Corinthian League) 的身分統治，而在
馬其頓，他維持國王的身分，但同時也
讓臣民保持一些傳統的權力。不過到
了埃及，他就成了有絕對權威的法老，
是神的化身。在巴比倫，他也有絕對的
權威，但順應當地的傳統觀念，不自認
為是神明。對於比較頑強的腓尼基諸
城邦，他只要求他們作為附庸。

圖 13-1　亞歷山大像　這是一幅著
名的鑲嵌畫，描繪亞歷山大與大流士
三世的戰爭。

　　在財經方面，亞歷山大設法在他
的領土內統一幣制，但是在一些原來
就很重要的商業中心，如巴比倫、賽普
勒斯、腓尼基城邦等，他仍舊允許舊的
幣制。由於他連年用兵，財力的消耗極大，因而稅收成為帝國極為重要
的問題，在他去世時，其實財庫已經所餘無多。

　　在社會方面，隨著希臘軍隊的深入波斯帝國，亞歷山大沿途留下一
些部隊駐紮在重要的據點，後來這些據點遂成為一些新的城市，成為希
臘文化的傳播站。亞歷山大似乎也有促成東西種族融合的企圖，他鼓勵
希臘軍人和波斯女子結婚，自己也娶一波斯公主為妻。

　　在歐洲史上，亞歷山大一向被視為是一個幾乎無人可及的偉大英雄。
但他到底有何重要性？現代史家對亞歷山大的看法大致分為兩類：一類
認為他具有一種改變世界的偉大思想，要讓希臘文化成為當時他所知道
的世界的主流文化。但他又主張各民族之間的地位應該是平等的，所以
他倡導一種在當時超乎一個國家或一種文化之上的普遍文化，打破傳統
的文化界限。這種新文化也就是「希臘化文化」。這種看法顯然將亞歷山
大視為一個具有崇高理想的文化人。但另一種史家的看法基本上認為亞
歷山大並沒有什麼崇高的理想，而只是一個精明善戰的將軍，一切作為

都是隨性所至，事先並沒有征服世界，創造新文化的野心。但是他在政治上把從前東西之間的隔絕打破了，卻是引動此後歷史發展的一個重要關鍵。當然，後人如何去衡量亞歷山大，其實反映出的是後人對歷史知識的性質和價值的判斷。由後世歐洲中心的角度出發，對亞歷山大的英雄崇拜其實是對歐洲政治和文化霸權的肯定。打破亞歷山大的英雄形象，則是二十世紀後期對歐洲和西方文明霸權的反省和反對的一部分。

　　不論我們從哪一個角度來看亞歷山大的成就，都可以說他的確是站在一個歷史的分水嶺之上，在他之前，希臘文化雖早已開始和東方接觸，但不如他之後普遍的進入西亞各地，希臘文化不再局限在希臘城邦之間，而成為西亞一帶共同的文化基礎。

第二節　希臘化世界的形成

　　亞歷山大死時沒有繼承人，唯一的遺腹子並無法和亞歷山大一些強有力的部將對抗。在這些將領中，一位名為托勒密 (Ptolemy) 的取得了埃及的統治權，後來襲取了王位，成立了托勒密王朝，一切名號仍然依照傳統的形式，自稱法老，並且開始在埃及各地重建、新修許多神廟。由於托勒密王朝能夠掌握埃及社會中的菁英分子、教士階級，使他們甘心為希臘主人服務，因此托勒密在埃及的統治能夠維持一段相當長的時間，直到西元前 30 年才為羅馬所併。不過托勒密王朝在對待埃及人時雖以傳統王朝的繼承者自居，實際上他們並沒有放棄希臘文化。王朝在三角洲西北角新建的亞歷山卓 (Alexandria) 大力引進當時希臘世界的文化菁英，並建立一座規模龐大的圖書館，使得亞歷山卓成為以後數百年之間地中海南緣最重要的文化中心。據說這圖書館的目的是要收藏所有用希臘文寫下的書籍，最多時有七十萬卷紙草文書。

　　托勒密王朝的統治，根據羅馬人的記載，是相當腐敗的，主要的問題有二：一是王室生活的奢侈，一是王室內骨肉相殘，鬥爭慘烈。但在王室之外，托勒密王朝仍然算是相當強盛，與西亞其他王朝之間以聯姻方式結盟，擁有不少海外屬地。而與雅典和一些希臘城邦之間也保持良

好的關係。同時，除了亞歷山卓之外，他們也在埃及其他地方興建希臘式的城市，其中有希臘神廟，以及代表希臘公民生活和文藝精神的半圓形劇場等等。希臘移民可以在其中過著與在希臘本土相類的生活。這也就是所謂希臘化時代的文化移植現象，埃及不過是大希臘化時代希臘文化向外擴散的一部分地區而已。不過，為了與埃及原本的統治階層，包括教士階級，保持合作關係，並且表示認同埃及傳統，托勒密王朝在埃及各地大肆興建傳統埃及神廟，其統治者並且以傳統法老的形象出現在各種祭典儀式之中。於是托勒密統治者有兩重形象，一是對希臘或馬其頓人而言，他們是希臘式的統治者，但對於埃及人而言，他們也可以是合法的埃及統治者。這種政策後來在羅馬人接手統治埃及之後仍然延續，於是羅馬皇帝在埃及也稱為法老，雖然他們基本上並不會到埃及去親自統治。在這種政策之下，傳統埃及宗教活動一方面有部分與希臘羅馬宗教融合，另一方面也遵循古老的宗教傳統，因而有好些至今保存相當良好的神廟，如丹德拉 (Dendera)、艾斯那 (Esna)、艾德符 (Edfu)、孔翁波 (Kom Ombos)、腓力 (Philae) 等地的神廟，都是托勒密時代或羅馬時代興建的。在希臘羅馬統治的漫長年代中，這些傳統式的神廟成為古埃及宗教傳統的最後堡壘，在外在世界不斷變化之中，這些神廟中的教士們卻維持傳統宗教祭典和儀式，並且在神廟壁上將這些祭典儀式的過程和祭文不厭其煩的刻寫下來，似乎是為了要讓這些文獻作為對神明的永恆獻禮。現代學者因為有了這一批材料，才得以明瞭古埃及宗教祭典和活動的一些細節。

　　到了大約西元前 270 年左右，在經過數十年的戰爭之後，亞歷山大的另一名將領賽流卡斯 (Seleucus) 控有帝國的中部，建立王朝，包括小亞細亞、敘利亞、兩河流域等地。此外，馬其頓本身則為安提哥努斯 (Antigonus) 所據，另外還有一些較小的王國。但這簡單的描述遠不足以呈現亞歷山大死後數十年間希臘世界所經歷的大動亂以及勢力範圍的不斷變化。大致上，一直到西元前 220 年左右，希臘和西亞世界的這三大強權基本上保持均勢狀態。其間希臘諸城邦在馬其頓王國的威脅之下仍

圖 13-2　艾斯那神廟　此神廟基本上保存完整。由於其四周的民居在經過二千年的居住，地基不斷升高，如今神廟已經深陷在現代地面以下，形成奇特的景觀。

圖 13-3　羅塞塔石碑　在西元前 196 年的 3 月 27 日，埃及祭司會議為了紀念托勒密五世（西元前 204–180 年）加冕為埃及王，立了一座石碑，用希臘文、古埃及象形文，及埃及日用草書等三種文字刻寫，內容敘述國王的功業，並且透露出當時政治情勢其實並不安穩。這塊石碑於西元 1799 年被拿破崙的部下在羅塞塔地方發現，成為日後學者破解古埃及象形文字的關鍵文獻。

然形成一些聯盟以圖某種程度的獨立地位。從西元前 220 年以下，希臘化世界又有了新的變數加入，在東方，新興的安息王國 (Parthia) 於西元前 170 年開始，逐步取得波斯地區的統治權，而在西方則有羅馬的興起。在西元前第二和第一世紀中，羅馬逐漸將其勢力深入地中海東岸，在幕後控制了希臘諸城邦以及托勒密王國和領土已大為縮小的賽流卡斯王國，最後終於接收了所有環地中海地區的統治權。

　　因此，從亞歷山大東征開始，一直到羅馬征服埃及為止這一段時間中，希臘文化隨著希臘人的足跡擴散至西亞各地，加上來自希臘的統治者主動推行希臘化的努力，希臘文化在地中海東緣的地區由移植而生長，成就了一種新的文化面貌，就是所謂的希臘化文化。在這個希臘化的世界中，由於統治者為希臘人，而他們所使用的語言為希臘文，遂使希臘文成為當時各地通用的官方語言。當地人若要在新政府中工作，或者和希臘人往來，都必須先學會希臘文，以至於各地原來的語文逐漸廢而不用，如埃及文和巴比倫文等，最後終於成為死文字。生活在巴勒斯坦地方的猶太人也逐漸忘掉了本來的語文，而必須要將他們的經典《舊約》翻譯為希臘文才能了解。而在幾個希臘化王國之中，以賽流卡斯王國推行希臘化最為著力，他們在小亞細亞和敘利亞各地廣建希臘化的城市，其中以敘利亞的安提阿 (Antioch) 以及巴比倫附近的賽流西亞 (Selucia) 最為宏偉。相對的，托勒密王朝在埃及所建的希臘化城市就比較有限，但僅亞歷山卓一城也足以稱為希臘化文化的中心了。亞歷山卓代表希臘化時代在地中海東岸新興的一些城市，這些新城市大部分是由於貿易圈的擴大和貿易路線的改變所造成的。相對的，原來希臘世界中的一些城邦則因新的經貿形式出現而失去了原有的重要性。

　　但是這種希臘文化在東方社會中的根能有多深？以新的希臘式城市來說，大部分這樣的城中，主要的居民仍然是當地人民。另外有少數的希臘軍人和商人，他們是建城的元老，也多半都娶當地女子為妻。當這些城市逐漸發達之後，城中所有的建築、所行的法律制度，很可能都是依照希臘本土城邦的模式，不同之處在於這些城市不再是獨立的城邦，

而必須受中央政府的管轄。因此在這些城市中，我們或許可以說，希臘
文化的一部分的確被移植過來了。但是這些城市，尤其是位於內陸的，
對於當時諸王國所據有的地方而言，無異是一些散布在沙漠中的綠洲，
希臘文化對當地廣大人民的影響到底有多深，實在是值得懷疑的事。尤
其是，古典時代希臘城邦的自治精神在此時已不復存在，而被大政府官
僚制度所取代。因此我們所知道的「希臘化文明」毋寧是在希臘式的城
市中所發展出來的一種殖民地文明。譬如在托勒密時代的埃及農村中，
我們就極少看見希臘文化的影子。希臘統治者和當地人民之間的不和，
很清楚的表現於埃及人的幾次叛亂，以及巴勒斯坦地區的猶太人不斷反
抗賽流卡斯王朝以及其希臘文化的繼承者羅馬的行動之中。

第三節　希臘化文明

　　不同文明相接觸之後，相互影響是自然的事。希臘人將他們的文化
帶到東方，無可避免的也會受到東方文化的影響。因而所謂的希臘化文
明其實是融合了兩方面文明的產物，雖然基本上我們仍可以認得出其中
希臘文化的成分比較重。這混合的情況很清楚的表現在當時的宗教信仰
之中。

宗　教

　　古典希臘城邦的宗教與神明，在每一個城邦都有其固定的地位，如
雅典娜為雅典城的主要保護神，對於一個公民而言，崇拜雅典娜是公民
的責任，是他的政治生活的一部分。這類由《荷馬》史詩所定型的宗教
系統其實在當時就已經是知識分子所懷疑的對象，但是作為城邦生活團
結的象徵，這宗教仍然廣泛的存在於人們的日常生活中。這種情況到了
希臘化時代逐漸發生了變化。首先是城邦的瓦解，各人所屬的政治單位
由原來結構緊密的城邦變為龐大的國家，城市中一般個人對於政治的運
作不再有機會過問，只好轉求一己生活上的出路。連帶著，和城邦政治
生活緊密結合的宗教信仰也隨之淡化。這種個人主義的傾向其實在希臘

化時代開始之前就已經出現了，政治上的大變局不過加速了它形成的過程。在另一方面，反映城邦政治生活的《荷馬》式宗教衰落了，但是一直存在於民間的一些祕密宗教，如有關地母神狄米特 (Demeter) 以及流行在小亞細亞諸城邦的奧菲爾斯 (Orphius) 信仰等，在這時卻因為其超越城邦限制以及其非政治的特性而興盛起來。這些神祕宗教的共同特徵在於其對死後復活的信仰，以一種個人與個人之間祕密結社的方式維持共同信仰和儀式，同時相信他們的神明會予每個人以特別的照顧，因此在個人與神明之間有一種親密的關係，人向神明的祈求也逐漸由只重外在的祭儀轉向內心的告白。對於命運之神 (Tyche) 的普遍信仰，也從另一方面反映出當時人對於生命的無常有深切的感受。

　　但希臘化時代宗教中一項更具特色的因素是與東方宗教的混合。隨著希臘人的深入西亞社會，他們和古老的埃及、兩河流域、波斯和敘巴地區的宗教有相當多的接觸。於是他們也開始接受艾西斯、奧塞利斯等東方神明為他們崇拜的對象。不過在這接受的過程中，希臘人並不是完全接受了這些東方神明原來的宗教意義和他們所代表的整套宗教系統，而是因著其與神祕、再生和救贖等觀念相合之處而發展，又與希臘原有的神明結合，而鑄造成一種新的神明。例如奧塞利斯被托勒密一世塑造成一位希臘男性神明，成為賽拉比斯 (Serapis)，在希臘化世界中廣為推行，不過他的形象和埃及傳統宗教中的奧塞利斯毫無相似之處。艾西斯不再只是奧塞利斯忠實的妻子、國王的保護者，而結合了敘利亞女神阿絲塔提 (Astarte) 和希臘愛情女神阿弗若黛提 (Aphrodite) 的性格，成為整個地中海地區共同崇拜的大母神。這種情況在作家阿普列歐斯 (Apuleius) 的《金驢》(*The Golden Ass*) 中記載的艾西斯崇拜的入教過程可以得知一二：

　　　　於是，神的靈影，散發著醉人馥郁的阿拉伯香氣，以神聖莊嚴的聲調向我吐露她的話語：「看啊！逸休斯 (Lucius)，我來了。你的淚水和祈禱令我感動。我來拯救你。我是萬事的母親，萬物的主宰，世界的種子，神威的領袖，陰間一切之后，天界一切之尊者。

眾神與眾女之中，唯我以此形象顯現。由於我的旨意，天空的星辰，海上的和風，陰間悲涼的寂靜都因而如此被決定。全世界各地以各種方式，不同的習慣，許多相異的名稱敬拜我。皮西納斯 (Pessinus) 的裴瑞基 (Phrygians) 人最早稱我為眾神之母；土生土長的雅典人稱我為塞・米樂哇 (Cecropian Minerva)；海中的賽普勒斯人 (Cyprians) 稱我為帕・維納斯 (Paphian Venus)；善射的克里特人稱我為笛・笛阿娜 (Dictynnian Diana)；有三種語言的西西里人稱我為地府的普羅舍頻 (Proserpine)；艾勞西安人 (Eleusians) 則以我為他們古代的女神塞瑞斯 (Ceres)；還有些人稱我為朱娜 (Juno)、貝羅拉 (Bellona)、希卡特 (Hecate)、蘭魯西亞 (Rhamnusia)。真正以真名艾西斯 (Isis) 女后稱呼我的，以兩種伊索匹亞人為主。一種居住在東方，因晨光而獲啟迪；一種即埃及人。他們對各種古代的信仰最為擅長，而以合宜的儀典敬拜我。看啊！我來了，憐憫你的遭遇和苦難。看啊！我出現，對你施以援手。你不要再哭泣，不要再悲傷。將你的哀痛一掃而去。因為，看啊！因為我的力量，神采奕奕的日子又來到……。

……你在世上的日子將蒙祝福，由於我的指引和保護，你在世上的日子將榮耀。當注定的一生終了，你將赴陰間。在阿奇隆 (Acheron) 幽黯的地府，你將見到我在地下的空中，燦爛閃耀，一如你現在所見到的我。你將見到我在冥川斯笛克斯 (Styx) 的深流中掌理一切，而你，一位在伊利希樂園 (Elysian Fields) 的住民，必將以我為恩人，加以敬拜。如果我發現你順從我的旨意，為我的宗教而誠心敬奉。由於你的不變忠節，你知道，只有依賴我恩賜，你命中注定的壽數得以延長。〔邢義田編譯，《古羅馬的榮光——羅馬史資料選譯》第一冊（臺北：遠流出版社，1998），659–660。〕

艾西斯之所以在此具有這許多不同的名字，說明了此時有一種在宗教上混同合一的思想傾向，即人們在交通發達之後，開始覺得各地的神明，

尤其是最有能力的大神，其實名異實同，都是同一個神明。這種一神化的傾向與主張一神信仰的基督教雖不一樣，但卻提供了可以相容的思維背景。

哲　學

當一般大眾在宗教中找尋救贖之道時，知識分子則在哲學中追求解答。在西元前第四世紀中，雅典仍然是希臘哲學思想的中心。柏拉圖所創立的「學院」(Academy) 中，一代代哲學家們仍然熱切的研究學問，但討論的重點已經由柏拉圖寬闊的思想天地轉向比較狹窄的人生哲學。在學院之外，一些新的學派方興未艾。由一名叫戴奧堅尼斯 (Diogenes of Sinope) 的哲學家所開創的犬儒學派 (Cynicism) 提倡一種單純、樸素、不修邊幅、不敬世俗權威、不受一切習俗束縛的生活。他倡導這種生活，目的是在無所阻礙的去追求倫理和道德的自由，但是由於他所主張的手段相當的反時俗，因而也常受到誤解。從一則有關他的傳說中，我們可以約略得知他的風格。據說亞歷山大有一次訪問他，問他說：「你難道不怕我嗎？」他答道：「為何？你為何物？是好的或是壞的？」亞歷山大說：「是好的。」他於是說：「那麼，誰會怕好的？」亞歷山大問他有何請求，他卻無動於衷的說：「走開，不要擋住我的陽光就行了。」

犬儒學派的精神有部分又為季諾（Zeno，約西元前 335–263 年）所領導的斯多葛 (Stoicism) 學派所繼承。斯多葛學派的主要觀念是：世界為神所創造，並且以一種絕對和諧的方式將宇宙一切事物都安排在一連串的因果關係之中。人所能做的，也是所應該做的，就是努力的去了解神的安排。了解的方式是艱苦的自我克制和禁慾，只有當個人肉體的慾望和弱點被克服之後，人才能有清明的知覺。反對斯多葛學派哲學的人認為，這種觀念基本上是自相矛盾的，因為他一方面採取宇宙命定論，另一方面又要強調個人有追求道德的自由意志。但是這一點並沒有阻止他成為知識分子所熱切研討的對象。

和季諾大約同時的另一位思想家伊比鳩魯（Epicurus，約西元前

342-270 年）則開啟了另一條通向幸福之路。伊比鳩魯接受了稍早希臘哲人德謨克利圖斯（Democritus，約西元前 476-370 年）所提倡的原子論，認為宇宙萬物乃是由無數極為細小的原子所構成，原子以不同的方式組合，遂有各種不同的事物產生。人在這樣的宇宙中，唯一值得追求的就是個人的快樂。不過，人在追求快樂的時候，應注意不要造成痛苦的後果，而要得到不造成痛苦後果的快樂，人只有追求心靈恆久的平靜和道德上的滿足。這滿足是與肉體、感官、短暫的享受無關的。因此他所提倡的追求快樂並不是一般世俗的快樂，而是心靈的解放。這道理和佛家的說法是可以相通的。

伊比鳩魯本人相信宇宙間有神明，但他認為神明高高在上，不會以人間世事自擾，人也不用恐懼神明的譴罰。至於死亡，他認為人既然由原子組成，在原子仍形成時，我們不會感到死亡，而當原子解散，人的生命消失，也自然不會有任何感覺，人的生和死是不會碰面的兩件事，所以死亡毫不可畏。他本人雖然的確達到極高的自我克制的精神，但他的學說卻常受到別人的誤解，認為他提倡的是一味追求肉慾的快樂主義。

斯多葛和伊比鳩魯兩派思想在希臘化時代之所以流傳甚廣，主要原因就在於兩者所具有共通之處：他們都注重個人幸福的追求，同時強調個人在內心修養上的功夫。他們已經不再以某一城邦的公民自居，而是世界的公民。這些都與當時整個希臘化世界的變動息息相關。

文學藝術

文學的創作在希臘化時代也朝向個人主義發展。以戲劇為例，這一時代的戲劇以喜劇為主，最著名的作家米南德（Menander，約西元前 349-291 年）所寫的作品主要在表現日常生活的瑣事和男女之間的愛情遊戲，而不再關心城邦政治的公共道德，可以作為一普遍性的代表。這種作品和古典時代以亞里斯多芬尼斯為代表的喜劇中那種以政治、時事、道德為諷刺題材的精神相去甚遠。詩歌類作品中主要以田園生活或者城市百態為題材，古典時代那種對英雄、神明和城邦的歌頌也不復出現。

在散文方面，以歷史、傳記和烏托邦文學為大宗，可惜作家雖多，除史家波利比阿斯（Polybius，約西元前 204–122 年）外，真正有偉大作品傳世的並不多見。但另一方面，在文學的研究上，希臘化時代可以說是古典希臘文學開始成為學術研究對象的時代。學者們開始研究《荷馬》和早期詩人的作品，在亞歷山卓圖書館中，學者的工作受到政府的支助，有後世國家研究院的氣象。

希臘化時代的藝術作品在技巧方面繼承了古典時代的成就，可以說達到登峰造極的境界，但其作品所表現的精神卻又有所不同。在古典時代，一般藝術作品注重的是整體的勻衡與和諧，表現在建築上是如巴特農神廟那種線條簡單、比例合宜的作品；表現在人像雕刻方面則是一種永恆的理想面貌，安詳、平和、不帶激烈的表情。此外，藝術作品的功能主要是為了城邦的公共生活，雕像中的英雄和廟宇中的神明是城邦團結的精神象徵。一般公民是不會在個人的住宅中使用這些藝品作為裝飾的。但是在希臘化時代，城市中豪華富麗的私人宅第和王室宮廷工程成為建築的焦點，其表現出對個人財勢的誇耀，是古典城邦中的公民所不能想像的。同樣的，藝術品不再只是公共生活的象徵，而成為私人欣賞所用的裝飾品，其表現的方式，以人像為例，傾向於描繪現實生活中的景象，不避美醜，且喜誇張的表情和姿態。最能表現這一時代的大眾口味的藝品，應該是所謂的小泥塑像 (terracotta)。這類泥塑像的內容極為豐富而生動，由於是用模子複製，品質粗糙，但可以廉價大量生產，成為一般百姓在家中常見的裝飾品。

但這種一般性的描述不應令人有希臘化時代的作品不如古典時代作品有價值的感覺，因為事實上不論是作品出土地區或是表現的主題等方面，希臘化時代所反映出的世界比城邦時代以雅典為代表的世界遠為複雜而多樣。而以單一作品的品質而論，被公認為希臘雕像藝術之極品的「米洛斯的阿弗若黛提」(Aphrodite of Melos) 就是希臘化時代的作品。

希臘化時代在科學上的發展也相當值得注意。在亞歷山大之前，希臘的學者已經在數學和醫學方面有相當的成就，而亞里斯多德更為系統

圖 13-4　　小泥塑像

圖 13-5　　米洛斯的阿弗若黛提
這可能是希臘雕像中最著名的
一座。

化的研究方法立下規模。亞歷山大本人相當鼓勵科學研究，而在他的大帝國建立之後，希臘人又能直接接觸巴比倫的天文學，產生了很重大的影響。以亞里斯塔可斯 (Aristarchus) 為主的一些天文學者認為太陽的體積遠比地球為大，而且地球和其他行星是繞著太陽運行的。可惜他的理論在當時無法用觀察證明，最後是主張地球中心論的喜帕可斯 (Hipparchus) 和托勒密 (Ptolemy) 等人的理論為人所接受，而且一直要到西元十五世紀末才被哥白尼 (Copernicus) 所推翻。

和天文學有密切關係的數學和幾何學在此時代中的成就也相當輝煌。歐幾里德 (Euclid，約西元前 323-285 年) 編著的《幾何原理》一直到西元十九世紀時仍然是學校中的教本，而另一學者阿基米德 (Archimedes，約西元前 287-212 年)，則算出了圓周率的近似值，發明了許多精巧的機械，並且在羅馬攻打敘拉古斯時用他發明的守城工具抵抗羅馬人達三年之久，成為一位傳奇人物。

在醫學方面，赫羅非魯斯 (Herophilus，約西元前三世紀) 據說是第一個實行人體解剖的醫生，他發現血管中運送的是血液而非空氣，並發現神經和脈搏的生理作用。其後伊拉西斯特拉圖 (Erasistratus) 更進一步的發現動脈和靜脈相通，以及運動和感覺神經的不同。

　　不過這些科學方面的成就大多是極少數的人在一些大城市中所達成的。希臘化時代的王朝，如托勒密和賽流卡斯王朝，都相當提倡科學，但這並不表示他們自己或當時人的生活能脫離宗教和信仰的圈子。各種占星術、魔術其實在社會中極為流行，從著名的小說《金驢》中，透過主角逸休斯 (Lucius) 的遭遇，我們可以認識到這樣一個社會。

　　希臘化社會在東地中海地區一直持續到羅馬帝國時代。實際上，當羅馬於西元前三世紀末年向地中海東部擴張其勢力時，希臘化時代早已開始。羅馬人接觸、接受、並且保存一部分的希臘文化，其主要的媒介就是希臘化時代的文明。在政治上，羅馬征服了希臘化世界，在文化上，羅馬卻成為希臘的學生。

第十四章
羅馬：由傳說到共和

第一節　早期義大利半島文明

　　當希臘人於西元前八世紀中積極向地中海西緣殖民時，他們在義大利半島的南端和西西里島上建立了不少新的城邦。但在義大利中部，也就是在羅馬北方的區域，希臘人遇到一批相當強悍的民族，稱為伊特拉士坎人 (Eturscans)，阻止了希臘人的進路。這伊特拉士坎人是從何而來的？現代學者尚在爭議之中，有人主張他們從小亞細亞經歐路進入義大利，也有人認為他們是原來就住在義大利的。不論如何，可以知道的是，他們文化的形成是經過一長時間的過程，其源頭早已深埋在史前時代之中。在西元前七世紀時，伊特拉士坎人已經是半島上文化最高的民族。他們的語言系統和印歐語言完全不同，但是他們卻借了希臘人的文字系

圖 14-1　伊特拉士坎壁畫　在一座墓室中的壁畫上，早期伊特拉士坎的工匠描繪宴會進行的情況，可能是希望死者在地下世界中仍然可以享受生活。

統，用來拼寫自己的語言。他們所留下來的文獻材料至今尚無人能解讀。不過他們後來又將經他們改造過之後的希臘字母轉給羅馬人，也就是拉丁文。由此，可以看出伊特拉士坎人在文化上對羅馬有相當重要的影響。

在藝術方面，伊特拉士坎人也從希臘接受了不少造形上的概念，表現在壁畫、雕像、瓶畫之上。但很明顯的，長期以來，伊特拉士坎人並沒有失去了他們特有的風格，他們注重生動、動感、奔放熱情的風格，和古典希臘或早期希臘的藝術作品都有相當距離。

義大利中部臺伯河 (Tiber R.) 下游區域，稱為拉丁 (Latin) 平原，其他居民自古與伊特拉士坎人比鄰而居，屬於印歐民族。根據後人傳說，在特洛伊戰爭之後，英雄安尼亞斯 (Aeneas) 到了義大利，他的後代有個女子和戰神馬爾斯 (Mars) 生了一對雙胞兄弟，羅姆魯斯 (Romulus) 和雷穆斯 (Remus)，國王命令將雙胞胎遺棄在臺伯河邊，但被一頭母狼帶回去哺乳，後來被一牧羊人發現而收養。羅姆魯斯有一次和雷穆斯相爭，殺了雷穆斯，其後又在臺伯河下游七個小山丘上建立了城池，即以羅姆魯斯之名稱為羅馬。

傳統推算建城的時間為西元前 753 年，許多學者懷疑其可靠性，因為有關此事最早的說法也只出現在西元前三世紀中。不過，近年義大利考古學者在羅馬舊城址發掘出據說要比西元前八世紀更早的城牆殘址，可能可證明羅馬城的建立其實較傳說中更早。羅馬共和時代末期著名的作家，也是元老院一分子的西塞羅 (Cicero)，曾經為文討論羅馬城的優越地位：

羅姆魯斯將羅馬城建在臺伯河邊，還有什麼比這表現的

圖 14-2　羅馬的創造者　傳說中雷穆斯與羅姆魯斯兄弟二人是由一匹母狼養大的。

更為智慧？這個位置可以得到一切臨海的好處，卻又可避免一切臨海的壞處。臺伯河的河水永不枯竭，寬廣的水流平穩地流入大海。因為利用臺伯河，羅馬可以從海上輸入所缺，也可以輸出多餘的物產。因為有這條河流，羅馬不但自海上，也可以自陸上利用河運，輸入一切生活和文明必需的物資。……

談到羅馬城的天然防衛，誰能粗心到不在心裡對它的輪廓留下明晰的印象？羅姆魯斯和繼承他的國王，很有智慧地設計了羅馬的城牆線和走向。城牆一律建在陡峭險峻的丘坡上，……由面向敵人的一道巨大的壁壘和深廣的壕溝包圍。……在高盧人來襲的可怕時刻，它仍然固若金湯，牢不可破。此外，羅姆魯斯選擇的這個地點，雖然在容易滋生疾病的區域，卻有豐富和宜於健康的水泉。因為四周多為山丘，居住在此不但可享山間微風，同時也可享受山谷下的蔭谷。〔邢義田，《古羅馬的榮光——羅馬史資料選譯》第一冊（臺北：遠流，1997），92-93。〕

根據羅馬史家傳統的說法，由西元前 753 年至西元前 509 年是羅馬的王政時期，羅馬由國王所統治。在這一段時期中，羅馬由一小聚落發展成為一個有組織的國家，國內也逐漸分化為貴族和平民兩大階級。在這段期間，羅馬人和附近的伊特拉士坎人有密切的關係，而王政的最後一段時期，伊特拉士坎實際上是當時義大利中部最強大的力量，甚至羅馬王位亦是由伊特拉士坎人所擔任。到了西元前 509 年，伊特拉士坎王為一批羅馬貴族所推翻，廢除了王政，建立了「共和」。

第二節　羅馬共和的發展

共和時代早期，羅馬在國防上有相當大的危機，受到附近山區居民的侵擾。而國內又因為平民和貴族之間的衝突而無寧日。到西元前三世紀中期，羅馬終於擊敗了世仇伊特拉士坎人和入侵的高盧人 (Gauls)，統一了義大利半島。而國內政治也經過長期的鬥爭、妥協，共和政體大致成形。此時，政府組織大約如表 14-1 所示。

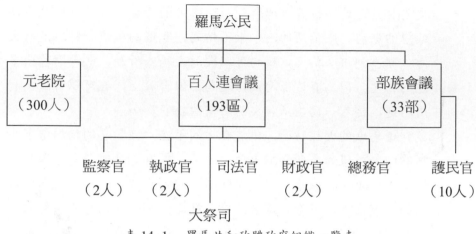

表 14-1　羅馬共和政體政府組織一覽表

　　理論上，羅馬全體公民是國家的主人，這是以希臘式的民主為基礎而建立的想法，但當然實際上政府的運作必須有各種組織和部門。在羅馬公民這空泛的概念之下，有元老院 (Senate)，百人連會議 (Centuriate assembly)，以及部族會議。元老院有元老 (Senator) 約三百人，理論上是一個諮詢機構，元老為終身職。他們的成員主要是退休的高級官員或地方首長，因此大體上是一群貴族，也代表了羅馬社會的菁英分子。他們政治經驗豐富，其意見常常左右政局，對政府的運作發生了相當重要的影響。

　　所謂的百人連會議是以一百人連 (Centurion) 為單位的集會，共有一百九十三個單位，在這些單位中的公民都有某種財產和年歲的限制，而富有的公民所在的百人連其實人數可比貧民的百人連少，也就是說，人數本來較少的富人卻可以控制人數較多的百人連。由於百人連會議是選舉重要官員、立法、宣戰、締約的機構，所以羅馬的政治實際上等於控制在少數貴族手中。

文　獻

　　根據一個羅馬史家 Dionysus of Halicarnassus 的說法，百人連會議的組織和運

作是這樣的：

較早時，每當元老院有關乎人民的議案，須要公民投票的時候，即由執政召集百人連會議。首先依據法律，行獻祭。有些獻祭的儀式至今仍未中斷。習慣上，公民召集在城中的戰神廣場 (Field of Mars) 上，依據每人所屬的百人連，和連旗列隊排開，如同在戰場上一樣。他們並不是每一個人都同時行使投票權，而是依序以百人連為單位，由執政召喚投票。百人連共有 193 個，分屬六個階級。第一個受召喚的是財產最多，作戰時排在最前面的百人連。第一階級共有 18 個騎兵連和 80 多個步兵連。其後受召投票的是財產次多，作戰時位置較次，武器裝備亦次一等的百人連。這一階級有 20 連，外加由木匠、甲冑匠和其他製造軍事器械工匠組成的兩個連。再次，受召投票的第三階級次於第二階級，作戰時排在第二階級之後，持有的武器亦不如排在前列的階級。第四階級接著投票。他們的財產更少，武器更輕簡，作戰時處於更安全的位置。這一階級有 20 連，和他們排在一起的另有兩團號角手和喇叭手。第五個受召投票的財產甚少，只有標槍和投石器為武器。他們因為輕便機動，作戰時沒有固定的位置，追隨附屬於重裝士兵之後，進行戰鬥。第五階級有 30 連。公民中最貧窮的最後投票。他們在人數上不下於所有其他階級的總和，卻只組成一個百人連。他們不必應召作戰，也不必像其他階級依階級等級納軍賦，因此在投票上亦最不受尊重。

如果那些作戰排在前列的騎兵連與步兵連共 98 個，在投票時意見一致，投票即告結束，其餘的 96 連不再受召投票。如果意見不一致，再召第二階級的 20 連投票，依序類推，直到有 98 連意見相同為止。通常，第一次投票，爭論的問題就解決了，無須再召其他的階級。問題爭議難決，必須召喚最後一個最貧窮公民組成的階級來投票的情形很少發生。前 192 連投票各佔半數，須加最後一票才能決定的情況事實上是（不可能）的奇蹟。（邢義田，《古羅馬的榮光──羅馬史資料選譯》第一冊，146–147。）

部族會議是羅馬公民所組成的另一個參政會議，主要是平民階級的人參加。這是由於羅馬在早期發展中，平民為重要兵源，因而有談判的

條件，加上一些稍有財富的農人和工商領袖的支持，於是產生了這種部族會議，將人民分為三十三個部族，部族會議可以選舉十名護民官 (Tribune)。護民官原來僅在稅收和立法方面替人民爭取權利，後來地位愈形重要，具有否決政府在羅馬城內任何不公平措施的權力。

由這兩種會議所選出來的官員，除了監察官 (Censor) 是五年一任外，其餘都是一年一任。在所有的這些官職中，執政官 (Consul) 為政府最高行政首長、軍隊統帥。在重要軍事行動上，必須得兩個執政官意見一致時才能進行。而遇到真正危急的情況時，羅馬人可以另推一個獨裁 (Dictator)，具有絕對的權力主持國政，為期六個月。司法官 (Praetor) 基本上為羅馬的治安首長，控制治安部隊。總務官 (Aedile) 和財務官 (Quaestor) 則分掌公共建設和國庫。監察官的任務在監督各項工程，決定公民繳稅和服役的名單並為元老院排名。

這樣一種政府組織，並不能算是真正的民主，不過它所具有的行政、立法、司法等相互制衡的原則，卻是古代世界中絕無僅有的，即使是以現代人的觀點來看，羅馬人所設計的這套制度是許多號稱現代民主國家所不能達到的。而羅馬人對於政府和人民之間的權利關係的思考，也不是許多現代人所具備的法政概念。總之，羅馬的制度影響了十八世紀法國政治思想家孟德斯鳩，從而發展出他的三權分立說，成為現代民主思想的重要基礎。

文獻

波利比阿斯論羅馬政體

說到羅馬的政體，它包含有三種成分。每一種成分各有其治權，而各部分的治權在整個國家裡又被很謹慎地、均衡地節制著。因此，沒有人，甚至沒有一個羅馬人能夠確定羅馬的政體在整體上，到底是貴族政治，民主政治，或是君主政體。無怪乎，如果僅僅觀察執政官 (consuls) 的權力，我們將不由得以為羅馬為君主制；如果最後將眼光放在一般人享有的權利上，它似乎又像民主制。這些部分

過去各有什麼權利？現在雖然小有變化，但情形又如何？這將是下文要說的。

執政官除非領軍出征在外，否則是羅馬最高的行政總管。所有的官員除了護民官 (tribunus)，都受執政官的領導與節制。執政官向元老院引見外國的使者，也向元老院提出須要元老院議決的議案，並執行元老院的決議。如果有須要人民授權的軍國要事，執政官負責召集公民大會，向公民大會提案，並執行大多數的決議。在備戰與有關作戰的事務上，執政官擁有幾乎完全絕對的權力。他們有權以他們認為適當的方式，向盟邦徵集一切援助，有權任命軍隊司令官，有權徵兵並挑選適當服役者。此外，執政官有全權懲處所有麾下的人員。他們可以動用他們認為必要的一切公款，伴隨執政官的財政官將完全聽命於執政官。以上將執政官擁有的權力檢視一遍，即可證明我們說羅馬為君主政體之不虛。事實上，它是君主政治一個明白的例證。如果以上所說的情形已與今日不同，或者在未來將有改變，都不會影響我所說的真實性。這也適用於我以下所說的。

接著我們看看元老院。元老院有控制國庫、管理收支之權。財政官未得元老院命令以前，不得對政府各部門撥出任何公款。唯一的例外是執政官提出的要求。元老院也控制到目前仍然是最大，最重要的花費，亦即每五年由監察官 (censors) 動支，用來補修或興建公共建築的費用。監察官除非獲得元老院同意，否則無法得此經費。所有發生在義大利，需要進行公開審查的罪案，如：叛國、謀亂、毒殺、蓄意謀殺，都由元老院掌理。此外，如果有義大利盟邦的個人或盟邦與盟邦之間有任何爭執須要解決，有任何懲罰需要估量，或有任何要求協助或保護，也都由元老院管轄。在義大利以外的地區，如果有必要遣使調停戰爭中的邦國，或促其履行應盡的職責，或有時對他們提出要求，接受他們的歸順，或對之宣戰，也都屬於元老院的權力範圍。同樣的，對外國使者的接待和給外使答覆，亦由元老院決定。以上這些事都和羅馬人民無涉。因此，當執政官不在羅馬，一個在羅馬的人將會以為羅馬的制度是完全的貴族政治。很多希臘人以及國王就以為如此，因為他們和羅馬發生交涉，幾乎都由元老院決定。

現在我們自然會問：在這個制度下，元老院有這麼多權力，尤其是它控制了財政收支，而執政官在備戰以及戰爭中又有絕對的權力，那麼，還有什麼權力是

留給人民的？留給人民的有一部分，而且是最重要的一部分，即一切榮譽與懲罰出於人民。此二者是唯一能使王國、國家和人類社會結合為一體的力量……人民有權處理許多以罰金為懲罰的案件，尤其是罰金相當高或被罰者居於較高公職的案件，人民也是唯一能裁定死刑的法庭。在這方面，有一點特別值得一提，即一個在羅馬因死罪有待公民投票定刑的人，只要有任何一個必須投票的區部 (tribus)尚未投票定讞，他都有權公然離開羅馬，自我放逐。他可以到那不勒斯 (Naples)、伯來尼斯特 (Praeneste)、提伯 (Tibur) 或其他與羅馬有約定的城市去求得庇護。

再者，授予適當的人選以公職，由人民決定。這是對美德最光榮的報償。人民有通過或廢除法律的絕對權力。最重要的是由他們決定和戰，由他們批准或否決與盟邦訂立條約，中止與外邦的敵對狀態或終止條約。這一切又將使我們以為羅馬最主要的力量在人民手中，而認為他們的政體是民主政體。（邢義田，《古羅馬的榮光——羅馬史資料選譯》第一冊，198–200。）

共和時代的後半期，羅馬開始向海外擴張。在東方，他們參與了希臘化社會諸王朝之間的鬥爭，逐漸控制了希臘半島；在南方，他們遇到了最頑強的敵人，就是立國於北非的迦太基 (Carthage)。

迦太基是一個腓尼基殖民地，早在西元前八世紀就已在北非立足，後來逐漸控有地中海西部各腓尼基殖民地，成為一個強權。迦太基的政治制度相當穩定，基本上與羅馬類似，而以海外貿易為主要的經濟生計。於是在羅馬和迦太基均向外發展時，遲早要產生衝突。從西元前三世紀中到二世紀中，羅馬和迦太基之間發生了三次大規模的戰爭，雙方損失慘重，最後迦太基終於被滅亡。當西元前 146 年，羅馬將軍西庇歐 (Scipio Aemilianus) 眼看迦太基陷入一片火海中時，不禁流下眼淚，因為，據他的好友、著名的希臘史家波利比阿斯說，他擔心有一天羅馬也會遭到不可避免的毀滅命運。

文 獻

波利比阿斯論迦太基

　　迦太基的政治體制，在我看來，大致上原本設計甚佳。他們有國王，有代表貴族勢力的長老會議 (the assembly of elders) 和有適當權威的人民。其國家結構非常類似羅馬和斯巴達。不過，當漢尼拔戰爭開始時，迦太基的政治制度衰退了，而羅馬的制度日漸改善。每一種生物有機體，每一個國家和每一項活動都會經歷一個自然的週期，從生長、成熟而終至衰亡。當個體組成的每一部分都最為強健，也就是個體達於極盛之時。因此，這兩個國家在此時顯現出他們的差異。迦太基要遠比羅馬興盛和繁榮得早。當迦太基極盛而衰時，羅馬則正如日中天。這至少從政治制度上來看是如此。當迦太基人民在國家事務已居於主導地位時，羅馬的大權仍掌握在元老院中。因此，在迦太基是由人民處理國事，在羅馬卻是由一群最卓越的人掌握一切。如此，羅馬人所做的決策自然較為優越。易言之，羅馬人雖然在戰爭中屢遭重大挫折，最後卻能因元老的智慧擊敗迦太基人。

　　現在我們談談一些細節上的差異。例如，第一，在戰爭的表現上，迦太基人於海上無論是效率和裝備都優於羅馬人，因為長久以來，航海就是迦太基的國技，他們比任何其他國的人都熱衷於海上活動。可是，在步兵方面，羅馬人遠為優越。迦太基完全忽略步兵，羅馬人卻在步兵上投注全部的精力。當然，迦太基人對騎兵也曾頗用心力。這是因為迦太基的軍隊是利用外國人和僱傭兵充當，而羅馬用的是本國公民。在這方面，我們必得說羅馬的政治制度亦優於迦太基。因為迦太基人將自己的自由交託在傭兵的勇氣上，而羅馬人卻依靠自己的勇敢和同盟的協助。結果，即使羅馬人起初一敗塗地，卻能在最後反敗為勝，而迦太基的情形剛好相反。對羅馬人而言，戰爭乃是為國家，為自己的兒女，奮戰的熱情從不衰竭，全力搏鬥直到戰勝敵人為止。因此，雖然像我所說，羅馬人較拙於海戰，但是總結計算，他們的勇敢卻使得他們在海上也是成功的。此外，在體魄的健壯和個人的勇敢上，義大利人都優於腓尼基人和非洲人。這是由於羅馬的制度能夠培育年輕人的勇武精神。（邢義田，《古羅馬的榮光——羅馬史資料選譯》第一冊，194–195。）

　　迦太基被征服後，羅馬在地中海世界已無敵手。在不斷的征服戰爭中，羅馬的領土不斷擴大，隨之而來的，是大量的奴隸進入羅馬社會。而新獲的位於義大利半島上的土地主要是由一批領軍貴族，也就是元老院的成員所佔有，他們成為大地主，利用奴隸作為農業勞力。早在西元前三世紀末時，羅馬政府就曾立法規定，元老必須將財產投資於土地，也就是農業生產之上，為的是要防止元老們從事商業，造成官商勾結。後來隨著新情勢的發展，元老們的土地卻愈來愈大，而原本義大利的自耕小農則由於連年戰亂，土地被大地主所兼併，以及海外廉價食糧的輸入而受到破壞。許多失業的農民和退伍的軍人流入羅馬城，造成了新的社會問題，加深了貧富之間的懸殊。

　　在半島之外，羅馬政府在新獲的領土上設置行省，由一總督總領財軍大權。總督通常由曾任羅馬司法官的人外放任職。羅馬中央政府對省的要求主要是稅收，而於地方的內政甚少也無力控制。加以總督職為一年一任，調動頻繁，對地方的了解不可能深入，只有借助一批長久在地方控制基層權力的官僚。這種情況，很容易造成各種弊端，其中又以「包稅」為甚。所謂「包稅」是羅馬政府對於地方的稅金每年有一定數，要求總督繳出定額，方法不拘。總督通常就將收稅之事標給一批專門辦理此事的商人，出價最高者得標。商人在繳足定額之後，多餘的稅款則飽以私囊。可以想見的，這種制度當然會造成官商間的勾結。因此在當時，外放任總督通常是一個發財的好機會，而對於有野心的人而言，發財則又是累積政治資本的重點，凱撒（Julius Caesar，西元前 100–44 年）就是最成功的例子。

　　到了西元前二世紀後半期，羅馬的政局主要是由一小群貴族家庭所把持。但此時以經商致富的一批新貴也想在政治舞臺上扮演要角，於是在貴族之間的權力鬥爭加入了新的變數。另一個影響羅馬政局的要素是羅馬的公民，尤其是一大群無恆產，但有權投票，因而也就容易被野心政客所賄賂的平民，他們不但使得選舉毫無公平可言，也時常發生暴動。

第三節 共和後期的危機

西元前 133 年，一位有顯赫家世背景的貴族臺伯里歐斯格拉古 (Tiberius Gracchus) 當選為護民官，開始一連串的改革，其中以土地分配問題最受爭議。他主張加強控制原來在政府名下但被元老們侵佔的土地，將之分配給沒有土地的農民。基本上，他並沒有奪走元老的土地，甚至建議可以讓每人在一定的土地佔有額外，加倍給地。但大原則是，政府必須絕對控有公地，立下的土地佔有法必須嚴格遵守。此外，又立法規定羅馬城的公民之貧者可以由政府供給食糧。格拉古得到平民的熱烈支持，但是他在事先沒有和元老院商量，因而激怒了元老們，與他作對，他遂在暴動中被謀殺。十年之後，他的弟弟蓋厄斯 (Gaius) 又當選為護民官，再度引進一些財政上的改革，如擴大羅馬公民範圍、建立地方包稅制度等。這兩兄弟的改革只有部分繼續實施，如包稅制和羅馬公民之貧者得由政府供給食糧等，但他們所引發的激烈政治衝突和暴力事件卻從此充斥於羅馬政治之中。

西元前一世紀的前半葉，羅馬的政局就在一連串的政治鬥爭中翻騰，主要的因素就是一些在外領兵作戰的將軍（總督）在戰爭勝利後藉機建立個人聲望，並且擁兵自重，成為羅馬政治圈中黨派鬥爭的籌碼，甚至成為主角。首先是馬里厄斯 (Marius) 的崛起。他在北非及義大利半島的幾次戰勝，使得他極為羅馬人民崇拜，並且公然違反法律不得連任的規定，在西元前 104 年至西元前 100 年之間連續五年當選為執政官。由於他企圖引進擴大公民權的立法，以安撫義大利各個曾出兵參加羅馬軍隊的與邦人民，但為羅馬的既得利益者所反對，結果造成一次義大利的內戰。到了西元前 88 年時，內戰結束，羅馬政府終於讓義大利半島的子民都取得了公民的身分。這種公民身分隨著羅馬領土的擴張而被各地的居民取得，後來在帝國時代晚期也造成一些政治問題。

馬里厄斯的部將蘇拉（Sulla，西元前 138-78 年）在西元前 88 年當選為執政官，並發動武裝政變，派兵佔領羅馬，代替馬里厄斯成為東征

小亞細亞的彭圖斯 (Pontus) 王國的統帥。在他出發之後，羅馬再度發生政變，馬里厄斯和黨人再度掌權。到了西元前 84 年，蘇拉戰勝回國，再度引發大規模的內戰，波及義大利全境。蘇拉在內戰勝利後成為獨裁，至西元前 78 年去世。他所推動的一些改革，如削減護民官的權力、使部族會議的立法再度受到元老院的否決權的控制等等，都是以維護貴族利益為出發點。這些，在他死後又成為政治鬥爭中心的導火線。而新的主角是蘇拉的部將龐培 (Pompeius，西元前 106–48 年) 和克拉蘇 (Crassus) 以及凱撒等三人。前兩人首先以軍事政變控制羅馬、在西元前 70 年當選為執政官，然後龐培率軍東征，至西元前 62 年時，將小亞細亞、敘利亞收入羅馬版圖，滅了早已沒落的賽流卡斯王朝，又收服了巴勒斯坦，接受羅馬保護，因而使羅馬成為東地中海世界實際上的主宰。

凱撒出生於一個貴族家庭，但當時並不十分有勢力。他早年曾遊學希臘，習哲學和辯論術，但事業並不算輝煌，在西元前 61 年時才出任西班牙總督。而當龐培結束東方戰事回到羅馬時，由於元老院不滿其所為，拒絕他授田給復員士兵的請求，遂與凱撒和克拉蘇聯合，以武力迫使元老院就範，直接由部族會議立法，使他們的要求得以實現。凱撒遂於西

圖 14–3　凱撒　此像作於他死前六年，據說他此時已有些禿頭，因而雕塑家顯然有些美化。

元前 58 年出任高盧總督，並得有五年任期，龐培和克拉蘇則當選為西元前 55 年的執政官，並於次年分任西班牙和敘利亞總督，為期亦五年，又再延長凱撒的任期五年。西元前 52 年，克拉蘇和兩河流域新興的安息王國作戰，被俘而亡。龐培則打算在任期屆滿之後再度競選執政官。西元前 49 年，凱撒率軍南下，公開向政府挑戰。龐培不敵而走，於是又展開一次大內戰。一直到西元前 45 年為止，凱撒不但擊敗龐培，並且在埃及與女王克麗奧佩脫拉 (Cleopatra VII) 結緣，生下一子，埃

及托勒密王朝乃成為羅馬的禁臠。凱撒回到羅馬，成為獨裁者，並且於西元前 44 年被任命為終身獨裁。他的權力遂和真正的君主無甚差別。

凱撒對羅馬的歷史造成了極大的影響。除了他的軍事成就擴大了羅馬的疆域之外，他在羅馬政治中所建立的獨裁例子，把所謂共和政體的精神完全摧毀。元老院和部族會議雖仍存在，但只是他一人手中運用的棋子，他將元老院的人數增加為九百人，新增的大多為他的親信，所有官員職位都由他掌握，而他個人的聲望則在民間無可比擬。這種情況當然不為貴族階級所喜見。西元前 44 年，凱撒被一群保守的貴族謀殺，結束了他短暫的獨裁生涯。但獨裁的政治並未從此結束，凱撒的繼承人屋大維 (Octavian) 成為羅馬第一個具有絕對權力的「皇帝」。

屋大維是凱撒的姪孫，在凱撒死時只有十八歲，但凱撒在遺囑中將他龐大財產的三分之二留給屋大維，並且另外收養他為繼子，於是屋大維就成為凱撒的法定繼承人，對他的聲名有很大的幫助。凱撒被刺後，羅馬的政情一片混亂，首先控制情況的是凱撒的助手馬克安東尼 (Mark Anthony)。安東尼和屋大維的關係並不好，在經過一番軍事衝突之後，安東尼失敗。但屋大維為了要求得執政官的頭銜，卻為當時在元老院保守派領袖，也是著名的演說家和作家西塞羅 (Cicero) 所反對，於是屋大維轉而與安東尼和另一個凱撒手下雷比達 (Lepidus) 二人合作，組成三人執政委員會。

三人執政的初期，主要在剷平國內的反對勢力，包括主張真正恢復共和的西塞羅，和謀刺凱撒的主謀布魯特斯 (Brutus) 等人。然後三人將羅馬的版圖三分，由屋大維統領西方諸省，安東尼兼領地中海東部諸省，雷比達則控有北非。

由西元前 43 年至西元前 32 年，情勢的演變是，安東尼在東方征服安息的計畫未能實現，轉而與埃及女王克麗奧佩脫拉合作，並且結婚生子，儼然成為一個東方式的君王。他與克麗奧佩脫拉之間的關係到底是彼此相愛或互相利用，或兩者均是，成為羅馬史上最受爭議的話題之一。不論如何，安東尼在埃及的作為不為屋大維所贊同，而在雷比達與屋大

維發生衝突、失敗死亡之後，屋大維的力量日益壯大。西元前 31 年，安
東尼與克麗奧佩脫拉的海軍在希臘阿克提 (Actium) 灣為屋大維的軍隊
擊敗。次年，兩人在屋大維進軍的威脅之下雙雙自殺。於是屋大維將埃
及納入羅馬的版圖，建立行省，托勒密王朝正式告終。而羅馬在整個地
中海區的主權地位遂不可動搖。這一段歷史，在本書第十七章另有討論。

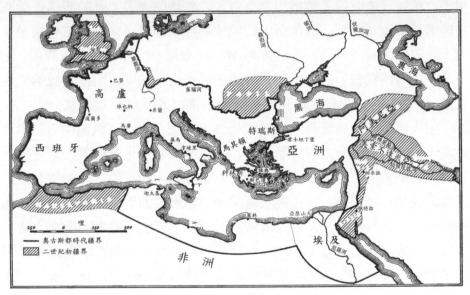

圖 14-4　羅馬帝國

第十五章
羅馬帝國：權勢與財富之競逐

第一節　羅馬帝國的政軍制度

在囊括了埃及之後，屋大維凱旋，享受無上的榮耀。但是他在西元前 27 年辭去執政官的頭銜，說是將共和政府交還給元老院和羅馬人民，唯自稱「第一公民」(Princeps) 以示不貪戀權力。然而羅馬元老院在三天後立即上尊號「奧古斯都」(Augustus)，意為「至尊」。而他也仍擁有「大將軍」(Imperator) 的頭銜，此大將軍之銜亦即日後「皇帝」(Emperor) 一詞之來源。同時，他又在西元前 23 年被選為護民官，以後年年續任，直到去世。而這護民官的權力不僅在羅馬有效，也在整個帝國之內有效，可以否決其他官員的決定，召開元老會議，提出法案。因此他在形式上雖沒有如凱撒那樣享有終身獨裁的特權，但實際上仍然同時享有執政官、護民官、監察官的權力，得以控制一切中央政府官員人事任用、地方政府稅收和軍隊調動的權力，使他成為羅馬的真正統治者。元老院和部族會議在名義上雖然仍然存在，並繼續選出政府官員，卻只是奧古斯都伸張他個人意志的工具而已。這種表面上為共和，骨子裡卻為獨裁的政治制度 (Principate) 一直持續到西元後 284 年戴克里先（Diocletian，西元 284–301 年在位）的時代，才又有所更動。

這獨裁的制度之所以能夠出現，有一些可以追尋的原因。首先就是希臘化時代東方帝國的成立。亞歷山大帝國本身就是個最吸引人的例子。據說當屋大維於進入亞歷山卓城之後，將亞歷山大的棺槨公開陳列，供人瞻仰，同時將一個金製王冠置於棺上，並獻花致敬。後來連他自己的陵墓也是模仿亞歷山大的陵墓形式建造的，足見他對亞歷山大的嚮往，也說明了他對一個獨裁權力的希求。此外，羅馬共和的精神和制度在凱

撒被謀殺之後並沒有真正恢復，那些反對凱撒的政治領袖也沒有提出足以振奮人心的計畫，以至於奧古斯都可以一方面在擁護共和的保護色之下，利用個人的聲望逐步的在實際政權運作上取得主導地位。最主要的是他控有地方軍權，又享有在元老院的主導發言權，同時又在羅馬興建各式公共建築，包括神廟、水道、廣場 (Forum)、戲院等等，提供市民娛樂，以取得人民的支持。他也有計畫的宣揚自己的功業，將凱撒尊奉為神，使得他自己這個神的兒子也因而得享神聖的地位。這一切都使得一個有實無名的獨裁統治形態在他活著的時候逐漸成形。實際上，由於奧古斯都擁有埃及的控制權，他以及其後的羅馬統治者都以法老的身分出現在埃及，因而他具有神性一事，在埃及和地中海東緣地區不是新鮮事，希臘諸城邦也以他和羅馬城為崇拜對象。這些，倒不完全是他的作為，而有不少是地方上主動的要求。等到他去世，元老院隨即封他為神，建神殿奉祀。

由奧古斯都到西元後 180 年左右的一段時間，羅馬境內大致和平，民生和樂，經濟繁榮，史稱「羅馬和平」(Pax Romana)。奧古斯都於西元 14 年去世，以下繼承者，有臺伯里斯 (Tiberius，西元 14–37 年)、卡里古拉 (Caligula，西元 37–41 年)、克勞底斯 (Claudius，西元 41–54 年)、尼祿 (Nero，西元 54–68 年) 等人，均為奧古斯都家族的後代，因奧古斯都和凱撒出身自朱利安家族而為朱利安 (Julian) 皇朝。這幾個皇帝才略都不及奧古斯都，且各有缺點：臺伯里斯猜疑成性、卡里古拉精神失常、克勞底斯懦弱、尼祿則狂妄自大，而他們的共同點則為濫權。最後，尼祿為軍隊所叛，自殺身亡。軍隊擁立弗拉維安 (Flavian) 家族的韋斯巴西安 (Vespasian，西元 69–79 年)，開了軍隊廢立皇帝的先例，對後來羅馬政治的發展有很大的影響。

韋斯巴西安的下兩任皇帝均不甚得民心，而由西元 96 年開始，有一連串五個皇帝，為納瓦 (Nerva，西元 96–98 年)、圖拉珍 (Trajan，西元 98–117 年)、哈綴安 (Hadrian，西元 117–138 年)、安東尼奧 (Antoninus Pius，西元 138–162 年)、奧理略 (Marcus Aurelius，西元 162–180 年)

等。他們的出身雖不是傳統的羅馬貴族，然能力尚稱中上。在這段期間，羅馬帝國疆域的擴張大致達到其極盛，而一套皇權政治也發展完備。基本上，由於「皇帝」的權力在形式上是由元老院和人民所賦予的，因而不能傳子，而在皇帝死後，元老院和人民大會有最高的行政權。為了要讓皇帝個人的意願得到伸張，他們首先減弱元老院的權力，一方面增加非貴族元老的人數，一方面讓元老院逐漸成為一個諮詢機構，受制於皇權。其次，皇帝在選定合意的繼承人之後，收為養子，在前任皇帝尚在世時就讓繼承者得到全國的承認。納瓦等五個皇帝之間的關係就是如此建立的。

　　政府行政組織所靠的除了主事的重要官員之外，其能在日常行事中得以運轉，基本上是由於有一批中下級的行政人員在執行各種任務，而這中下層的政府組織基本上與誰當皇帝沒有直接關係。在羅馬帝國的擴張過程中，中央和地方的行政組織都逐漸的分工專業化。在中央，有關交通、司法、稅務、檔案等，都各自成為龐大的行政單位，任用大量的公職人員，職等薪給均有定數。在地方，各種名目的稅收是總督公署的重要工作，大量的軍政人員亦不可免。帝國政府的維繫，就在於各階層的公務人員能夠維持基本的行政效率和道德水準。

　　至於羅馬的軍隊，不論是在共和時代或是帝國時代，都是羅

圖 15-1　圖拉珍紀功柱　西元 117 年圖拉珍將他的戰功以浮雕畫的方式記錄在一座高一百呎的大理石柱上，成為羅馬帝國軍事征服的標幟。

馬國家權力最明顯的象徵。在共和時代早期，軍士基本上是從具有土地的地主階級中徵發。後來則漸由自由公民自願加入，而入伍之後，其效忠的對象是領軍的將軍，而不是羅馬政府，這也是為何在共和時代晚期和帝國時代，軍隊將領能左右皇帝命運的重要原因之一。羅馬史家李維(Livy) 曾經描述羅馬軍隊的組織與裝備如下：

羅馬人起初用一種小圓盾牌 (clipeus)。自從服役可有薪餉以後，改用圓形盾牌 (scutum)。他們早先採用與馬其頓相似的方陣(phalanx)，其後改採用縱隊 (manipuli) 組成陣式，構成戰線。後方分為若干單位，最前線有十五個間隔排列的縱隊，稱之為槍矛隊(hastati)。每隊有二十名輕裝士兵，配備有矛 (hasta) 和標槍，其餘的士兵則配有橢圓盾牌。

組成最前線的都是最精壯、成年，適合服役的青年。在他們後方另有十五個縱隊，叫做主力隊(principes)，由年齡更長者組成，統統裝備有橢圓盾牌和更精良的武器。以上這二十個縱隊又稱之為旗前縱隊 (antepilani)，因為在軍旗後方還另外有十五個縱隊。他們每隊再分成三中隊；每三中隊的第一小隊稱之為「匹逸士」(pilus)。每縱隊有三支中旗隊 (vexilla)，每旗之下有士兵六十人和百人連長 (centurio) 二人、掌旗人 (vexillarius) 一人。如此，每縱隊有 186 人。在第一旗下的士兵叫「特銳利」(triarii)，都是能征慣戰的老兵；第二旗的士兵叫游擊手 (roraii)，由較年輕，功勳未顯的人擔任；第三旗下的叫後備隊 (accensi)。由於最少動用他們，因而列於最後。

當一支軍隊這樣排列組織好，槍矛隊是首先與敵人戰鬥的第一線。如果他們不能壓制敵人，就慢慢從第二線主力隊各隊間的空隙中後退，由主力隊接力戰鬥。這時，「特銳利」第一旗的士兵以左腿在前，跪在軍隊前，將他們的盾牌靠在肩膀前，並將長矛朝前斜插於地上，使他們的陣線有如一圈聳立的柵欄翼衛著。如果主力隊仍不能獲勝，他們即慢慢從戰線上退下。當槍矛隊和主力隊從

「特銳利」的隊伍間隙中退卻之後，「特銳利」第一旗士兵即起立形成密集隊形，各行之間不留空隙，然後全隊向敵人進迫。後方不再留下後備隊。那些以為已經擊敗（羅馬人），追殺上來的敵人，突然看見這些人數增強的新軍，都陷入極大的驚懼之中。

羅馬通常擁有四個軍團 (legiones)；每軍團有五千人。另配置騎兵三百人。（邢義田，《古羅馬的榮光——羅馬史資料選譯》第一冊，166–167。）

軍隊的成員在早期是季節性服役，後逐漸改為常備。在奧古斯都的時代，他的常備軍有二十五個軍團，每個軍團約有六千人。此外又有大量的輔助部隊，總計在奧古斯都的時代，於羅馬帝國境內大約有二十五萬至三十萬人的軍隊。這樣的人數雖然相對於羅馬的版圖而言不夠多（大部分的軍團都駐在日耳曼和敘利亞邊境上），而仍然能夠有效維持帝國疆域於不墜，主要是有賴於羅馬軍隊的精良紀律、有效的補給系統、國家經濟的繁榮，和軍隊的榮譽精神。而當這些條件逐漸喪失時，也就是羅馬帝國步上衰亡之路的開始。

第二節　羅馬帝國的社會與經濟生活

在羅馬帝國的盛世時，其社會階層的劃分大致為元老、騎士 (Equistrians)、市紳、自由公民、解放奴 (liberti)、奴隸等階層。

元老階級在政治及社會上均為最重要的統治階層，其成員除家族血統之外，也必須要有一定的財產。在帝國時代，元老院的整體功能雖然受到皇帝的權勢而被削減，元老階級的成員仍然是政府最重要官職的候選人。一個元老階級的青年從十八或二十歲左右就開始擔任初級公職，如有關道路維護、法律執行等。然後他可能經歷的職位包括軍團督護、財政官（為進入元老院的條件）、護民官、總務官、司法官、執政官，最後出任總督，或其他羅馬的重要公職，如城市水源和下水道工程的管理等現代人看來不甚重要的職位。共和時代末期的重要政治人物元老西塞羅曾經在一次演講中論及他理想中的政治人物：

在這個國家裡，始終有兩種人可望參與公眾之事並在其中扮演要角。一種人希望成為，也事實上是「人民的朋友」(populares)；另一種人則是「貴人」(optimates) 的朋友。前者期望他們的一言一行能贏得大部分民眾的歡心，可被認為是「民黨」；後者則期盼他們的行動與方針能獲得所有貴人的支持，可稱之為「貴人黨」。那麼，誰是貴人呢？如果你們問我，我會說他們在人數上多得不可勝數，否則我們就不可能存在了。它們包括那些指導國家大政以及追隨他們領導的人；也包括那些夠資格進元老院，居住在城鎮和鄉間的羅馬人，甚至包括商人與解放奴 (liberti)。如我所說，他們的人數眾多，品流複雜。為免於誤解，這一群人可以簡單概括加以定義，即他們都不是邪惡、下流、瘋狂、私行不檢的人，而是一群正直誠實、身心健全、家世良好，有「教養」的人。為這群人的期望、利益和原則服務的那些政府中的人，被認為是貴人黨的擁護者，而他們本身也被看成是最重要的貴人黨一分子，最傑出的公民和群眾領袖。那麼，掌政的貴人是以什麼為治政的方針和目標呢？他們追求的也就是所有健全、善良和富有的人共同最高和最大的期望——光榮的和平。所有以此為目標的都是貴人黨。其能達成者則更為至善之仁和國家的救星。誠然，人不應因不願和平而失去為政的光榮，也不應支持與光榮相違的和平。

我們的領袖應不惜以生命為代價，維護光榮的和平的基礎與元素。這些基礎和要素是：宗教祭典、徵兆、官員的權力、元老院的威權、法律、傳說、司法程序、司法行政、誓約、行省、盟邦、國家的光榮、軍隊和國家的財產。要成為這麼多重要利益的保衛者，須要有絕大的勇氣、能力和果斷。因為在眾多的公民之中，有很多因害怕懲罰或天性好亂的人，蓄意製造混亂和革命。還有一些天性瘋狂，以煽動不安，陰謀作亂為務。更有些一窮二白的無賴，希望所有的人都陪他們一起遭殃受害。這些人一旦受人唆使，遂其所欲，國家必陷於危亂。因此，受命掌政的舵手必須奮發機警，

竭其心智，維護正道，使我以上所說的邦國基礎與要素，不受損
害，並航向光榮和平的港口。如果我說這不是一件艱苦和危懼的
工作，我就是在撒謊。我一直認為這是件艱難的工作，而且我比
任何人都更有經驗，確知此事的艱鉅。（邢義田，《古羅馬的榮光
——羅馬史資料選譯》第一冊，221。）

可以想見，理想總是尚未實現的希望，羅馬政治的實際狀況是西塞羅所
不贊成的。他自己也在凱撒被謀殺之後因為政治鬥爭失敗而被殺。

　　騎士階級在帝國時代是在元老階級稍下一級的社會階層，其為兩代
以上的自由公民，財產限制則較元老階級為少。在奧古斯都時代，羅馬
國家大約有二萬個具有騎士身分的人，但事實上合於騎士身分的官職只
有約不到七百個，可見大部分的騎士都沒有官職在身。一般而言，騎士
階級的出身背景多為從事各類工商業而致富者，中至大型地主、錢莊老
闆等，由於他們豐富的財務經驗，在政府中所任的官職也和財經有關。

　　在地方上，一些新興或舊有的城市中，所謂的「市紳」階級
(Decurions)，是一批屬於地方性的上層階級，依各地不同情況而有不同
的財產限制。他們負擔的職務多半為城市中各類庶務、司法、糧食供應
等公共事務，並且時常必須以個人的財力貢獻給城市，如興建公共浴池、
劇場、廟宇等等。他們的這些付出所換來的是各種特權和尊榮。

　　對於帝國之內的人民來說，羅馬公民權的逐漸普及，是一件重要的
事。由於帝國的軍隊除保衛羅馬的禁軍是由義大利所徵得，各省的部隊
均在當地徵發，而授與公民權就成為籠絡各省軍事和民心的辦法。到了
三世紀初，凡是出生於帝國境內的自由人均自動擁有羅馬公民的資格。
不過，羅馬公民的資格一旦成為普遍的，它原來所帶有的權利上的特殊
意義也就隨之減低。除了少數的例子之外，大部分的羅馬公民必須從事
一些工商業以維持生活。

　　羅馬的勞動力有很大部分是靠奴隸。從共和時代羅馬向外擴張以來，
境內的奴隸數量就極為龐大。但奴隸和總人口的比例到底為何，由於各
地方的情況相去甚遠，卻是不容易估計的。根據研究，在奧古斯都的時

代，義大利本土約至少有三百萬名奴隸，而當時義大利總人口數約為七百五十萬人。一個富有的大地主，可以擁有三、四千名奴隸。

不過羅馬的奴隸是可以被解放的，有一種說法認為奴隸在三十至四十歲之間可以得到人身自由。通常解放後的奴隸和原主人之間仍有相當程度的經濟關係。解放奴一般必須靠自己的技能和耐力而爭取生活。在特殊情況之下，如皇帝家庭的奴隸或解放奴，可以因為其與權力中心的關係而獲得重要的政治地位和大量財富。總之，奴隸制度是羅馬制度中最為後世所詬病的，而由於奴隸為羅馬食糧生產的主力，稱羅馬為奴隸社會，也是無可爭論的。現代人討論歷史上奴隸社會的問題，基本上就是以羅馬為主要參考。

羅馬作家賽尼卡 (Seneca) 曾經討論羅馬人應該如何對待奴隸的問題：

根據你那兒來的人所說，我很高興知道，你和你的奴隸相處融洽。這適合像你這樣一位通達事理，教育良好的人。人們說：「他們是奴隸！」這不對，他們也是人。「奴隸！」不對，他們是同伴。「奴隸！」不對，他們是不裝模作樣的朋友……。

由於奴隸主的高壓橫暴，所以流行這句話：「你有多少奴隸，就有多少敵人。」當我們獲得他們的時候，他們原非敵人。是我們迫使奴隸變成敵人。且不談那些對待奴隸殘酷、不人道的行為。我們虐待他們，似乎以為他們不是人，而是負重的牛馬野獸。我不必提出其他殘酷和不人道的行為。（我單說一些平常的景象：）當我們在宴會中斜臥著時，會有一位奴隸擦拭清除我們吐出的穢物；還會有一位，蹲伏至桌下撿起微醉客人所掉落的殘餚。另一位奴隸，切割著貴重的獵禽。他以正確熟練的刀法片下上選的胸肉與腿肉。還有一位侍酒的奴隸，必須裝扮成女人並作出年少的模樣。可憐他明明年事已長，還要努力勉強裝作童子。雖然他已具有一個戰士的身材，卻要剔除鬍鬚，甚至將之連根拔除，以保持臉部的光滑。整個晚上，他必須清醒著。當主人在宴會中醉酒，他必須是服侍的男童；當主人慾火燃起，他又必須是侍寢的孌童。另

外還有一個可憐的傢伙，必須留意觀察客人的言語與食慾。估計哪些客人懂得重迎逢，哪些客人態度不恭，從而決定，明天的宴會中，哪些人將再受邀請。

好好記住！你稱為奴隸的那些人，和你同種，老天同樣對他們微笑。他們和你一樣呼吸、生活和死亡。你可以將他們看成是自由民，他們也完全同樣視你如奴隸。……我不想談什麼太大的問題，討論如何對待奴隸。我們羅馬人對待奴隸是太高傲、殘酷和太無禮了。我的忠告，簡而言之：對待在你之下的人，就如同你如何受到在上者的看待。……（邢義田，《古羅馬的榮光——羅馬史資料選譯》第一冊，389。）

賽尼卡認為奴隸也是一樣的人，這聽來雖是常識，一般羅馬人卻不見得隨時放在心中。另外一個作家柯魯麥拉 (Columella) 從比較實際而專業的角度寫了一本討論農業的書，他在書中說：

一個莊園的大小和應分成幾部分,都應和整塊地產的面積成比例。莊園應由三部分組成：莊主宅第 (villa urbana)、農舍 (villa rustica)、倉庫 (villa fructuaria) ……。

這些都有了或建成之後，莊主在種種事務之中，尤須注意那些勞動的人。他們或是佃農，或是（沒有上鐐梏或鎖鍊）的奴隸。莊主對佃農要可親仁慈，對工作的要求應比對金錢更嚴格，這樣反少怨尤，通常來說，也較有利。因為如果他們小心勤墾地耕種，只會獲利，從不會有損失。除非遭受盜賊或天候異常，佃農將不會要求減租。莊主不應對佃農所約定的一切斤斤計較，例如某一日非繳租、繳柴薪，或繳納其他小東西不可……

接著談到奴隸應分擔哪些責任，分配哪些工作。我的頭一件忠告是：不要用外貌迷人，尤其是不可用那些曾在城市中任賤業的奴隸為管工。這類奴隸懶惰成性，頭腦不清，習於游手好閒，迷於競技場 (Colosseum) 的賽會、馬戲、戲劇、賭博、酒館、娼館；他們耽於這些蠢事而不知回頭。當這樣的奴隸將這些帶到農莊，主

人損失的不僅是一個奴隸，而是整個莊園。我們應選擇從小即習於農事，並證明富於經驗的人……他必須大約中年，身強力壯，精於農藝，吃苦耐勞……不論任命誰當管工，都要給他一個妻子。這樣不但可使他受到約束，在某些事情上更可以成為他的幫手……

關於其他的奴隸，以下是一般宜遵守的教訓，我自己也奉行不悔。我以親切的態度和鄉下來的奴隸交談，除非他們自己行為不當；和城鎮來的奴隸相比，我也較常和鄉下奴隸交談。因為我發現主人的友善可以使他們覺得較不辛苦；有時我甚至和他們一起說說笑話，也讓他們輕鬆說笑。現在我還實行一法，即有新工作時，我叫他們來商議，如同他們才是行家；這樣我發覺我可以發現他們每一個人各有什麼才能，各有多少才智。更重要的是，我發現他們更自動去任事，因為他們以為自己的意見曾被詢問，而自己的忠告也被接受。一件謹慎的主人都應遵守的成規是：小心監管那些被關監的奴隸，查明他們是否都上好鎖鏈，監禁的牢房是否安全，是否有適當的防衛，看管的人是否都給他們上了鐐梏，或未經主人同意即鬆了他們的枷鎖……。（邢義田，《古羅馬的榮光——羅馬史資料選譯》第二冊，487-489。）

　　總之，農業仍然是羅馬帝國的經濟基礎。就整個帝國而言，政府本身並沒有一個所謂的「經濟政策」。帝國境內各生產部門之間基本上是各行其是，彼此之間的聯繫並不密切。可以說是例外的情況是由外地大量輸入羅馬的穀物、油等產品。此外，經由長程貿易而進入羅馬的一些奢侈品，如絲、玻璃、藝術品等雖極為炫目，在整體經濟運作中所佔比例其實甚微。

　　羅馬帝國所帶給當時地中海世界經濟的影響不是有計畫的經濟政策，而是其所提供的政治環境。由於大一統政府保證了交通和運輸的安全，也提供了標準的貨幣制度以及合理的稅率，使得地方的經濟能夠自行發展而不受太多干擾。

圖 15-2　海外貿易　在距羅馬不遠的海港奧斯提亞 (Ostia) 出土的鑲嵌畫，表明此地在當時是一個海外貿易的重地。

圖 15-3　龐貝街道　龐貝城毀於西元79 年的一次火山爆發，全城被火山灰所淹沒，也因而得以保存。考古發掘自十七世紀之後就開始，至今仍持續進行。街道兩旁多小店面，可以想見當時人的生活點滴。

　　在農業方面，義大利的農地從共和時代中晚期就開始向少數人手中集中，這是前面提到的格拉古兄弟改革的重要項目。到了帝國時代，情況基本上沒有太大變化，私人擁有大農莊的比比皆是。不過，不少大農莊的經營是將之分為較小的單位，然後再租給農人（包括自耕農和奴隸）。

　　在手工業方面，小型作坊仍為主要的生產方式，生產者亦即販賣者，只有少數的產品如陶器、玻璃器、油燈、磚頭等，才有較大量生產的工廠出現。商人之間有因同行而組成的團體，彼此交換消息。

　　城市為羅馬文明的重要據點。羅馬政府在許多地方建立新城市，殖民開發。一般中等城市人口約在一、二萬之間，小的甚至只有幾千，真正有幾十萬人口的大城市，如亞歷山卓、安提阿、迦太基和羅馬等，並不多見。有關城市人的生活，羅馬所留下的文獻資料最多。但這些文獻中的描寫常常過於強調羅馬貴族和上層社會的生活。在羅馬，人與人之間的關係常可以主客關係來界定。所謂的「客」是一些依貴族家庭為生，替其主人服某些勞務，如送信、買辦等等，以換取一些酬勞的人。他們在服務完畢之後仍可以從事自己的事業。

　　在羅馬家庭中，父親具有權威性的地位，但實際上他的權威並不一

圖 15-4　羅馬時代的商店　這是龐貝城出土的壁畫，顯示一家麵包店正在做生意的情況。

定為暴虐型，而家庭的女主人也受到相當的尊敬。父權的極端地位表現在他不論是為了何種原因，可以決定是否讓新生的嬰兒存活，或者將他拋棄。這種習俗一直要到西元 374 年才被政府禁止。早在十二表法中，這種觀念已經形諸法條：

(1)嚴重畸形的嬰兒應從速殺死。

(2)如果一個父親三度出售己子，其子可脫離父子關係。

(3)丈夫強制出妻，可令其妻照管她自己的事務，拿走其鑰匙（趕她出門）。

(4)尚在娘胎的小孩可享有合法繼承權。……小孩如在父親逝世十個月以後出世，不得享有合法繼承權。（邢義田，《古羅馬的榮光──羅馬史資料選譯》第一冊，113。）

　　羅馬女子通常十二歲就被認為是成年,而在十三至十七歲之間出嫁。男子則一般以十四歲為成年。羅馬的婚姻以媒妁之言為主要的結合方式，在上層社會中，政治性的婚姻結合更是常事。早期，女方出嫁時必須將自己的財產帶歸男家，並且失去所有權。到了共和晚期，這種對女方及其家族不公的方式得到改善，雙方在婚約上註明女方的財產仍歸女方所有，同時離婚的規定也簡化，只要一方宣告其願意即可。這種規定其實對於所謂的父權有相當大的打擊。此外，又有不經法律結婚手續而同居的方式，也在社會各階層之間普遍實行。

　　羅馬人理想中的婦女是忠於丈夫、忠於子女、出身高貴、容貌端莊的女性，著名的作家普魯塔克就曾經如此討論一個理想的妻子：

古人在愛神阿弗若黛提 (Aphrodite) 身旁安置一位智慧之神何米斯 (Hermes)。因為他們相信，婚姻的快樂特別需要理智。古人也安排了說服和感恩之神在愛神之旁。如此，結婚的男女可以依靠說服，而不必靠爭吵，滿足彼此的願望⋯⋯

一位新嫁娘，在第一次生氣和不快時，如果她的夫婿沒有因此逃走或惱怒，就應該和他和樂甜蜜地生活在一起。那些不知耐心對待少女，幼稚地爭執的人，就好像那些因青葡萄的酸澀，而將成熟的葡萄也丟棄的人一樣。同樣地，許多新婚婦人因不滿自己的丈夫，發現自己和那些忍耐蜜蜂針刺，而又放棄巢中之蜜的人一樣，陷入類似的困境⋯⋯

用毒藥毒魚，是捕魚的捷徑。但是這樣的魚卻因毒而不可食用。同樣的，女人如果刻意用春藥和魔咒，企圖以肉體的快樂俘虜自己的男人，將會發現自己是和一個愚蠢墮落的人成夫妻⋯⋯

每當月亮和太陽隔著一段距離，我們可以看見月亮是這樣的亮麗，但是月亮靠近太陽太近，就會隱藏而消失。相反地，一個賢慧的女人在自己男人的身旁時，要盡可能成為注目的焦點；當男人不在時，則要留在家中，足不出戶。

希羅多德有句話說得不正確：「當女人脫下她的內衣時，也應將她的謙遜置於一旁」。相反的，一個賢慧的女子應在這時保持謙遜。夫妻之間保持最大的謙遜，正是最大愛情的象徵。（邢義田，《古羅馬的榮光——羅馬史資料選譯》第一冊，405。）

普魯塔克的想法是否為大多數羅馬人的想法，我們無法得知。但事實上，至少在上層社會中，婦女常常有機會在各種公共場合出現並施展其社交手腕，追求其個人的野心和享樂，成為向傳統美德挑戰的先鋒。在羅馬作家的作品中，於是有相當多的篇幅用在描述這些「不貞」的女性身上。

至於子女的教養，在羅馬城中，兒童從七歲開始，進入一些私立的學校去學讀、寫、算，而後，少數富有家庭的子女繼續上一種「文法學校」，其教材內容在早期均以希臘文作品為主。帝國時代之後，拉丁文名

著才成為教材。最後，對於貴族階級的子女而言，必須進以修辭為主的學校，以模仿希臘和拉丁文的偉大作品，訓練口才，以為任公職的條件。學業完成之後，到希臘、小亞細亞、羅得島 (Rhodes) 等希臘化世界的文化中心遊學，又是不可少的資歷。

城市中的休閒生活，人們可以去欣賞戲劇、馬戲、各種競技活動，或者入浴堂。羅馬的公共浴堂規模龐大，有由城外引進的泉水、蒸氣室等設備。羅馬人在浴室中不單是洗澡，更是一種結交朋友，甚至商量事務的社交活動。在作家佩特龍尼烏斯 (Petronius) 的諷刺作品 *Satyricon* 中，有一段對浴室洗澡的描述：

> 整好裝，我們開始閒逛。一眼瞥見一位禿頭的老人，穿著紅兮兮的衣服，在一群留有長髮的奴隸間，正玩著球。引起我們注意的不是這些奴隸，而是這位老紳士。他腳上套著拖鞋，正要發一顆綠色的球。可是球一落地，他拒絕再拾起。從身旁一個奴隸的袋子裡，拿一個新球交給球伴。當我正看著這奢華的玩法，孟尼老走過來，說道：「邀你去晚餐的正是這位老紳士。球戲可是晚餐的

圖 15-5　羅馬浴室遺址　羅馬浴室構造相當複雜，地面為浴池，地下則為燒火的地下火爐，以供應熱水及蒸氣。浴室為羅馬公民日常社交場所。

前奏呢。」

不久，我們來到公共浴堂。先泡了一會兒熱水，又改用涼水。特瑞馬丘小心地灑過香水，不用毛巾，而用一種極輕柔羊毛製的罩袍弄乾身子；旁邊三個侍者喝著法樂奴酒，不少酒從他們不停說話的嘴中流溢出來。特瑞馬丘發話說，這都由他招待。接著，他穿上一件猩紅色的長袍，坐上一輛轎子。轎前有四個裝點華貴的聽差。前面還有一輛輪椅，看起來比他的主人還更平庸。轎子將特瑞馬丘抬回家。

洗澡完畢，這無所事事的貴族就招待他的朋友們回家去晚宴，以下的描述可以作為這時代一般貴族生活的寫照：

一路上吹笛子的樂師在旁刺耳地吹奏著，好像跟主人說著什麼知心話兒。我們充滿羨慕地跟在後面，阿格孟農和我們一起到了特瑞馬丘住處的大門前。大門一邊我們看見一塊告示：

「任何奴隸，如果未經主人允許而離開，將遭鞭打一百下。」

門口有一位看門的，穿著綠色的衣服，腰上繫著櫻桃色的帶子。他正將一些豆子扔進一個銀盤子裡。門關上吊著一個金製的籠子，我們進門時，籠中的鵲鳥不斷說著：「你好嗎？」這一切都讓我驚呆了。不知不覺倒退，幾乎跌斷了腿。在我們進門的左側，離看門者住的地方不遠處的牆上，畫著一隻用鍊條拴著的大狗，狗的上方用大寫字寫著：

「注意有狗！」

朋友們都笑話我，但我很快即恢復清醒，將牆上的一切都看在眼裡。牆上畫著一幅奴隸拍賣圖。接著一幅是主人特瑞馬丘，留著長髮，手中握著一枝權杖，進入由米樂哇守護的羅馬城。另一幅則畫著主人正在學算術，還有一幅則畫著他被升為總管。聰明的畫師在每一幅圖上都小心地註明畫中的意思。進門通道的另一端，畫著麥丘里神托著特瑞馬丘的下巴，將他提升起來；畫中還有帶著象徵豐饒號角的幸運女神以及三位織著金線的命運之神。在走

廊中，我看見一些正在受訓，來回奔走的聽差。在一個角落裡，我看見一個很大，供奉家神的壁龕，供著一尊銀製的家神、一尊大理石的維納斯和一個金質的大盒子。他們說盒中放著主人刮下的鬍子。

我不禁向聽差請教，中間一幅壁畫的內容為何。他說是史詩〈伊里亞德〉和〈奧德賽〉中的情景，而比武的鬥士是某一位賴納斯。可是我實在沒時間好好欣賞所有的壁畫，我們就進入了餐廳。………
………

我們現在終於就座。亞歷山卓來的奴隸用冰鎮過的水為我們洗手；其他的奴隸來到我們腳下，很有技巧地開始修我們的腳趾。他們不是默默做著這下賤的工作，而是一直唱著歌。我想知道是不是這家所有的奴隸都邊唱邊工作，於是我要求一些飲料。伺候我飲料的奴隸也像其他的奴隸一樣，一邊端來飲料，一邊哼著小調。所有的奴隸真的都是如此，使我們以為自己置身在歌劇院，而不是在一個老紳士的餐廳之中。

所有的客人就座，奢侈的冷盤開始送上。只有特瑞馬丘還沒有坐上預留給他的大位。我們面前的餐具中，有一隻用柯林斯青銅製的小毛驢。背上兩邊各有一個袋子，一邊盛著青橄欖，另一邊盛著黑橄欖。毛驢兩側各有一個銀盤。盤子的邊緣刻著特瑞馬丘的名字以及銀盤的重量。盤子裡有鐵製橋形的花樣，上面放著蜜漬的棗和罌粟子；燻香腸是放在一個銀製的烤架上。下面鋪著敘利亞黑梅，象徵著黑炭，另用大紅的石榴子象徵燒紅的炭火。

我們正享用著花團錦簇的冷盤，一聲號角響起，特瑞馬丘靠在大靠枕上讓人抬了進來。他的模樣害我們忍不住笑出來。他的頭從一件深紅色的大袍子中伸出來。頭髮修剪得像是一個奴隸。在脖子上圍著一條很長，鑲著紫邊的餐巾。他的左手小指戴著一顆極大包金的戒子，相鄰手指的下端戴著一顆看來是實心的金戒，上面鑲著一些小星星。還有一點不能不提，否則就不能完整形容他

衣裝的精彩處。他赤裸著他的右臂，用一個用鉤子扣緊的象牙環和大金環箍在胳膊上。……

不久玻璃酒瓶端上來。酒瓶上有封籤。瓶頸上吊著一個小牌，上面寫著：「法樂奴・歐皮米安酒，酒齡：一百年。」當我們讀著這小牌子上的字，特瑞馬丘拍拍手，開始發話道：「唉！親愛的朋友們，多少美酒比我們可憐的人活得還久！我們好好暢飲，好好享樂吧。人生唯有美酒是真實的。看看這是真正陳年歐皮米安啊！昨天，雖然客人還更體面，我可沒用這麼好的酒上桌。」當我們喝著酒，小心品嘗它的美味，一個奴隸拿來一副銀製的骷髏架。這個精巧骷髏的四肢關節可以活動，隨意旋轉。這位特瑞馬丘先生在桌上不斷將骷髏搖來搖去，變化出各種姿態，最後吟出自己的詩句：

「人生原本是虛空，百年一夢空餘骨。

今朝尚在明日亡，且請貪歡進一壺。」

正當我們恭維著主人高明的哲學，上來一道大菜。它的奇特吸引了我們每一個人的目光。在一個雙層的盤子裡，有成圈排列的十二宮圖，其上排放著和各宮相配的食物，在公羊座上放著埃及豆和卷曲像羊角的蔓莖；在金牛座上放著一塊牛肉；在雙子座則放著一對炸羊排和腰子；巨蟹座放著一個花環；獅子座放著一個非洲無花果；處女座放著豬肚；天秤座上放著一個天秤，天秤一邊放著一個果餡餅，一邊放著一塊糕餅；天蠍座放著一隻螃蟹；水瓶座放著一隻鵝；雙魚座則是一對馬林魚。在十二宮中間的一堆新鮮乾草上放著一個蜂巢。一個埃及奴隸從一個銀製的麵包盤裡分送麵包給大家。這時特瑞馬丘哼著音樂笑劇中，流行的一首歌——「吃大蒜的傢伙」。（邢義田，《古羅馬的榮光——羅馬史資料選譯》第二冊，682–687。）

當然，除了在家宴客，人們也出外尋找娛樂。在各種公共活動中，由政府或一些有錢的貴族所提供的競技比賽最為人們所喜愛。這些競技

活動原本只是宗教慶典的序幕活動，作為酬神之用。後來，從蘇拉和凱撒的時候開始，逐漸成為慶祝軍事勝利以及皇帝和其家族的各種成就的活動，而皇帝和政治人物則以提供活動經費作為提高個人聲望、籠絡人心的方法。這些活動，起初是戲劇和賽車，後來則愈來愈為競奇，有百獸表演、格鬥士互鬥，或者人與獸鬥等，極盡感官刺激，甚至殘酷不仁之能事，而羅馬人則為不斷的表演所麻痺。羅馬的統治者也很知道這些活動的政治意義。一位奧古斯都的近臣對他說：「讓民眾有戲可看是對陛下有益的事。」言下之意，是說人民會因此對他產生好感。大多數的羅馬人都不認為競技場中殘酷的場面有什麼不好，有人反而覺得那是能夠使人適應戰爭和流血的事實的方法。不過也有一些人反對這種沒人性的娛樂方式。西塞羅就曾經說：「對於一個高尚而有人性的人來說，眼見一頭動物被無情的獵人刺死，或者我們之中的弱者被一頭力量大得很多的動物殘酷的肢解，這又算得上是什麼娛樂呢？」

圖 15-6　競技場　競技場可能是羅馬大眾文化的代表建築，凸顯了羅馬大眾性格的一面。

第三節　羅馬帝國後期的政治發展

　　自奧理略死後約有百年的時間，羅馬的政局陷入長期的混亂之中。這一段時間中，軍隊廢立皇帝成為慣例，大部分的皇帝都死於非命，因此有「當了皇帝就如同被判了死刑」的說法。在這一百年中，羅馬的政治和社會、經濟各方面的情況都開始走下坡。

　　政治方面，由於軍人的力量愈來愈大，帝國時代早期所留下的一點共和政體的影子，也就是元老院的力量，幾乎完全消失。各重要的官職

圖 15-7　競技場地下結構　競技場的地下為複雜的地下室，容納人獸及各種機械。

圖 15-8　賽車場　羅馬人的娛樂活動之一是賽馬車，圖為一賽車場上的情況，左邊一輛馬車顯然是受到衝撞而成為一團碎片。

圖15-9　格鬥士　在競技場中不但人與獸鬥，也要人與人鬥，充分表現了羅馬大眾口味的一面。

圖 15-10　羅馬城牆　這是現今尚存的羅馬城牆的城門，可以看到歷代整修的痕跡。

也都漸由無才無識的軍人擔任，其對一般行政程序所造成的干擾和破壞極為重大，貪汙腐化則更不在話下。

在奧理略的時代，羅馬的北境已經開始受到日耳曼人不斷的侵襲，其後，問題只有愈發嚴重，這些日耳曼蠻族有哥德 (Goths)、阿拉曼 (Alamanni)、法蘭克 (Franks)、汪達爾 (Vandals) 等部族。羅馬的北方防線在皇帝德西厄斯（Decius，西元 249-250 年）兵敗之後向南方撤退，一些邊區也紛紛和中央政府暫時斷絕關係以求自保。

羅馬國境的安全不但在日耳曼地區出現問題，在東方也有危機。原本從安東尼時就無法征服的安息此時被波斯新興的薩珊王朝 (The Sassanids) 所取代，積極的西向擴張。羅馬軍隊無法克敵致勝，甚至導致皇帝瓦勒里安 (Valerian) 於西元 260 年兵敗被俘。對於一向自以為無堅不摧的羅馬軍隊而言，這失敗具有相當重大的象徵意義。羅馬帝國在這些方面所受到的威脅可以由皇帝奧瑞連（Aurelian，西元 270-275 年）下令為羅馬建一道環城的城牆看出，這牆有 6 公尺高，18.8 公里長。羅馬自共和時代擊敗迦太基之後就從未有過城牆，可見當時人感覺連羅馬也免不了會有受到攻擊的時候。

西元 284 年，皇帝戴克里先即位，開始一連串的軍事和行政改革。他首先將廣大的帝國分為東西兩半，由他和馬克西米安 (Maximian) 分別治理，兩人都稱為「奧古斯都」。然後兩人各指定一繼承人協助他處理軍政事務，稱為「凱撒」，於是帝國就同時有四個皇帝。這種方式的目的一方面是在希望能解決長久以來皇位繼承的問題，另一方面也是在求一合理的統治帝國的方法。每一個皇帝都有各自管轄的行政區，因而可以分

擔治理的工作。當然，在四個皇帝之中，戴克里先仍然有最高的權威。此外，戴克里先自己長駐在小亞細亞，不但放棄了保有共和意味的頭銜 Princeps，而且引進東方式的宮廷儀節。皇帝身著華衣，居於深宮，臣民晉見時必須下跪，親吻皇帝的衣緣，以提高皇帝的權威，不再以從前那種「將軍」的姿態出現。於是一種完全君主專制式的政體終於形成。

圖 15-11　四個皇帝　由右邊數來第二人就是戴克里先。

　　和行政區的重劃同時進行的是軍事和經濟方面的改革。戴克里先一方面增加軍隊的人員，一方面又將軍種分為機動部隊和駐防部隊兩大類。而當機動部隊的軍力和攻擊力逐漸增強之際，駐防部隊的士氣和訓練卻隨之下降，造成後來國防上的大問題。在經濟方面，他實施一種以人配地的新稅法 (Capitaio-Iugato)，以一個人能力所可耕種的一塊土地作為稅收的單位。而且，不同土質和用途的土地，由於產能不同，有不同的換算方法，這是為了要全國訂立一種公平的繳稅制度。政府從西元 312 年之後，每十五年重新釐定一次界定單位的標準。至於貨幣的通貨膨脹問題，羅馬政府卻始終無法有效的控制，不過此時羅馬的經濟運作仍然能夠維持，尤其是東半部地區的城市，原有比較長久的經濟基礎。

　　戴克里先死後，「奧古斯都」與「凱撒」們開始為了「奧古斯都」之子是否應該繼承父位，或「凱撒」是否應升為「奧古斯都」而發生內戰。西元 324 年，君士坦丁（Constantine the Great，西元 306–337 年）統一了分裂的帝國，重建了羅馬的聲威，取消了四皇帝的制度。君士坦丁對於專制君王的形象更為有興趣，採用更為鋪張的宮廷儀節，提倡個人崇

拜。他又在拜占庭 (Byzantium) 建立一個新的首都，也就是後來一般所稱的君士坦丁堡 (Constantinople)，於是羅馬帝國出現了兩個政治中心，君士坦丁堡終於成為東羅馬帝國的首都。

　　君士坦丁之後，皇位之爭不斷，帝國又有分治、統一的循環。到了西元 395 年，狄奧多西（Theodosius，西元 379–395 年）去世，帝國再度分為東西兩半，此後不再合併，直到西半帝國的政權於西元 476 年為日耳曼人奪走。

第十六章
羅馬文化：世俗精神與實用主義

第一節　羅馬的宗教哲學與法律

　　羅馬的宗教在最初時是以農業生產為主要祈福目標的自然崇拜。農人們相信他們被無數的超自然力量包圍著，這些力量或賜福、或降災，要視他們是否有遵守並施行一定的崇拜儀節。在這宗教崇拜中，最有權威的神明是天神丘比特 (Jupiter)，祂和婦女保護神朱娜 (Juno) 及工藝之神閔納瓦 (Minerva) 同為羅馬城最重要的三個神明。馬爾斯 (Mars) 是戰神和工作之神，塞瑞斯 (Ceres) 是穀物之神，維納斯 (Venus) 則是愛情女神。

　　農民宗教的特色在於其簡樸而虔誠的信仰，對於各種卜兆深信不疑，並且認為對神明的崇敬是一項重要的美德。這種態度不但是早期農民所有，在羅馬國家逐漸壯大之後，也成為一種和政治結合的心態。不過羅馬人和神明之間的關係又有另一特色，就是「互相給予」(*Do ut des*, I give so that you give) 的原則，人之所以要向神明祈求或獻祭，目的是要神明替人做某些事，這中間所涉及的主要是一種契約關係，沒有神學或倫理教義，因而當人若有一種心靈內在的渴求時，羅馬的宗教就沒有辦法滿足這方面的需要。在西元前二世紀時，希臘的酒神戴奧尼索斯 (Dionysus) 崇拜開始在羅馬流行。由於這種崇拜是以歌舞狂歡、男女雜處的形式進行，擺脫了嚴肅的外表，使人的情緒得以發洩，得到許多羅馬人的歡迎。另一種性質類似的崇拜是由小亞細亞傳入的地母神西伯莉 (Cybele)。此外，源於埃及的艾西斯 (Isis) 女神崇拜早在地中海盆地東緣各地流行，也在帝國時代傳入羅馬，並且建立神殿。不過羅馬政府對這種可能會「擾亂人心、破壞美德」的宗教崇拜並不鼓勵。他們擔心在信徒們的祕密聚會中有陰謀者在製造反政府的事端。因而艾西斯的崇拜在羅馬不時受到

圖 16-1　宗教祭典　羅馬官方宗教注重的是祭祀的虔敬。圖中所示，右方站在祭壇前的為主祭者，可能是一位皇帝，受祭的神明為戰神馬爾斯，而祭品為最高級的豬牛羊三牲。

政府的禁毀，基督教初行於羅馬帝國時，也時常被認為是具有不良的企圖，因而受到政府的干涉。

　　羅馬人不但自有神明，也很容易接受外來的神明。在希臘化時代，羅馬人接觸到許多希臘的神祇，開始將自己的神明和希臘神明認同混合，於是丘比特就是宙斯，閔納瓦就是雅典娜，維納斯就是阿弗若黛提等等。

　　到了帝國時代，雖然奧古斯都提倡羅馬的傳統信仰，並不能挽救大勢。一般民眾最熱衷的是一些神祕崇拜，如艾西斯、西伯莉、米賽拉 (Mithra) 等。米賽拉為正義之神，助人在與邪惡的鬥爭中得到最後的勝利。這些神祕崇拜基本上是希臘時代在東方所流行的宗教，此為羅馬文化受到希臘影響的例子之一。

　　至於羅馬的知識分子，則對傳統宗教採取實用主義式的看法。對於一般人的宗教崇拜，他們認為是穩定人民心理的工具。至於他們自己的精神生活，由於大部分的羅馬知識分子都多少接觸過希臘哲學，他們可以在知識上得到一些有關生命意義的解答。希臘化時代最流行的伊比鳩魯和斯多葛學派在羅馬均有其追隨者。伊比鳩魯學派的思想其實有相當多的部分是經由羅馬詩人魯克里息斯 (Lucretius) 的作品而得以為後世所知。

　　不過最為羅馬知識分子所認同的哲學思想是斯多葛學派。一般羅馬

知識分子對於純粹的玄思，特別是形上學，沒有什麼興趣。但是對於和社會倫理和政治有關的思想就比較有興趣。由於斯多葛學派的哲學講求個人心性的修養、堅定的追求理想，提倡人應該過自然樸素的生活，以及鄙視財富、不畏失敗等美德，與傳統羅馬農人性格甚能相契，斯多葛學派的哲學遂能在羅馬大為流行。共和末期的西塞羅、尼祿時代的賽尼卡 (Seneca) 均為著名的斯多葛信徒，而最著名的斯多葛學者則是皇帝奧理略。奧理略的名著《沉思錄》雖然是在兵馬倥傯之際寫成，卻有著極深刻的對人生和宗教的觀察。

羅馬人講求實用的性格又表現在他們的法律上。在西元前 450 年之前，羅馬的法律是不成文的習慣法，而西元前 450 年是傳統認為十二表法公布的時間。所謂的十二表，據說是當時羅馬一個負責制定法律的十人小組將草擬的法律提交公民大會通過後，將內容刻在十二塊銅牌（亦有人認為是木牌）上，公布在羅馬城內廣場，以昭公信。十二表法的基本精神是所謂的「以牙還牙」，也就是公平原則。不過，由於當時仍為階級社會，在不同階級之間，這以牙還牙的原則就不完全適用了。十二表法的訂定與頒布，是將社會自古以來約定俗成的習慣法用文字加以定型，減少因口說無憑而產生的糾紛，使得人民的法律權益有了公開而明確的保護。檢視其內容，可以發現，法條的主要關心點在社會日常生活中各類常見的問題，如婚姻、繼承、財產、家庭、司法程序、犯罪等等。有學者因而推論，由這些內容，可知當時推動立法的動力是來自需要被保護的小民。此後，又不斷的有各種立法來修正或補充舊法。而擔任司法官的人每年就職之時會發布一通詔令，陳述自己執法所依據的原則，這些原則經過長時間的累積，也逐漸成為法律的一部分。總之，羅馬法律有重視信用、重視字句的傳統。這些都對於歐洲後世的法律思想有很大的影響。我們只要看十二表法的第一表有關出庭作證的諸般原則，就可以對羅馬法的嚴謹邏輯有相當深刻的印象：

(1)如果原告要求被告出庭，被告必須出庭。如果被告不出庭，原告須先請人就此作證，方可強制被告出庭。

⑵如果被告逃避或溜走，原告將可逮捕他。

⑶如果被告因病或年邁而行動不便，（要求他出庭者）須為他準備車馬；如果被告不提出要求，車上可不必鋪備褥墊。

⑷如果被告是地主，則辯護人亦須為地主；如果被告是無產者，則任何自願者皆可任其辯護人。

⑸與羅馬人民有契約和交易關係者，無論對羅馬始終忠誠不渝，或（曾背叛）而已恢復忠誠，都將享有相同權利。

⑹當兩造達成和解，法官須宣布其和解。

⑺如果兩造未能和解，他們須於正午以前，在集會處或是廣場陳述爭訟要點。

⑻兩造必須同時親自辯護。正午以後，法官將宣判到庭的一方勝訴。

⑼如果兩造皆到庭，所有的（訴訟程序）必須在日落前完成。

⑽（關於保證人和保證人提供的擔保，原文佚失，略）。（邢義田，《古羅馬的榮光——羅馬史資料選譯》第一冊，113。）

　　由於司法官職位的性質特殊，使得候選人，也就是元老階層的年輕人，必須具有一些基本的法律知識。實際上，羅馬政府官員的一項傳統是所有的公職人員都應該有自己的顧問或者幕僚人員，司法官的顧問顯然就是律師了。羅馬的「律師」是一些對法律有研究的人，他們可以給任何人提供意見，但和現代的律師不同，他們的資格並不需政府審查。共和晚期之後，律師的地位愈來愈重要，奧古斯都甚至讓一些特別傑出的律師得到元老的地位。律師們的言論常對法官的判決有很大的影響，而他們的法學論著後來在查士丁尼 (Justinian) 編法典時（西元 533 年）也被收集進去，流傳至後世。

　　在羅馬勢力逐漸擴張的同時，羅馬人要如何管理在境內的非羅馬公民，也成為重要的問題。在西元前 242 年，羅馬政府特別設了一個專管非羅馬人的司法官，依照公平合理的原則和邏輯推理，考量其風俗背景來處理非羅馬公民案件，而不刻板的依照羅馬自己的民法條文來判案。這就逐漸的形成了所謂的「民族法」。當然，當西元 212 年全羅馬境內所

有的人都得到公民權之後，也就無所謂「民法」和「民族法」的分別了。

第二節　羅馬的文學與藝術

有一句話說：「研讀拉丁文學的目的主要在了解羅馬歷史，而研讀希臘歷史的目的在了解希臘文學。」意思就是說，拉丁文學的意義在於它所反映出的社會情況，而不是文學本身的成就，但希臘文學本身是值得研究的，希臘歷史短短的五百年只不過是它輝煌的文學的註腳而已。這話雖然有些誇張，卻很能說出羅馬文學的特色。

羅馬早期的文獻材料多為簡單的宗教祭文、墓銘、年表等，直到西元前 240 年左右才開始有一名希臘戰俘將希臘的戲劇以及《荷馬》史詩譯為拉丁文，開啟了希臘文學入羅馬的潮流。到了西元前一世紀，拉丁文作品才逐漸發展出獨特的風格。在詩歌方面，有魯克里息斯的哲學詩，卡圖魯斯 (Catullus) 的情詩，而到了奧古斯都時代，維吉爾 (Virgil) 的史詩〈安耐伊德〉(Aeneid) 結合了羅馬的歷史與神話，賀拉斯 (Horace) 的愛國詩，以及奧維德 (Ovid) 的諷刺情詩等，均為當時羅馬盛世的見證。

最能表現出羅馬文學特色的作品，就是一些諷刺性的散文和詩。這些作品描述羅馬貴族和富人的奢華生活，是我們了解當時羅馬社會的重要材料。此外，以西塞羅的作品為代表的演說論文和書信也很能讓人得以窺見羅馬政治上一些現實的景象。西塞羅曾經在元老院中發表演說攻擊當時一個最腐敗的羅馬總督維瑞斯 (Verres)。此人以賄賂買到了西西里總督之職，把持穀價，將價錢提高兩倍，又偷竊當地的藝術品，假造文件，搶劫海關的稅金。西塞羅說：

> 提到監察官捐獻給他造銅像的錢，我想我必須說說他假造像之名，從各城搜括錢財的方法。據我觀察，他搜括錢財的總數極其龐大，不下於 2000000 色斯特銅幣。各城市提供的人證物證將可以完全證明這個數字。事實上，維瑞斯也承認有這麼多，他不承認也不行。(邢義田，《古羅馬的榮光——羅馬史資料選擇》第一冊，249。)

這一席話使得維瑞斯的罪行無所遁形，而西塞羅也因而贏得聲名，當選

圖 16-2　羅馬貴族的家庭聚會　在晚宴之後，女士可以演奏音樂以娛賓。

為執政官。

此外，敘事性的散文，包括歷史作品、地理遊記、傳記等，在羅馬亦甚受歡迎，著名的歷史家有波利比阿斯 (Polybius)、李維 (Livy)、泰西塔斯 (Tacitus)、地理作家有狄奧多魯斯 (Diodorus)、保撒尼亞斯 (Pausanias)、史特拉波 (Strabo) 等，傳記作家則有普魯塔克 (Plutarch)，這些人的作品是我們探索羅馬歷史文明發展時最重要的資料來源。前面曾經提到的阿普列歐斯 (Apuleius) 所寫的《金驢》雖然成書於西元二世紀中，卻很能將希臘化時代以來民間宗教信仰的情況生動的表達出來。

一般而言，羅馬人是注重實際的，他們重視的是文藝的實用性，而不是文藝本身的價值。譬如羅馬的喜劇，多半是競選公職的人自行掏腰包來上演，以娛樂民眾，博取好感和選票，故喜劇的內容多以粗俗的笑鬧情節為主。羅馬人看不起真正的抒情詩，但是對於歌頌羅馬光榮的史詩，或者給人以道德教訓的歷史，甚至帶說教性質的諷刺詩，都比較有興趣接受。

不但文學要有實用性，藝術亦復如此。共和時代晚期的羅馬藝術乏善可陳，主要是受伊特拉士坎和希臘的影響。在羅馬帝國向東擴張的過程之中，羅馬人擄回了大量希臘的藝術品，用希臘藝術品作為裝飾成為羅馬貴族家庭必有的條件。這些作品主要是雕像和壁畫。當希臘原作的供應日漸稀少之後，羅馬的雕刻工匠就開始模仿希臘作品，不少希臘化時代的作品因而得以保存下來。羅馬人的製造技術可以說是相當成熟，他們的主要興趣除了製作裝飾作品之外，就是製作肖像。他們接續了希臘化時代個人

圖 16-3　一對青年夫妻　這兩人顯然希望被認為是知識分子：男的手持紙卷，女的手持筆和書寫板。西元一世紀左右作品。

主義的表現精神，更加重視以表現個人形象為主、用來紀念其人的肖像。這可以說是以實用性為主的作品。

羅馬的建築最能表現出帝國的宏大規模。其基本的結構理念雖來自希臘，但能夠發展出獨特的形式，主要就是所謂「廣場」(Forum)、紀念碑、凱旋門、大浴池等。「廣場」為長方形，四周圍以廊柱，是城市的政治和社交中心區。自凱撒以下，歷代皇帝莫不以有能力建立新的廣場為榮。而紀念碑中最具特色的是布滿敘事浮雕的圓柱，以表揚皇帝的功勳為目的，如圖拉珍和奧理略均有。至於那至今仍可說是巨大無朋的「競技場」(Colosseum) 和「萬神殿」(Pantheon) 則已成為羅馬建築的代名詞。

第三節　羅馬的工技與醫藥

奧古斯都時代的歷史和地理學者史特拉波 (Strabo) 曾經將希臘和羅馬的城市做了一個比較，他認為當希臘人建立城市的時候，特別注重美感、永恆，以及海港和沃野的配合。但是羅馬人則將大部分的注意力放

在希臘人不在乎的地方，如街道的路面、清水的供應，以及排除廢水的地下排水管。他們也修築鄉間的道路，以流暢貨物。他們的地下水道是由石塊築成的圓拱形，由引水道所引進城內的水量充沛，幾乎每一家都有水井、水管和噴水池。史特拉波的話並不算誇張，由考古發掘可以充分證實他的描述。當然，他所謂「每一家」多半指的是有私人宅第的大戶人家。這些規模龐大

圖 16-4　奧古斯都頭像

的引水道和鋪有石磚的道路直到現在仍然是羅馬公共工程的見證。以引水道為例，羅馬人在許多城市中都有建築，但以羅馬城的規模最大。這些引水道由八十公里之外的山區將山泉引入城中，大部分是在地下，到了接近羅馬時，就用高架拱橋引水，使不斷流動的泉水能供給城中居民使用。羅馬人重實際的性格在他們建築工程中發揮無遺，他們對公共建築的設計與規劃不但在古代世界中無可比擬，

圖 16-5　羅馬城中心　羅馬城中心地區稱為廣場，有各種公共建築，為羅馬政府行政的中樞。

在近代之前的歐洲亦沒有任何城市有這樣高的水準。

羅馬的公共工程固然相當宏偉堅固，自奧古斯都以下的皇帝也大多有豪華的宮室，而貴族在羅馬城內和鄉間都有大宅第和別墅。但一般人的住家很多是數層樓的公寓式建築，而在這種建築中，就很難享受到自來水和下水道的好處了。樓上的住戶因而經常讓汙水由空而降，造成樓下住戶和行人的不便。此外，城中的道路除了幾條主要的大路——這些也至多不超過十公尺寬——都是泥土路面。可以想見，兩天時的泥濘和晴天時的灰塵都是很大的問題。

也就是由於羅馬的道路太窄小，而人口又愈來愈多，到了凱撒的時代不得不下令，除了公共建設工程必須的車輛之外，禁止一切貨車於日間進入羅馬城中，以免人車爭道，阻礙交通。這禁令不但在羅馬維持了很久，後來並且推展到帝國其他城市中去，它對於羅馬人日常生活的順利運作顯然有很大的幫助。

羅馬的工程建築雖然成就非凡，他們對純理論的科學知識卻比較缺乏追求的興趣。正如他們所有興趣的哲學是與個人道德和生活有關的斯多葛學派思想，他們對科學或技術的興趣主要是在於它們是否能夠實用。當然，從純實用的角度來看，羅馬人仍然有一些工技上的發明，如他們發明的一種混凝土使得巨大的建築物以及圓拱形結構的建築成為可能，又如木製或金屬螺絲釘的廣泛應用，計算尺、水平器等度量工具，在各種建築、製造的場合都極為有用。

在軍事工藝方面，羅馬人發明了能將 1.2 公尺的長箭射出 340 公尺遠、並且命中目標的弩槍，以及能將石塊射出 300 公尺遠的攻城拋石器。其他各種攻防器械，如木製的攻城高架、撞城器、火箭器等等，也是不勝枚舉。這些都有助於羅馬軍隊的戰力。

在醫藥方面，當共和時代早期，羅馬的醫學仍籠罩在迷信和魔術之中。隨著希臘化的過程，羅馬人開始輸入希臘醫學。不過起初希臘醫學在羅馬並不受重視。共和晚期和帝國時代，醫生的地位始逐漸提高，收費亦變得相當昂貴，一些有名的醫生由於和皇帝有密切的關係，遂對政

圖 16-6　羅馬時代引水道　羅馬公共工程中最引人注目的是引水道。不但羅馬城的水由引水道供應，許多城市也都有引水道，以保持城市生活品質。圖為位於現今法國尼姆斯 (Nimes) 附近的引水道，建於西元前一世紀末，橫跨一條溪流，高 160 呎，寬 885 呎。引水道位於最上層，以下兩層拱橋為支架。

圖 16-7　羅馬劇場　這是位於土耳其的一座建於羅馬時代的劇場，舞臺後面有五個門，供演員出入。

治有相當的影響。不過這些醫生對於病理和生理均無追究的興趣，他們比較願意做的是發明一些實用的器具，方便診斷和手術。至於醫學方面的作品，更是僅限於編纂希臘化時代醫學著作，以及一些實用的手冊。

　　整體而言，羅馬文化上承希臘文化，在其基礎上結合了義大利原本的文化因子，衍生出一種重實際、重傳統的精神。羅馬文化在地中海四周以及歐洲大陸各地發展，成為後世歐洲文明的基礎。羅馬文化的特質包括對法律的重視，以及對城市生活的熱愛。不過，一個文明由盛而衰如果不是歷史的定律，卻也常常發生。羅馬文明固然盛極一時，但並不是沒有缺點，使它衰敗的因子也同時埋藏在表面的榮景之中，最後終於發生了作用。

圖 16-8　起重機　羅馬人發明出巨大的起重機，以人力轉動機輪，以吊起重物。

第十七章
古代文明的轉化：崩解與新生

第一節　羅馬帝國的崩解

在西元三至五世紀中，羅馬帝國逐漸走向一個崩解的過程。這個過程中所發生的各方面變化是相互牽連而影響的。約略而言，可分為軍事、政治、經濟、文化等諸方面。在歐洲史上，這是一件重大的事情，因為歐洲從此不再有大一統的帝國出現。政治和文化的多元發展，使得歐洲歷史走上了與東方的中國不同的道路。

如前面所說，羅馬的軍隊自從有能力擁立皇帝之後，就在政治中扮演了重要的角色，但是由於一、二世紀中長期的大致和平使得軍隊的戰力逐漸下降。更有甚者，由於地方政府的腐敗、稅制的不公平，使得人們效忠中央政府的意願減低。原在帝國早期，軍人可以被給予羅馬公民的身分，在當時是一種有實質好處的特權，但是後來政府將公民權開放給帝國境內所有人，於是公民的身分也不再成為效忠的誘因。到了四世紀後期，由於國家財政不振，軍餉不但不足，還受到不肖將領從中剝削，以致士氣低落，逃兵日眾。一般民眾和擁有土地的貴族地主自然也不願意從軍，政府無奈，只有開始徵人頭稅，以稅金去僱日耳曼傭兵。這些傭兵抵抗日耳曼「同胞」的意願自然不會很高。總之，到了五世紀中，在西羅馬境內，政府幾乎招不到新的兵，日耳曼傭兵已經基本上取代了羅馬兵。邊境上，要塞和城堡也是千瘡百孔，防禦力幾乎等於零，這是日耳曼人後來之所以能大舉入侵的原因之一。

造成政府腐敗的原因也相當複雜，一方面是行政系統過於膨脹，公職人員的教育程度低落，而國家長期缺乏有力的領導中心，也是要因。政府敗壞的象徵就是貪汙，在許多地方，賄賂成為公開的事實。政治的

圖 17-1　北非羅馬殖民地　在北非地中海沿岸，羅馬人建立了不少根據地，這是阿爾及利亞地方一處羅馬城遺址。

不良和經濟又有密切的關係，這可以由通貨膨脹所造成的問題上看出。政府因經濟不景氣而鑄造成色不足的錢幣，而每一次新貨幣上市時，總會造成民眾為保值而搶兌舊貨幣，黑市貨幣的買賣就大為風行。在小亞細亞地方公布的一項法令就提到，除了國家指定的銀行管理和經手人之外，任何人如果被抓到以任何的形式兌換或買賣錢幣，都將會被提起公訴。如果被判有罪，就必須付出高額的罰款。

帝國內部的貪汙情況又可以由狄奧多西二世在 438 年所頒布有關懲治貪汙的法條中看出，其中有一條指出，政府人員的貪汙行為應該被處死。同時也禁止一些陋習，例如為了要進入法官辦公室的入室費，以及為了提前審判而給的賄賂。人為何要進入法官辦公室？又為何還要付費才可見到法官？可見當時人為了在判決時得到對自己有利的結果，有許多賄賂的行為。法條也規定，任何人膽敢在民事案件要索賄賂，就立刻處決。這些看來相當嚴厲的措施，是否真的有效？如果我們仔細思考這段文字內容所引申出的社會情勢，應該可以想像當時人們生活痛苦之一斑。羅馬法原是羅馬文化和社會的重要支柱，當法律不但不能成為人民生活中尋求正義和公理的最後保障，反而成為有權勢者謀求個人利益的工具，這個社會中不同階級和身分背景的群體只能朝向分裂的路上走去。

經濟上的另一種變化是農業和土地制度的破壞。由於帝國前二百年長期的和平，奴隸的來源逐漸減少，使得許多依賴奴隸生產的大田莊不能維持，於是地主開始將土地租給小農戶耕作，收取部分租金。另一方面，為了防止奴隸逃亡，地主也不得不採取讓奴隸佃田耕作，地主收取租金的合作方式。到了五世紀，狄奧多西二世的法條中規定農民不得擅自離開耕地，另謀生路。這是一種企圖穩定農業生產的方法。不僅如此，政府又規定其他行業的人也不得改行，譬如軍人的兒子也必須當兵，以求穩定兵源。而當稅賦因應付龐大軍費而愈形沉重時，小手工業者也紛紛破產。同時，原來城市中的「市紳」階級也因為必須承當中央政府對地方政府不斷增加的賦稅要求而破產，其結果就是城市經濟活動的日漸萎縮，而這種情況又以西半帝國的新興城市較為嚴重。

稅賦的重擔最直接的受害者當然是無助的小民百姓。一個五世紀時的作家薩維安 (Salvian of Massilia) 曾經有如下的描述：

不論稅賦有多嚴苛和殘暴，如果大家共同承擔，還是可以忍受的。但是情況是大家的負擔不同，這是最可恥而糟糕的事。富人所應付的稅金要由窮人身上去榨取，弱者要背負強者的重擔。他們之所以不負擔全部的擔子，是因為所要求的比他們所有的資源還要

圖 17-2　農民與牛　西元一世紀左右一幅浮雕上，一個農民和他的牛正經過一處神壇。

多。⋯⋯

窮人最先挑起重擔，最後得到休息。只要是統治權威認為減稅可以幫助城市破產的話，我們立刻可以看到富人們彼此瓜分所有的好處。誰會想到窮人？

我還能說什麼？窮人只有在被要求賦稅時才會被認為是公民。當減稅條例被發放下來時，他們是不算數的。在這種情況之下，當我們繼續如此懲罰窮人，我們還能認為我們不應受到上帝嚴屬的懲罰嗎？ (M. Grant, *The Fall of the Roman Empire*, 64–65)

在這樣的變局中，比較沒有受到影響的仍然是原來的大地主階級。由於許多為賦稅所逼而無法生存的人紛紛逃入鄉間，藏匿於大莊園之中，而身為貴族的莊主多半有賦稅豁免權，遂能坐大，成為幾乎獨立的地方

勢力，為中古時代莊園的先驅。另一方面，無主的逃民進入山林，成為
打家劫舍的土匪，在廣大的農村曠野橫行無阻，打亂了中央政府的統治。
在義大利、西班牙、萊茵河流域、不列顛，以及高盧等地區，官逼民反
的地方亂事成為帝國後期的常態。

　　在文化上，羅馬帝國後半期呈現相當多樣的面貌。一方面，傳統的
希臘羅馬文明正在衰退之中。不論是文學——歷史、哲學、史詩、戲劇，
或是藝術——浮雕、塑像，都缺乏有創意的作品。在哲學方面，唯一可
說有較大影響的是興起於西元三世紀末的新柏拉圖學派
(Neo-Platonism)。這學派與柏拉圖哲學的關係只是其創始人柏羅提努斯
（Plotinus，約西元 204–269 年）借用了柏拉圖的觀念論，發展出一套帶
有宗教性的神祕主義哲學，認為在人的軀體、靈魂、心智之外有一至高
無上的神，人應以內心的純淨和自由來體驗這神的無上力量。這種哲學

圖 17–3　繳交稅金　在一幅約西元二至三世紀的浮雕上，一些人
正在繳付稅金，收稅官面前的桌上放滿了錢幣。由浮雕的手法可以
看出，工匠對人物形貌及衣飾的表現都相當簡略。右邊第二人的身
軀僅用線條勾勒。

在當時對一般知識分子有相當的吸引力，逐漸取代了斯多葛學派。

在藝術方面，比較受到重視的仍是大型的公共建築，如王宮和公共浴池。此外，浮雕藝術廣泛的被應用在石棺的外部，成為帝國晚期造形藝術的重要代表。這些浮雕上的人物在布局安排上雖然仍遵從一些古典時代傳下的原則，如平衡對稱，以及用人物的正面表現和身材大小來表現其重要性等，在人物的相貌和體態方面卻逐漸放棄了從前希臘羅馬藝術中對描摩自然形象的追求，而走上一種只求簡單、達意、不求形似的表現方式。

不過，在這古典文明衰退的同時，有另一種文化力量也開始逐漸的凝聚，這就是基督教的文化。基督教興起於羅馬帝國極盛時代，其由一個不為帝國政府承認的地下宗教而發展成國家宗教的曲折過程，我們將在第三節有所交代。

第二節 古代西亞地區的轉變

 埃 及

西元前二世紀以來，羅馬在地中海盆地周邊不斷擴張其政治勢力，希臘化世界漸落入羅馬的掌握之中。此時，安提哥那王朝與托勒密王朝之間發生衝突，兩敗俱傷，羅馬從中得利，成為托勒密王朝實際上的主宰者。從此托勒密埃及在名義上雖仍為獨立自主的國家，實際上已成為羅馬的附庸，其歷史發展遂與羅馬密不可分。

我們在第十四章中已經提到，西元前一世紀中葉，羅馬共和發生空前危機，內戰頻仍，在龐培、凱撒、克拉蘇三巨頭的鬥爭中，龐培 (Pompei) 取得埃及的控制權，成為托勒密十三世的監護人，將他的妹妹克麗奧佩脫拉驅逐。第二年，凱撒攻下埃及，龐培被殺，克麗奧佩脫拉被重新扶上皇位，成為女王，但她也成為凱撒的情婦，並生下一子。當凱撒在西元前 44 年被謀殺之後，她又成為凱撒繼承人之一安東尼的情婦，育有兩兒一女。她的這些作為，至少在政治考慮上，是為了要維持埃及不淪為

羅馬的一省。西元前 30 年，在安東尼與屋大維的鬥爭失敗之後，她與安東尼雙雙自殺，托勒密王朝也就此告終。克麗奧佩脫拉和安東尼的故事之浪漫和曲折固然成為後世不斷傳頌的對象，但克麗奧佩脫拉欲以個人的力量挽救埃及的獨立地位，卻是一段悲劇。

　　在掌控埃及之後，屋大維（此時被尊稱為奧古斯都 Augustus）將埃及建為羅馬的一個行省，直接受皇帝管轄。這是由於埃及在當時為環地中海區域最重要的糧食產地，而羅馬城所需要的糧食有三分之一以上是來自埃及。因而，對於一個在政治上要得到羅馬人民支持的皇帝而言，埃及是他必須控制的地區。羅馬在埃及的統治基本上承襲前代，羅馬皇帝以法老的身分自居，並且繼續在埃及各地興建或修葺傳統埃及的廟宇。在實際的控制方面，羅馬政府取消了托勒密時代的屯田制。這屯田制是政府配給軍士和他的家人一塊土地，以耕地自維生活。羅馬政府對埃及的處置則和他們在帝國其他防區一樣，派軍隊駐紮在各地。這當然是為了要更有效的防止可能發生的動亂。對於一般埃及人而言，生活和從前並無大差別，只是他們的賦稅更重了些。這是羅馬人比腐朽的托勒密王朝有效率之處。

　　羅馬帝國時代，埃及是皇帝直接控制的行省，政府對埃及祭司階級的控制更嚴，由亞歷山卓城大祭司總領一切事務。神廟每年必須報告其財務狀況以及人事變動，日常行事則有嚴密的監督和抽查。在這種情況之下，教士的一切活動就更被定義為神廟的管理人員，與宗教傳統本身的關係遂愈形疏遠，而神廟的經濟力量更為削弱。西元 152–153 年及 172–173 年，埃及人曾經有二次大規模的反叛活動，其中第二次發生在三角洲地區，據說是由埃及本土教士所領導的。這事件可能意味著埃及土著的本土意識活動。同時，在此時出現的一些希臘文反羅馬作品其實是埃及土著所寫的，主要是以預言的文體來「預測」羅馬統治者的失敗和埃及人的興起。不過反諷的是，這種以希臘文寫的預言式作品雖然源自於古埃及，但在此時不但是以希臘文寫，而且其中參雜了希臘的傳奇和歷史。埃及人的本土意識終不免為長期的希臘羅馬統治以及與希臘文

化的接觸而侵蝕。使情況更為複雜的是，在羅馬時代，原本為埃及統治階層的希臘移民在經過三百年的時間之後，已經成為一種新的「土著化埃及人」，以城市居民、官僚和商人為主。而羅馬人的統治政策對他們而言也是一種壓迫，所以也曾於西元 205 年以亞歷山卓城居民為主發生反羅馬的暴動，結果亞歷山卓城被破，羅馬軍屠城。當希臘人和埃及土著均有羅馬為其反抗的對象時，彼此同仇敵愾的意識自然產生。在此情況下，本土埃及人和希臘移民之間的交融遂多了一項鼓勵的因素。

當基督教逐漸在埃及傳開來，以希臘文為主的希臘信徒和以科普特文為主的埃及土著彼此之間遂又增加了一層精神和信仰上的認同感。等到君士坦丁將基督教定為官方宗教，基督教在埃及的傳播又得到官方的認可，更是發展迅速。不過，埃及自西元 451 年加爾西登宗教會議 (Council of Calcedon) 之後就不斷有亂事，主要是羅馬人與埃及人的鬥爭，是宗教與種族衝突。在宗教方面，是一性論 (Monophysite)（埃及科普特教徒主張耶穌只有一種性質）與正統論（為會議宣布的正統，也是皇室派，主張耶穌有人神兩性，但又合而為一）的衝突。在種族方面，則是羅馬統治者對埃及居民的高壓手段和輕視的態度，造成「埃及人」的不滿。這「埃及人」實際上已經是包括希臘後裔和埃及土著兩類人。

當西羅馬帝國崩潰後，東羅馬帝國成為埃及名義上的宗主國。對於東羅馬帝國而言，埃及仍是其東方帝國疆域的一部分，但是要控制埃及，得依賴本地人，並不容易。埃及當時可說是處於半獨立狀態，地方上，基督教士有相當的權威，但埃及南方努比亞人和東方山區的游牧民族經常擾亂，造成安全上的問題。到了查士丁尼在位晚期（六世紀下半），埃及內部仍然因為科普特教與官方（拜占庭）所持的不同神學意見而爭論不休；在經濟方面，拜占庭政府又對埃及剝削壓榨，因而在全國各地都有動亂發生。

西元 616 年，波斯軍隊攻入埃及，科普特教徒與波斯人發生衝突。波斯佔領不久，在 622 年為東羅馬皇帝赫拉克利斯 (Heraclius) 擊敗，於 628 年簽訂了和約。當 641 年阿拉伯人入侵埃及時，埃及人民方苦於羅

馬政府的苛政，因而阿拉伯人沒有遭到太大的抵抗，就結束了羅馬帝國對埃及的統治，情況與亞歷山大初入埃及時有相類似之處。與基督教當時繁瑣的神學爭論相比，阿拉伯人所提倡的新教義顯得簡單有力，這也許是另一個埃及人之所以沒有產生強力抗拒的原因。東羅馬帝國與阿拉伯人在 641 年底簽訂了停戰和約，從此將埃及讓給阿拉的子民來管理，直到今日。

自托勒密王朝以下，一直到阿拉伯人入埃及，有將近千年的時間，埃及這地方一直受到外族的統治。如果加上波斯帝國佔領的一百多年，則時間更久。古埃及文明在這漫長的時間中逐漸的產生質變，在語言文字和宗教信仰等方面，由太陽神的子民轉變為基督徒 (Christian)，再變為阿拉的子民，而古埃及象形文的書寫系統在演變為庶民體 (Demotic) 之後，逐漸被希臘文和科普特文所代替，而這兩者最後又都被阿拉伯文所取代。由於伊斯蘭的教義禁止偶像崇拜，古埃及的宗教圖像自然受到禁止和破壞，大部分的建築遺跡也逐漸被黃沙所掩沒，古埃及文明可以說就此走入歷史。

巴勒斯坦

在波斯帝國統治期間，以色列人（此後被稱為猶太人）雖然分散到各地，也有不少人回到巴勒斯坦去，重建耶路撒冷聖殿。不過由於文獻缺乏，我們對猶太人在這段時期中的活動並不清楚。唯由一些以宗教為主的文獻中，我們可以大致了解，猶太人由於和其他民族交往密切，逐漸的採用當時波斯帝國西半部所通用的亞蘭文 (Aramaic)，長期下來，他們也就忘了希伯來文的知識。《舊約》中最後幾部書就是用亞蘭文所寫成的。另一方面，由於希臘人在西元前六、五世紀中活躍的往來於地中海沿岸，使得猶太人也有許多機會和希臘文化接觸。

希臘化時代，巴勒斯坦先由托勒密王朝統治了一百年之久。當地猶太人向埃及輸誠輸銀，享受半獨立的地位。許多猶太人也移居埃及，亞歷山卓城為猶太移民的中心。而埃及猶太人希臘化的結果，使得他們失

去了希伯來文和亞蘭文的知識，只懂得希臘文。於是有一批亞歷山卓的猶太長老在西元前三世紀中將希伯來《舊約》各書逐步譯為希臘文。這希臘文的《舊約聖經》開啟了希臘人和猶太人之間思想的交流，對於後來基督教的興起也有很大的影響。

從西元前二世紀開始，巴勒斯坦落入賽流卡斯王朝 (Seleucus) 的統治。西元前二世紀中葉，賽流卡斯王要求猶太神殿多貢獻稅金，並且以希臘人的方式崇拜神明，也就是將耶和華與宙斯等同，而國王安提哥四世（Antiochus IV，西元前 175–163 年）也自稱為宙斯的化身。猶太人中希臘化程度較深的人並不反對這種希臘化的政策，但也有不少堅持傳統信仰的人堅決反對，終於引起一場爭取信仰和政治自由的戰事。在馬卡畢 (Judah Maccabees) 和他的後人領導下，建立了一個猶太政權，以游擊戰的方式斷續的綿延了一個世紀，在賽流卡斯王國瓦解之後，羅馬的勢力深入巴勒斯坦，繼續鎮壓猶太人。西元前 66 年，巴勒斯坦地區的猶太人發動了反抗羅馬統治的戰爭，但沒有成功。西元前 63 年，羅馬終於征服了猶太人。但猶太狂熱分子並不甘願受羅馬的統治，時有暴動發生。西元 70 年，耶路撒冷再度被羅馬軍隊攻陷，大批猶太人被殺。但這並沒有真正解決問題。對於一批虔信的猶太人而言，世間的王國不屬於他們，現在所期望的是彌賽亞（Messiah，救世主）的來臨。西元 115 年至 117 年，埃及全境發生猶太人的暴動，起因是由於猶太傳說中的救世主出現，亂事遍及兩河流域。事後，埃及境內的猶太人幾乎被剷除殆盡。後人也忘了他們在埃及的歷史，直到二十世紀，他們的文獻和遺跡在艾勒方坦上一座神殿遺址中出土，人們才又重新有機會了解他們的一段歷史。

兩河流域及波斯

羅馬雖控制了巴勒斯坦，但對於更東方的安息 (Parthia) 卻仍然無計可施。安息原為西徐安 (Scythians) 人的一支，世居裏海和鹹海之間，在西元前三世紀中進入波斯故地，趁著賽流卡斯王朝衰落之時擴張勢力。到了前二世紀中，安息的版圖已經由幼發拉底河延伸至印度。安息王朝

的建立者為阿薩西 (Arsaces)，故亦稱阿薩西王朝。

與大流士的波斯帝國相似，阿薩西王朝也控有一片廣大的領土，在地形和民族方面均相當複雜。除了在兩河流域的亞蘭文以及希臘化城市中的希臘文之外，在裏海以東的廣大區域至少有安息語、粟特語 (Sogdia)及大夏語 (Bactria) 等，粟特人隨著中亞的絲路向東旅行，和中國的西域有所接觸。在中國的史籍如《史記》、《漢書》、《後漢書》中，中國與中亞地區的來往，大致也就是在阿薩西王朝時代發生的。至於裏海以西，則又有使用亞美尼亞語 (Armenian) 的族群。古波斯語也發展出中波斯語，其使用年代為西元前三世紀一直到西元九世紀。它原為波斯地區的方言，在後來的薩珊王朝時代成為通行的官方語。總之，在這古波斯帝國範圍內語言的複雜，加以文獻殘斷，也使得現代學者對此一時代的了解極為有限。至於古代巴比倫的楔形文字又如何呢？目前的材料顯示，至少在西元前二世紀中，巴比倫城內的馬杜克神廟仍然有運作，而有日期可定年的楔形文材料最晚為西元後 75 年。因而可以推測，古巴比倫文字到了西元後二世紀時，應該已經成為歷史了。

安息人在宗教方面繼承了古代伊朗的混合性宗教，所崇拜的有阿胡拉馬茲達、米賽拉等神明。但是另一方面，他們也接受一部分希臘化的文化。希臘文是他們的官方文件和行政、法律方面的文字，希臘藝術也為其上層階級所接受。直到後來，安息人終於以亞蘭文為藍本發展出了他們自己的文字，用來寫安息文。在軍事方面，他們以帶甲騎兵和弓箭手著稱，使得戰無不勝的羅馬軍團迭受重創。著名的將軍克拉蘇於西元前 52 年兵敗被俘，是羅馬的大恥。

安息王朝於西元 224 年為其附庸薩珊 (Sasanian) 家族的阿爾達希 (Ardashir) 所推翻，建立了所謂的薩珊王朝。這新的王朝和安息王朝在文化上同樣源出於波斯的王朝，但和安息不同的是它特別注重提倡古波斯的文明，瑣羅亞斯德的祆教經典就是經由這一時期文獻的引用而部分得到保存。薩珊王朝與羅馬在四世紀中進行了一場漫長而無大結果的戰爭，基本上雙方保持原來的疆界，即薩珊王朝佔有波斯故地兩河流域。當羅

馬帝國東西之分成形，西羅馬帝國又崩潰之後，東羅馬的力量更不足以制服薩珊王朝。不過薩珊王朝本身也有相當多的問題，到了七世紀中，阿拉伯人的勢力興起，包括整個波斯和西亞以及埃及在內的廣大區域，遂被伊斯蘭的世界所吞沒。

第三節　基督教世界的成立

我們在前面已經陸續提到基督教在羅馬帝國時代的一些情況，現在則回頭來審視基督教發展的本末，以及基督教世界的成立。如果我們回顧古代世界的宗教，不論是埃及、兩河流域，或者希臘羅馬，都是多神信仰，亦即人們相信，主宰人世的神明不止一位，這些神明有時還會組成一個天上的朝廷，由一個主神統治眾神。唯一有可能被稱為例外的，是埃及新王國十八王朝的易肯阿頓所提倡的阿頓（太陽）信仰。但阿頓信仰只是極短暫而有限地如流星般一閃即逝，沒有造成重大的影響。只有以色列人的耶和華信仰才可稱為真正重要的一神信仰，在古代世界中算是一項異數。

不過耶和華信仰並未能保佑以色列人得到長治久安。在以色列和猶大相繼亡國後，人民流散各地，被稱為猶太人。他們雖寄人籬下，經歷了波斯和賽流卡斯王朝及羅馬帝國的統治，但仍繼續保持其信仰，相信有一天救世主會降臨，拯救信徒。這種信仰被稱為猶太教。然而當有一天有人自稱為救世主降臨時，猶太人卻發生了極大的疑問，這人就是耶穌。

根據《新約》記載，猶太人耶穌的父親為木匠約瑟，母親為瑪麗亞，出生在伯利恆的一個馬廄中。他在大約三十歲的時候接受了一個猶太聖者施洗約翰的洗禮，後來並在約翰死後開始在巴勒斯坦地區宣揚一種自猶太教發展出的新教義。這新的教義繼承了以色列人所信仰的唯一真神耶和華，但是與傳統不同的是，他不認為耶和華只是以色列人或猶太人的守護神，而是全人類共同的神，因而有關耶和華的信仰就不應只是猶太人獨享，而應讓全人類共享。

他的教義可以用〈馬太福音〉中的〈登山寶訓〉為代表：耶和華是

全世界唯一的神，祂祝福的是虛心、溫柔、清心、正義的人，因為真正
的虔誠是發乎內心，而不是外在的行為。只要信祂的，必得永生。這個
說法成為後世基督教傳播的最主要信息。

　　耶穌除了提出新的教義之外，也對傳統猶太教的教士階級多所批評，
主要的論點是，教士們也許有許多關於他們的信仰和儀節的知識，但是
這些知識並不能使他們真正了解上帝的旨意，反而成為某種世俗的權威。
如果上帝是道，則儀節知識則是為了要了解道的手段，而不是最終目的。
他後來並且宣稱自己就是猶太人期待已久的救世主，是上帝耶和華的兒
子。他這種言論極不為猶太教士們所歡迎，因為他們認為他過於極端，
而當時統治巴勒斯坦的羅馬政府也認為他可能會煽動反叛，於是將他逮
捕，並將他釘死在十字架上。據說他在死後兩天自墳墓中復活。他的追
隨者稱他為基督 (Christ)，原意為「受膏油者」。

　　耶穌死後，他的門徒不但不灰心，反而開始四處傳教，其中以保羅
最為重要。保羅的特殊之處是他從未見過耶穌，但卻在偶然的機會下受
到感召，成為耶穌的信徒。他傳道的足跡遍布小亞細亞、巴勒斯坦、北
非，和塞普勒斯、希臘等地。由於他接受非猶太人為信徒，擴大了基督
信仰的群眾基礎，基督徒 (Christian) 一詞也開始出現，成為新宗教的標
幟。在他長期的傳道過程中，逐漸發展出一套基督教神學，這神學的基
本概念是：神創造世人，但由於人的本性有原罪，使人行罪惡的事，於
是神為了拯救人，差遣獨生子耶穌基督到世間，用自己的生命為世人贖
罪。人之所以得有救贖的機會，並非是人行了什麼值得的事，而完全是
神的恩賜。人的原罪和神的恩典這兩種觀念，從此成為基督神學的基礎，
在此後兩千年的基督教信仰中屹立不搖。基督教的經典包括了傳統猶太
教的經典，稱為《舊約》，而在基督死後集結而成的一些門徒傳教故事和
書信則稱為《新約》。基督教巧妙的利用了《舊約》，提供他們信仰的根
源以及上帝旨意在歷史中顯現的證據，而《新約》則大量引述耶穌的事
蹟，作為宣講教義的重要根據。不過現代研究早期猶太教和基督教的學
者已發現，新舊二約只是有關猶太教和基督教的部分文獻。二十世紀中

在巴勒斯坦死海附近發現的《死海手卷》(*Dead Sea Scrolls*) 中，留有相當多關於猶太人在西元前二世紀中的活動事蹟，對於了解耶穌出現時代的社會和宗教背景有重要的意義。而所謂的新舊約《聖經》，是早期基督教會組織在排除了一些他們認為不可靠或者思想上路線不同的文獻之後所得到的「審定本」。因而要了解基督教早期的發展，除了《新約》之外，這些被排除的「偽經」也是重要的參考資料。

基督教的早期發展

西元一至二世紀是基督教發展的初期。由於羅馬帝國境內原來即為多宗教並存，希臘化時代發展出的一些神祕宗教也在羅馬境內流行，因此羅馬政府起初對基督教的活動並不干涉。不過由於羅馬政府重視公民對國家的忠誠，而表示忠誠的方式是尊崇官方提倡的宗教崇拜儀式，並且向傳統羅馬神明和神化的皇帝敬拜。對於傳統羅馬公民而言，宗教是公民道德的一部分。不過當基督教開始在帝國內流行之後，就出現了問題。根據基督教信仰，宇宙中只有一個真神耶和華，所有其他的神明都是木石所塑的偶像，因而所有其他的宗教信仰都是虛幻的，錯誤的，甚至邪惡的。因而基督徒不可能崇拜除耶和華之外其他的神明。基督教這種態度有其必然性和必要性，因為基督信仰的根本精神在於一神信仰，所有基督教所提倡的道德和倫理的最後保證就是一個全知全能，賞罰分明而無所不在的上帝，如果這保證不是唯一的，所有建築在一神之上的道德倫理系統也將崩潰。在這種情況之外，基督徒自然也不承認羅馬帝國官方宗教所提倡的神明，如丘比特 (Jupiter)，馬爾斯 (Mars) 或維納斯 (Venus) 等等。這種信仰造成不少羅馬人的反感，因而不時遭到官方的禁止和迫害，也造就了不少殉教的烈士。雖然如此，基督教仍然在羅馬帝國中迅速的傳播開來。

基督教之所以能迅速傳播，有主觀和客觀的原因。主觀原因，是基督教的教義具有很高的彈性。它一方面可以用永生的概念來打動一般百姓的人心，為人生的苦難提供解決之道，另一方面它的神學理論和倫理

圖 17-4　羅馬式的耶穌　在羅馬早期基督徒的地下墓穴中
有一幅耶穌像，身著羅馬式的衣著，以牧羊人的形象出現。

思想又對比較有知識的人士有相當的吸引力。尤其是它的倫理思想和斯
多葛學派主張有不謀而合之處。而客觀的因素，則是信徒們彼此互助互
愛，營造溫暖的歸屬感。羅馬帝國時代，由於境內大致和平，交通便利，
也方便教徒的傳道。到了四世紀初，皇帝君士坦丁於西元 313 年發表〈米
蘭敕令〉(Edict of Milan)，承認基督教具有合法的地位。從此基督教的發
展得以全面展開，到了四世紀末期，基督教成為帝國內唯一合法的宗教，
其他的宗教一律遭到禁止。昔日受到迫害的基督教，這時反而成為不寬
容異己的絕對權威。學者回顧這一段歷史，發覺君士坦丁之所以決定承
認基督教的合法地位，可能並不是由於基督教的勢力在此時已經大到超
越傳統宗教的力量，因為不論如何，基督徒在帝國內仍然是少數。主要
的原因，可能是君士坦丁本人的內在需求，希望找到一個可以支撐他的
帝國的宗教力量。他認為一個宣稱救世主曾經來到世間，並且將再度來

臨的信仰，應該可以將帝國內不同的宗教力量統一起來，以幫助政治社
會問題日漸嚴重的帝國。不過事實證明，他的希望並沒有達成。其中政
治、軍事、經濟等各方面的原因已如上述，而即使是在基督教成為帝國
政府支持的唯一合法宗教後，仍然一時無法造成統一的信仰局面。這不
單是因為傳統宗教信仰非短時間可以清除，即使是基督教內部，也有許
多不同的聲音，不同的派別，因而爭端時起。在四、五世紀之間，帝國
政府所頒布的法律中，限制基督教內部爭端的條例居然遠多於限制非基
督教活動的條例，可見當時的宗教環境是多麼的不和諧。以法律的力量
強迫人民放棄或接受信仰，其最後結果並不保證造成和諧的世界，反而

圖 17-5　君士坦丁像　這是君士坦丁一座巨像的殘片，至
今尚存於羅馬城內。

種下分裂的因子。

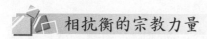 ## 相抗衡的宗教力量

　　基督教的早期發展除了要對抗傳統宗教和內部的神學爭議之外，還有兩個比較大的宗教勢力必須面對：一是猶太教，一是摩尼教(Manichaeanism)。猶太教和基督教同源，為何不能共存？最主要的原因，大約是猶太教嚴格的以種族界定信仰的傳統，並且由於他們不承認耶穌為救世主，認為救世主的來臨是在將來某日。對於基督教而言，猶太人雖然孕育了耶穌，因而應該有某種功勞，但他們又是出賣耶穌的罪人，實為基督徒難以接受，兩者之間的關係因而相當糾纏不清。不過大致而言，基督教雖然容忍猶太教的組織和活動，但總是多方給予困難，連大神學家聖奧古斯丁（Augustine of Hippo，西元 354–430 年）也在他的著作中多次譴責猶太教徒，認為猶太人態度傲慢，自以為比基督徒優秀。總之，基督教與猶太教之間的矛盾對於歐洲世界的分裂也有一定的影響。

　　另一股宗教力量，是所謂的摩尼教。摩尼 (Mani) 本人約在西元 240 年左右開始在兩河流域宣揚他的信仰。他認為世間有兩個永恆的相對力量，即光明和黑暗，或者善與惡。善惡既然同時並存，人必須分辨善惡，從善去惡。善為精神的力量，而惡為物質的力量，人必須由物質的誘惑中脫出，以達到精神的善的世界。這種二元論的宗教思想源於波斯早期瑣羅亞斯德所宣揚的祆教，又同時混有基督教和佛教的因素。摩尼教的力量在四、五世紀時傳入歐洲，但遭到基督教權威的禁止，並且在 384 年處死一名有摩尼教嫌疑的主教。這是具有深遠影響的事件，因為如果為了宗教信仰可以用極刑來對付不同信仰的人，對於人們思想的自由發展實為一種重大的打擊。西元五世紀之後，摩尼教在歐洲的發展幾乎完全消失，不過在地中海東緣一直到十五世紀仍有其後裔，同時，也經由中亞向東傳入中國。

基督教會的發展

基督教早期發展多為信仰者自動的結合，原無固定組織。當它成為合法宗教之後，人數大量增加，固定的教會組織也逐漸形成，以便教義的傳播和信徒活動有常規可循。組織階層化的結果，產生了地區主教、教士等階級。而隨著階層化而來的是宗教權威的建立和集中。主教的權力愈來愈大，可以任命教士，解釋教義。於是教會逐漸成為一種「官僚體系」。到了五世紀，羅馬城的主教因地利關係，成為整個教會的領袖，後又稱為教宗 (Pope)。此一制度經歷一千餘年的發展，梵蒂岡 (Vatican) 仍然是現代世界極有影響力的宗教組織，教宗則仍為天主教世界的精神領袖。由此現象，可以看出一個宗教的發展即使是意在另一個不屬於塵世的天上世界，仍然不能不與它的生存環境發生某些結構性的關係。希臘哲人曾主張人以人的形象造了神明，在此也可以說教會是以帝國的官僚體系為背景而建構了教會組織。

自羅馬帝國晚期始，基督教和西歐各地以城市為中心建立主教教堂，主教可任命地區神父；在鄉村建教區教堂，以神父為主持，從事傳教工作。當西羅馬帝國崩潰之後，西歐的政治版圖一片混亂，倒是基督教會的組織不受影響，反而往歐洲各地擴展，許多日耳曼人放棄了原有的自然崇拜，改宗基督教。當然，並非所有的改宗均能完全與舊信仰斷絕關係，在各個地方，自然崇拜常在基督信仰的大外衣籠罩之下繼續存在。譬如說，有關宗教信仰的一個大問題是，人死之後是否成為鬼魂？希臘羅馬時代的知識分子有些相信鬼魂的存在，有些則不信鬼。比較特殊的是德謨克利圖斯 (Democritus) 以原子論來分析鬼的問題，從人的感覺和心智圖像的角度來談。他認為所有的物體都會發散出微小的原子，在空中浮動，而當人的眼睛接觸到之後，就會有知覺或視覺。鬼的存在正可以用這理論來說明。希臘羅馬宗教一般的說法是，人死之後，鬼魂去到陰冷黑暗的地下，成為影子般的存在，沒有任何活力。只有當生者在特定的地點以動物的鮮血祭祀時，才會由地下出來。但死者雖說是住在地

下世界，有時靈魂又會在墳墓附近活動。

　　基督教的中心信仰，是基督死後復活的事蹟，而死後復活的故事，或者死者被召喚回世間的故事，在希臘羅馬文化中是常常見到的。因此基督教信仰自始就與希臘古典文化有難以釐清的關係，當然，也和猶太教有密切的關係。在《舊約》中有好幾處提到，禁止人們做召喚鬼魂之類的活動。但禁令所告訴我們的，正是當時社會中人們常常做的事。

　　最早的基督教神學家之一，是西元三世紀上半期一位名叫奧瑞根(Origen) 的人。他認為人如果在世時行不義之事，靈魂在死後會受到懲罰。最後，所有的人都會得救。不過至少在基督再度回到世上來之前，好人會成為天使，壞人成為惡魔，在世間流浪，有時成為出沒於基地間的鬼魂。這說法其實和希臘羅馬傳統之間沒有太大不同。基督教神學家在討論鬼以及相關的死後世界時，其實主要談的是如何說得通其義理，譬如，好人死後是否和壞人去同一個地方？

　　由於教會推動聖徒和神蹟故事，經由口傳的過程，使得歐洲基督教世界大量的接觸並且接受，轉化了一些原本屬民間傳說的鬼故事，成為社會化和基督教化的一種力量。在這些故事中，鬼魂所說的話，正是教會要傳達的信息，它們因為有宗教信仰的支持，甚至比活人更有權威。因此可以說歐洲基督教會有關鬼的論述，其實是神學的一部分。教會為了控制信徒和社會大眾，賦予人們一定的社會及道德價值，因而在宣教文獻中宣揚鬼的存在和作用。當然這也替神學思想家製造了不少問題。

　　由上面的例子可以看出，新的基督宗教與舊的傳統信仰結合，成為動盪社會中安定的力量。教士不但在宗教上教導人如何過一種虔誠的生活，在一些其他事務上也是權威的來源。又由於教士具有積極改善世人生活的熱忱，配合了儉樸的生活，後來竟然可以讓教會的產業大為擴充，財源迅速累積，於是就有能力實施社會救濟，供給貧民衣食，並且照顧無助的病人。經由這些活動，基督教教會在民間建立了良好的形象，成為一般平民百姓精神上的領導者。但是當財富和徒眾與日俱增後，原來以天國為最終嚮往的教會，就無可避免地和世俗的權勢起了衝突，這衝

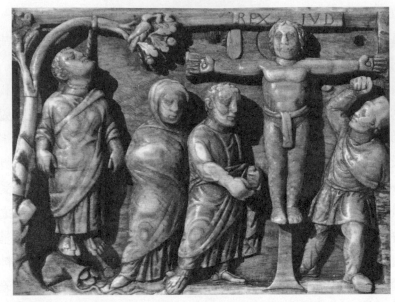

圖 17-6　耶穌殉難圖　在西元 420 年左右一件浮雕作品上，表現
耶穌上十字架以及猶大被吊死的情景。

突主要是照顧肉體的俗世政權和照顧靈魂的教會何者擁有比較高的地位
的爭執。這些，都是歐洲中古史中所要處理的問題。

　　在西元三世紀之後，羅馬帝國內部的政經和社會問題逐漸嚴重，使
得人們對國家社會的向心力削弱，整個社會結構走上崩解之途，除了前
面提到的各種經濟和社會問題之外，人口的流失是一個重要的因素。而
在流失的人口中，並非所有人都進入大莊園或成為土匪。有相當多的人
走向棄世苦行的路子。其實羅馬帝國時代原本流行的主流哲學思想斯多
葛學派就是偏向嚴格自律的倫理精神。羅馬皇帝奧理略 (Marcus
Aurelius) 曾經在戰事之間偷閒寫了一本《沉思錄》，表達對於世事煩擾的
厭倦和對平靜的個人生活的嚮往。這雖是個人想法的發揮，也反映了當
時文化思潮之一斑。到了羅馬帝國後期，苦行避世的思想受到現實社會
中各種苦難的逼迫，逐漸在民間散布開來，尤其在基督徒之間，有不少
人極端傾向清修，以肉體的存在為苦難的根源，以克服肉體的慾望為達

到天國的途徑。這種傾向在三世紀中的埃及首先以在沙漠中建立苦行教團的形式出現。根據傳統的說法，一個叫安東尼 (Antony) 的基督徒在大約西元 270 年左右放棄了身外之物，投身到埃及沙漠邊緣一個空的墓穴中，進行苦修。許多人聞風而至，加入他的修行生活。不久之後，人數愈來愈多，他於是開始將信徒們組織起來。不過他只是讓大家分別居住，一同祈禱。後來有一個埃及基督徒巴洪米斯 (Pachomis) 也開始類似的教團，並且在埃及各地建立共同生活的修院，人數最多時據說有男女修行者七千人。四世紀後半到五世紀初的重要基督教長老聖傑若姆 (St. Jerome) 曾經以親身經驗描述苦修者的體驗：

> 破碎變形的粗布覆在我汗濁的四肢上，我的皮膚因長期缺乏照顧而變得如衣索比亞人一般的粗黑。我日日流淚，痛苦的呻吟。如果我不能抵抗睡眠的侵襲而闔眼，我就在地上磨擦我戰慄的骨架。至於食物和飲水，我就不提了。但我雖然因為懼怕地獄而將自己下放到這囚室中，其中唯一的伴侶只有蝎子和野獸，我常常發覺自己被成群的跳舞女郎包圍。我的臉色因斷食而蒼白。然而我的肢體雖然寒冷如冰，我的心卻被慾望燃燒著；我的肉體雖幾乎死亡，肉慾之火卻不斷地在我面前冒出。(M. Grant, *The Fall of the Roman Empire*, 148.)

修院的制度不久就傳入巴勒斯坦地區，並且由之進入歐洲，成為基督教世界的重要精神堡壘。修院制度雖然是羅馬帝國後期基督教發展的一個新方向，反映出當時社會和信仰的問題，但若審查當時的文獻，可以發覺它也造成相當多的問題，不同立場的人也有不同的評價。首先是修院的先決精神是斷絕俗世的關係，並且守貞不婚以斷絕肉慾的誘惑。其實際結果是，原本就人口下降，稅收不足的羅馬政府又失掉一批人口，對勞力市場和國家稅制都是打擊，也加快了社會的崩解。以組織見長的羅馬教會也抱持著模稜兩可的態度，因為修院大多不受教會管制，雖說清修為虔信的表率，但許多修士的缺乏教養，修院甚或成為罪犯逃匿之處，也造成許多不良的觀感。這些問題，其實是一個社會結構轉型時的現象，

在佛教初入中國，寺院制度開始建立時，也有類似的問題出現。南朝著名的僧人慧遠曾有〈沙門不敬王者論〉，將佛教徒由世俗的秩序中切割開來，這和苦修者絕塵棄世，不向政府繳稅，是非常相似的。不過隨著時間的發展，修院制度在許多有心的教士領導之下，終於走上一條比較穩定的路子。

修院在長期發展中，建立了一套共同遵守的清規，就如同佛教在中國建立寺院制度後，也有僧人必須遵守的寺院清規，如飲食、衣服、作息、勞動、祈禱等等。在修院中的僧人，除了個人的修行之外，也研究教義，訓練傳教士，並且從事一些社會救濟和世俗知識的保存工作。這知識的保存工作實際上對歐洲文化日後的發展有重大的影響。因為，在羅馬帝國崩潰之後，隨著城市生活的衰落和政府組織的瓦解，那些在希臘羅馬時代的城市文明中所產生的各類知識型態，包括哲學、文學、科學及藝術等等，都因為城市的消失而無立足之地。而傳播及發展這些知識的世俗知識分子，也因為不再有消費市場而逐漸消失。在此情況下，社會中可以稱得上是知識分子的，也就是教士或者修士。根據後世殘存的文獻，我們知道有大量的古代作品在長年的戰亂中散失，大量的古代知識和智慧當然也隨之而逝。這又和中國古代文獻的保存情況類似：《漢書・藝文志》或《隋書・經籍志》中所提到的文獻，大多未能流傳到後世。這些希臘羅馬時代的文獻，若有幸得以保存，常常只有在教會或修院的圖書館中才找得著。此外，修院為了訓練新進的成員，必須設立學校，以教育新人。在此同時，也接受一些俗人子弟前來求學。成為日後歐洲知識發展重心的大學課程，也就是從教會學校中發展出來的。在此情況下，基督教會在羅馬帝國崩解之後的歐洲扮演了兩大功能：教區教堂向廣大民眾宣揚教義，設法使社會生活有重心、有目的，而得到安定；而修院則是教會菁英分子的養成所，也是歐洲社會智識傳統的庇護所。這兩者於是奠定了歐洲中古時代宗教生活和知識活動的基礎。

生活在西元四世紀中到五世紀初的基督教士聖奧古斯丁（Augustine of Hippo，西元 354-430 年）在羅馬帝國末期看到當時的亂象，想到羅馬

由盛到衰的過程，有感而發的在他的著作《上帝之城》中做了評論：

卷一我從上帝之城開始。上帝之城是全書的主題。蒙神之佑，我能著手寫作此書。本書的第一個責任，就是回答那些認為基督教應為現在全世界面臨的戰爭，尤其是最近羅馬為蠻族攻陷之事負責的人。他們將羅馬的陷落歸咎於基督教禁止向魔鬼獻上可憎的祭物。其實，他們應感謝基督，因祂之故，戰爭才沒有循舊規，毀滅一切。蠻族使不少逃難者得託庇於基督的聖壇。他們對基督的侍奉者表示敬畏（不論是出於真心或害怕），因此他們才沒有不顧一切，施展戰爭的傳統權利……。

我現在要對心存傲慢，惡意攻擊基督的人說幾句話，尤其是對那些指責婦女貞節遭受羞辱蹂躪的人。他們是世界上最無恥和可笑的。因為羅馬人曾在歷史上迭建功業，備受讚譽，而他們的子孫卻是十足地墮落。事實上，他們已成他們祖先光榮的大敵。羅馬由先祖創建，辛勤經營，而趨於壯大。可是他們的子孫，卻使得羅馬在未陷落前，比陷落後更為醜惡。在羅馬的殘墟之中，我們看見滿地坍塌的石、木；可是羅馬人的生活中，我們看見的不是物質的坍塌，而是道德和精神尊嚴的淪喪。他們心中燃燒的奢慾，比焚毀他們家園的大火更為致命可怕。

古代羅馬人從真神獲得道德品質和擴大的帝國，雖然他們並不敬拜真神。

現在讓我們看看，真神以什麼樣的道德品質和為什麼要幫助羅馬人擴大他們的帝國。事實上，世上的王國全在真神的權柄之下。為了將這個問題談得更徹底，在前卷中我已說明，羅馬人相信他們是得到他們以各種犧牲祭拜的諸神的護佑一事，是完全錯誤的。本卷至此，我也已指出，歸於「命運」的說法也應放棄……根據歷史家的指證，最早的羅馬人和其他民族（希伯來人例外）一樣，敬拜假神。他們不向真神，而向魔鬼獻上祭禮。他們「渴望讚美，出手大方，追求高名大利」。他們全心追求光榮。他們為光榮而生，

不惜為此而死……渴望讚美和追求光榮激起羅馬人的野心。在早期，因為愛自由而成就非凡，後來卻是出於對讚美、光榮的渴望。……

對這時的羅馬人而言，或勇敢戰死沙場，或生活於自由之中乃為首要之事。可是贏得自由以後，自由不再令他們滿足。他們為追求光榮的熱望所綑綁。他們期望為世之主，控制一切。同一位詩人，藉丘比特之口，說出羅馬人的心聲：讓不留情的朱娜 (Juno) 為大地和海天之間充滿畏懼在我的同意下，穿袍的民族，大地的主人可使朱娜回心轉意這是我的心願：願世世代代艾尼阿斯的子孫將裴西亞 (Phthia)、著名的麥錫尼 (Mycenae) 當然還有阿茍斯 (Argos)，全置於奴隸的枷鎖下。這一天將會到來，凡被征服的都將感受羅馬主人的威權……我微引這些詩句，是要說明自贏得自由以後，羅馬人將征服控制世界視為最大的光榮。因此，這位詩人讚揚羅馬人統治、控制、征服其他國家的藝術，遠在其他民族之上……當羅馬人越嫻熟於這樣的藝術，越因壓榨不幸的被征服者，揮霍於低賤的戲子，貪求財富的奢心（這是道德的敗壞者），放縱自己於逸樂，使身心俱趨於軟弱。（邢義田編譯，《古羅馬的榮光——羅馬史資料選譯》第二冊，717–719。）

放開聖奧古斯丁的神學不說，他認為羅馬人放棄了當初淳樸的理想，在征服世界和奢華的享樂之中趨於墮落，走向衰亡是必然的途徑，這說法不能說沒有一些洞見。

第十八章
結　語

　　在人類漫長的歷史上，有史時代不過是最近，也最短的一段。但所
有關於人的活動、思想和作為的材料，也大都集中在這一小段時間之中。
如果人對於人這種動物的生命歷程有興趣，不論是為了什麼原因，都必
須設法由這段時間中人所遺留的材料去探索。人不斷的發現自己有興趣
的事，也就不斷在歷史中尋找相關的訊息。現代世界發展到目前的情況，
人已經有了太多的興趣，也製造了巨量的知識，但由於不是每個人都有
能力或有時間去獲得所有他有興趣獲得的知識，這世界，不論是他生活
的世界，或是過去的世界，總是蘊藏著無窮的祕密，無盡的知識。當人
拿起任何一本書，看見任何一幅畫，他都有機會找到新的祕密，新的知
識，新的感動。但也許他不會，因為他無法理解這本書為何如此寫，這
幅畫為何如此畫。他不了解為何他生活的世界有這許多的衝突和戰爭，
為何人們會為了信仰而彼此殺戮。因為他缺乏一種了解這許多訊息的脈
絡和方法。歷史作品提供的，是一種了解事情的脈絡，雖然不一定是唯
一的脈絡。原因很簡單，因為寫作歷史的人無法有能力或有時間去獲得
所有可能的資料，並且發現所有可能理解資料的辦法，還不用說明白所
有資料之間的關係。他能做的，自然就是在各種限制之下盡其所能地捏
造出一條看來有可能成立的脈絡。他不是在編故事，雖然他所寫的歷史
可能也不能說是那真正曾經發生過的事。但歷史寫作不同於編故事的地
方，在於寫的人必須盡量根據材料說話，並且接受另一個歷史作家的檢
驗。因為歷史寫作的基本信仰是，唯有經過不斷的檢驗，歷史作品才有
可能接近歷史真實。在後現代主義浪潮的衝擊下，許多人，包括歷史學
者，開始懷疑人可以了解歷史真實，因為所有的歷史資料，都是過去的
人的偏見，是為了某種特定目的而留下的。這種心態，用此糾正實證主

義那種無條件對知識的信仰，是相當有價值的。但是它仍然建立在對人的理性的信仰之上，如果沒有理性和邏輯思維，就連決定什麼是過去人的偏見都將變得不可能。

我們當然可以說，過去的一切是不重要的，重要的是未來。這話聽來豪氣十足，但卻相當粗略。什麼是過去？是昨天？是上個月？去年？十年前？百年前？個人的行為和生活無可避免地與他的記憶和意識密切相關。個人的記憶有其經驗範圍和知識範圍的限制。超過其記憶範圍的事，大約就真的與他當下的行為和生活沒有直接關係了。但若沒有這記憶範圍，不論是大是小，其實也就沒有未來。失憶症患者只能活在當下，當人說過去的事不重要時，他已經開始在諸多過去的事中挑選，挑出他以為不重要的事。他在做個人記憶的歷史寫作。只有失憶症患者可以不必做此工作。

一個社會也有其集體記憶，這記憶存在於共同的文化和生活方式之中，當然也藉各種文獻資料而傳遞。集體記憶不等於個人記憶，但兩者之間有交集，也不斷彼此相互影響。一個社會的未來，主要是看社會集體記憶和個人記憶激盪之後產生的方向。因而社會不可，也不會沒有歷史，沒有記憶。所有掌握政權的統治者都很清楚，既然不能沒有歷史記憶，就要塑造一個有利於其統治的歷史記憶，以維持其統治不墜。在本書中，就有不少這類的例子。

本書的目標，簡而言之，是在提供讀者一批有關西洋上古歷史的資料，以及依據這資料而建立的歷史脈絡。讀者在閱讀完導言時，應該已經明白，本書不準備提供任何單一的權威看法，而只是一種閱讀材料的辦法。讀者可以很容易的在其他書籍中找到對同樣資料的不同解讀。為什麼？原因可多了。作者的無知、誤讀、誤解、偏見、陰謀、善意的迴護、惡意的攻訐，等等，都可以造成不同的解讀。但讀者若能有興趣、有能力去發掘這些不同的解讀，那才是本書真正所期待的效果。兩千年前，司馬遷曾經說過，他的寫作，目的在「究天人之際，通古今之變，成一家之言」。這話一向被解讀為一個偉大史家的志向。但仔細想想，除

了失憶症患者，並沒有人能夠不去究天人之際，不去通古今之變，不去成一家之言。差別只是在於，他是否在個人有限的年命中，用心去拓展他所了解的天和人、古和今，以作為他個人生活的指標，他的一家之言。

年 表

兩河流域

烏拜 (Ubaid) 文化期（約西元前 5300–3600 年）

烏爾克 (Uruk) 文化期（約西元前 3600–3100 年）

早期王朝時代 (Early Dynastic Period)（約西元前 3000–2350 年）

阿卡德 (Akkad) 王朝（約西元前 2330–2154 年）

　　　薩爾恭 (Sargon)（約西元前 2300–2279 年）

　　　納蘭辛 (Nar-am-Sin)（約西元前 2254–2218 年）

烏爾第三王朝 (The Third Dynasty of Ur)（約西元前 2112–2095 年）

巴比倫王朝 (Babylonian Dynasty)（約西元前 1792–1595 年）

　　　漢摩拉比 (Hammurabi)（約西元前 1792–1750 年）

　　　沙姆蘇地塔那 (Samsu-Ditana)（約西元前 1626–1595 年）

卡賽王朝 (Kassite Dynasty)（約西元前 1595–1155 年）

亞述王朝 (Assyrian Dynasty)（約西元前 1400–1050 年）

　　　突苦提寧烏塔（Tukulti-Ninurta I，約西元前 1244–1208 年）

　　　提格拉皮列色一世（Tiglathpileser I，約西元前 1115–1077 年）

　　　伊薩哈頓（Esarhaddon，西元前 680–669 年）

新亞述王朝 (Neo-Assyrian Dynasty)（西元前 934–610 年）

　　　亞述那西巴二世（Ashur-nasirpal II，西元前 883–859 年）

　　　沙曼尼色三世（Shalmaneser III，西元前 858–824 年）

　　　亞述巴尼帕（Ashurbanipal，西元前 668–631 年）

新巴比倫王朝 (Neo-Babylonian Dynasty)（西元前 626–539 年）

　　　那波潑拉薩（Nabopolassar，西元前 626–605 年）

　　　尼布甲尼撒二世（Nebuchadrezzar II，西元前 604–562 年）

西　臺

穆西利斯一世（Mursilis I，約西元前 1620–1590 年）

蘇比魯流馬一世（Suppiluliumas I，約西元前 1344–1322 年）

穆西里斯二世（Mursilis II，西元前 1321–1295 年）

埃　及

史前時代：

早期王朝時代

　　第一、二王朝……約西元前 3150–2700 年

舊王國時代：

　　第三至第六王朝……約西元前 2700–2200 年

第一中間期：

　　第七至第十王朝……約西元前 2200–2040 年

中王國時代：

　　第十一至第十二王朝……約西元前 2133–1785 年

第二中間期：

　　第十三至第十七王朝……約西元前 1785–1552 年

西克索時代 (Hyksos)：

　　第十五至第十七王朝……約西元前 1674–1552 年

新王國時代：

　　第十八王朝……約西元前 1552–1295 年

　　　阿曼和泰普三世 (Amenhotep III) 約西元前 1390–1352 年

　　　阿曼和泰普四世 = 易肯阿頓 (Amenhotep IV = Akhenaten) 約西元前
　　　　1352–1338 年

　　　圖坦卡門 (Tutankhamun) 約西元前 1336–1327 年

　　第十九王朝……約西元前 1295–1188 年

　　　納姆西斯二世 (Ramesses II) 約西元前 1279–1212 年

　　　梅涅普塔 (Merneptah) 約西元前 1212–1202 年

　　第二十王朝……約西元前 1188–1069 年

　　　納姆西斯三世～十一世 (Ramessess III–XI)

第三中間期：

第二十一至第二十五王朝⋯⋯西元前 1069–656 年

晚期王朝時代：

第二十六王朝⋯⋯西元前 664–525 年

第二十七王朝（波斯統治）⋯⋯西元前 525–404 年

第二十八至第三十王朝⋯⋯西元前 404–343 年

第三十一王朝（波斯統治）⋯⋯西元前 343–332 年

亞歷山大家族統治（馬其頓王朝）　西元前 332–304 年

托勒密王朝時代　西元前 304–30 年

羅馬統治時代　西元前 30 年～西元 324 年

拜占庭時代　西元 324–644 年

阿拉伯時代　西元 644–

以色列

大衛王 (David)（約西元前 1000–961 年）

所羅門 (Solomon)（西元前 960–922 年）

以色列王國（西元前 921–721 年）

猶大王國（西元前 921–586 年）

波　斯

阿基曼尼王朝 (Achaemenid dynasty)（西元前 550–330 年）

居魯士二世 (Cyrus II，西元前 559–529 年)

甘比西斯二世 (Cambyses II，西元前 529–522 年)

大流士一世 (Darius I，西元前 522–486 年)

阿塔澤克西斯一世 (Artaxerxes I，西元前 464–424 年)

大流士三世 (Darius III，西元前 336–330 年)

希　臘

邁諾安文明 (Minoan Civilization)（約西元前 1900–1420 年）

麥錫尼文明 (Mycenaean Civilization)（約西元前 1600–1100 年）

皮西斯特拉特斯 (Pisistratus)（西元前 545–527 年）獨裁政治

克來斯坦尼斯 (Cleisthenes)（西元前 508–? 年）政治改革

馬拉松之役 (Battle of Marathon)（西元前 490 年）

沙拉密斯之役 (Battle of Salamis)（西元前 480 年）

伯洛奔尼撒戰爭 (Peloponnesian War)（西元前 431–404 年）

亞歷山大 (Alexander)（西元前 336–323 年）

羅　馬

王政時代（西元前 753–509 年）

共和時代（西元前 509–30 年）

　　凱撒 (Caesar)（西元前 100–44 年）

帝國時代（西元前 27 年～西元 476 年）

　　奧古斯都 (Octavian, Augustus)（西元前 27 年 – 西元 14 年）

　　臺伯里斯 (Tiberius)（西元 14–37 年）

　　卡里古拉 (Caligula)（西元 37–41 年）

　　克勞底斯 (Claudius)（西元 41–54 年）

　　尼祿 (Nero)（西元 54–68 年）

　　韋斯巴西安 (Vespasian)（西元 69–79 年）

　　納瓦 (Nerva)（西元 96–98 年）

　　圖拉珍 (Trajan)（西元 98–117 年）

　　哈緻安 (Hadrian)（西元 117–138 年）

　　安東尼奧 (Antonius)（西元 138–162 年）

　　奧理略 (Marcus Aurelius)（西元 162–180 年）

　　戴克里先 (Diocletian)（西元 284–301 年）

　　君士坦丁 (Constantine the Great)（西元 306–337 年）

　　狄奧多西 (Theodosius)（西元 379–395 年）

參考文獻

中文參考書

于衛青，《波斯帝國》（西安：三秦出版社，2001）

理查・史東曼 (Richard Stoneman)，《亞歷山大大帝》（臺北：麥田出版社，1999）。

布賴特 (John Bright)，《以色列史》（香港：基督教文藝出版社，1996）

吳宇虹，《古代兩河流域楔形文字經典舉要》（黑龍江：黑龍江人民出版社，2006）

希羅多德著，王以鑄譯，《歷史》（臺北：商務，1997）

大衛・肖特 (David Shotter)，《羅馬共和的衰亡》（臺北：麥田出版社）。

邢義田編譯，《古羅馬的榮光——羅馬史資料選譯》二冊（臺北：遠流出版社）

邢義田譯著，《西洋古代史參考資料》㈠（臺北：聯經，1987）。

柏拉圖著，侯健譯，《柏拉圖理想國》（臺北：聯經出版公司，1980）

修昔的底斯 (Thucydides)，黃文龍譯，《伯洛奔尼撒戰爭史》（臺北：權力書局，1992）

國立歷史博物館編，《文明曙光：美索不達米亞》（臺北：國立歷史博物館，2001）

基托 (Humphrey Davy Findley Kitto)，《希臘人》（上海：上海人民出版社，2006）

理查德・詹金斯 (Richard Jenkys) 編，《羅馬的遺產》（上海：上海人民出版社，2002）

博泰羅 (Jean Bottero)，《美索不達米亞：兩河流域的文明曙光》（臺北：時報文化，2003）

普魯塔克 (Plutarch)，吳奚真譯，《希臘羅馬名人傳》（臺北：臺灣中華書局，1963）

蒙森 (Theodor Mommsen)，李稼年譯《羅馬史》（北京：商務印書館，2004）

蒲慕州編譯，《尼羅河畔的文采——古埃及作品選》（臺北：遠流出版社，1993）

蒲慕州，《法老的國度——古埃及文化史》（臺北：麥田出版社，2001；廣西：廣西師範大學出版社，2002）

劉增泉編著，《西洋上古史》（臺北：五南出版社，2002）

劉增泉譯，《歷史從蘇美人開始》（臺北：國立編譯館，1996）

荷馬著，鄧欣揚譯，《伊利亞德》（臺北：遠景出版社，1982）

羅世平、齊東方，《波斯和伊斯蘭美術》（北京：中國人民大學出版社，2004）

羅伯茨 (John Morris Robert)，羅馬與西羅馬帝國（上海：上海人民出版社，2002）

羅斯托夫采夫 (Rostovtsev, Mikhail Ivanovich)，《羅馬帝國社會經濟史》（北京：商務印書館，1985）

西文參考書

Charles R. Beye, *Ancient Greek Literature and Society* (New York: Anchor, 1975)

Biers, William R., *The Archaeology of Greece* (Ithaca: Cornell University Press, 1986)

Black, J. and A. Green, *Gods, Demons and Symbols of Ancient Mesopotamia: An Illustrated Dictionary* (Published by British Museum Press for the Trustees of the British Museum, 1992)

Bloch, Ramond, *Etruscan Art* (Greenwich: New York Graphic Society, 1965)

Boardman, John, *Athenian Red Figure Vases: The Classical Period* (London: Thames and Hudson, 1989)

Boardman, John, *Greek Art* (London: Thames and Hudson, 1964)

Bottero, J., *Mesopotamia: Writing, Reasoning, and the Gods* (Chicago: The Univ. of Chicago Press)

Bowra, C. M., *Classical Greece* (New York: Time, Inc., 1965)

Breasted, J. H., *Ancient Records of Egypt*, vol. 1 (Chicago: University of Chicago Press, 1906)

Donadoni, S. et al., *Egypt from Myth to Egyptology* (Milan: Fabbri, 1990)

Foster, Benjamin R., *Before the Muses: An Anthology of Akkadian Literature*, vol. 1. (Bethesda: CDL Press, 1996)

Frankfort, H., *Ancient Egyptian Religion* (New York: Harper, 1948).

Grant, Michael, *The Fall of the Roman Empire* (London: Phoenix, 1990)

Grene, David and Richmond Lattimore eds., *The Complete Greek Tragedies* (Chicago: University of Chicago Press, 1960)

Hadas, Moses, *Imperial Rome* (New York: Time, Inc., 1965)

Herodotus, *The Histories* (tr. A. de Sélincourt) (Penguin Classics, 1972)

Higgins, Reynold, *Minoan and Mycenaean Art* (New York: Praeger, 1967)

Hodgson, Marshall G. S. ed., *Rethinking World History: Essays on Europe, Islam, and World History* (Cambridge: Cambridge University Press, 1993).

Hoerth, Alfred and John McRay, *Bible Archaeology* (Grand Rapids: Baker Books, 2005)

James, T. G. H., *An Introduction to Ancient Egypt* (New York: Harper and Rowe, 1979)

Kähler, Heinz, *The Art of Rome and Her Empire* (New York: Crown Publishers, 1963)

Kemp, B. J., *Ancient Egypt: Anatomy of a Civilization* (London: Routledge, 1991)

Kramer, Samuel N., *Cradle of Civilization* (New York: Time-Life Books, 1967)

Kramer, Samuel N., *The Sumerians* (Chicago: University of Chicago Press, 1963)

Levi, Peter, *Atlas of the Greek World* (New York: Facts on File, Inc., 1987)

Lichtheim, M., *Ancient Egyptian Literature*, 3 vols. (Berkeley: University of California Press, 1976–1980)

Lloyd, Seton, *The Art of the Ancient Near East* (London: Thames and Hudson, 1961)

Mallowan, M. E. L., *Early Mesopotamia and Iran* (N.Y.: McGraw-Hill Book Co., 1965)

Marzahn, Joachim, *The Ishtar Gate* (Mainz: Philipp von Zabern, 1994)

Mattingly, Harold, *Roman Imperial Civilisation* (New York: Norton, 1971)

Mekhitarian, A., *Egyptian Painting* (New York: Rizzoli International, 1978)

Mieroop, Marc van De, *The Ancient Mesopotamian City* (Clarendon Press Oxford, 1997)

Moran, William L., *The Amarna Letters* (Baltimore: The Johns Hopkins University Press, 1992)

Nemet-Nejat, Karen R., *Daily Life in Ancient Mesopotamia* (Nestport: Greenwood Press, 1998)

Oates, J., *Babylon* (N.Y.: Thames & Hudson, 1986)

Oppenheim, A. L., *Letters from Mesopotamia* (Chicago: University of Chicago Press, 1967)

Oppenheim, A. Leo, *Ancient Mesopotamia: Portrait of a Dead Civilization* (Chicago: University of Chicago Press, 1964)

Plant, I. M. ed., *Women Writers of Ancient Greece and Rome* (University of OKlahoma

Press, 2004)

Pomeroy, S. B. et al., *Ancient Greece, a Political, Social and Cultural History* (Oxford: Oxford University Press, 1999)

Poo, Mu-chou, *Enemies of Civilization: Attitudes toward Foreigners in Ancient Mesopotamia, Egypt and China* (Albany: New York State University Press, 2005).

Postgate, J. N., *Early Mesopotamia: Society and Economy at the Dawn of History* (London and New York: Poutledge, 1992)

Pritchard, James B., *Ancient Near Eastern Texts Related to the Old Testament* (Princeton: Princeton University Press, 1965)

Richter, Gisela M. A., *A Handbook of Greek Art* (London: Phaidon, 1965)

Saggs, H. W. F., *The Greatness that was Babylon* (New York: Hawthorn Books, Inc., 1962)

Saleh, M. and H. Sourouzian, *Die Hauptwerke im Aegyptischen Museum Kairo* (Mainz: Philipp von Zabern, 1986)

Sasson, J., *Civilizations of the Ancient Near East*, 4 vols. (New York: Scribner, 1995)

Schoder, R. V., *La Grece Antique Vue du Ciel* (Editions Seghers, 1975)

Seaford, Richard, *Pompeii* (New York: Thames & Hudson, 1978)

Shafer, B. E. ed., *Religion in Ancient Egypt: Gods, Myths, and Personal Practice* (Cornell Univ. Press, 1991)

Shaw, I. ed., *The Oxford History of Ancient Egypt* (Oxford: Oxford University Press, 2000)

Waddell, W. G., *Manetho* (Cambridge: Harvard University Press, 1997)

Wiesehöfer, Josef, *Ancient Persia* (London and New York: I. B. Tauris, 2001)

圖片出處

圖 2–1　兩河流域圖　轉引自國立歷史博物館編，《文明曙光：美索不達米亞》（臺北：國立歷史博物館，2001），頁 16，少量修正。

圖 2–2　早期泥塑人像　轉引自 J. Black and A. Green, *Gods, Demons and Symbols of Ancient Mesopotamia: An Illustrated Dictionary* (Published by British Museum Press for the Trustees of the British Museum, 1992), 81.

圖 2–3　早期的泥板文字　轉引自 M. E. L. Mallowan, *Early Mesopotamia and Iran* (N. Y.: McGrawHill Book Co., 1965), fig. 54.

圖 2–4　早期楔形文字演化表　轉引自 J. Oates, *Babylon* (N. Y.: Thames & Hudson, 1986), 17.

圖 2–5　圓柱印章及印文　轉引自 J. Oates, *Babylon* (N. Y.: Thames & Hudson, 1986), 58.

圖 2–6　祭司坐像　轉引自 M. E. L. Mallowan, *Early Mesopotamia and Iran* (N. Y.: McGrawHill Book Co., 1965), 102.

圖 2–7　青銅像　轉引自 M. E. L. Mallowan, *Early Mesopotamia and Iran* (N. Y.: McGrawHill Book Co., 1965), 74.

圖 2–8　納蘭辛碑　轉引自 J. Oates, *Babylon* (N. Y.: Thames & Hudson, 1986), 40.

圖 2–9　古第亞雕像　作者自攝。

圖 2–10　烏爾城的鑲嵌板　轉引自 Samuel N. Kramer, *Cradle of Civilization* (New York: Time-Life Books, 1967), 41.

圖 2–11　戰俘圖　轉引自 J. Oates, *Babylon* (N. Y.: Thames & Hudson, 1986), 31.

圖 2–12　圓柱印章　轉引自 J. Oates, *Babylon* (N. Y.: Thames & Hudson, 1986), 37.

圖 2–13　蘇美神廟復原圖　作者自攝。

圖 2–14　烏爾城遺址　轉引自 M. E. L. Mallowan, *Early Mesopotamia and Iran* (N. Y.: McGrawHill Book Co., 1965), 112.

圖 2–15　惡魔帕珠珠像　轉引自 J. Black, and A. Green, *Gods, Demons and Symbols of Ancient Mesopotamia: An Illustrated Dictionary* (Published by British

Museum Press for the Trustees of the British Museum, 1992), 148.

圖 3–1　漢摩拉比石碑　轉引自 J. Oates, *Babylon* (N. Y.: Thames & Hudson, 1986), 66.

圖 3–2　仕女頭飾　轉引自 M. E. L. Mallowan, *Early Mesopotamia and Iran* (N. Y.: McGrawHill Book Co., 1965), 97.

圖 4–1　埃及與努比亞　轉引自 T. G. H. James, *An Introduction to Ancient Egypt* (New York: Harper and Rowe, 1979), 16.

圖 4–2　尼羅河沖積平原　作者自攝。

圖 4–3　艾勒方坦　作者自攝。

圖 4–4　納米爾石盤（正面）　作者自攝。

圖 4–5　納米爾石盤（反面）　作者自攝。

圖 4–6　國王與霍魯斯神二位一體　作者自攝。

圖 4–7　馬斯它巴 (Mastaba)（長方形墓）　作者自攝。

圖 4–8　階梯金字塔　作者自攝。

圖 4–9　麥敦金字塔　作者自攝。

圖 4–10　卡夫雷之金字塔　作者自攝。

圖 4–11　第五王朝時代金字塔　作者自攝。

圖 5–1　蒙圖和泰普二世　轉引自 M. Saleh & H. Sourouzian, *Die Hauptwerke im Aegyptischen Museum Kairo* (Mainz: Philipp von Zabern, 1986), 67.

圖 5–2　申無施爾三世像　轉引自 M. Saleh & H. Sourouzian, *Die Hauptwerke im Aegyptischen Museum Kairo* (Mainz: Philipp von Zabern, 1986), 98.

圖 5–3　努比亞士兵　轉引自 M. Saleh & H. Sourouzian, *Die Hauptwerke im Aegyptischen Museum Kairo* (Mainz: Philipp von Zabern, 1986), 72.

圖 5–4　石棺浮雕　轉引自 M. Saleh & H. Sourouzian, *Die Hauptwerke im Aegyptischen Museum Kairo* (Mainz: Philipp von Zabern, 1986), 69a.

圖 5–5　棺木文　轉引自 M. Saleh & H. Sourouzian, *Die Hauptwerke im Aegyptischen Museum Kairo* (Mainz: Philipp von Zabern, 1986), 95.

圖 6–1　墓室壁畫　轉引自 A. Mekhitarian, *Egyptian Painting* (New York: Rizzoli International, 1978), 19.

圖 8–1　埃及壁畫中的巴勒斯坦人　轉引自 Alfred Hoerth & John McRay, *Bible Archaeology* (Grand Rapids: Baker Books, 2005), 105.

圖 8–2　非力士丁人陶器　轉引自 Alfred Hoerth & John McRay, *Bible Archaeology* (Grand Rapids: Baker Books, 2005), 110.

圖 8–3　亞述的征服　轉引自 Alfred Hoerth & John McRay, *Bible Archaeology* (Grand Rapids: Baker Books, 2005), 50.

圖 8–4　攻城圖　轉引自 Alfred Hoerth & John McRay, *Bible Archaeology* (Grand Rapids: Baker Books, 2005), 51.

圖 9–1　波斯帝國　轉引自 S. B. Pomeroy et al., *Ancient Greece: A Political, Social and Cultural History* (Oxford: Oxford University Press, 1999), 183.

圖 9–2　波西波利斯　轉引自 Alfred Hoerth & John McRay, *Bible Archaeology* (Grand Rapids: Baker Books, 2005), 143.

圖 9–3　進貢圖　轉引自 Alfred Hoerth & John McRay, *Bible Archaeology* (Grand Rapids: Baker Books, 2005), 143.

圖 9–4　阿胡拉馬茲達　轉引自羅世平、齊東方，《波斯和伊斯蘭美術》（北京：中國人民大學出版社，2004），頁 48。

圖 10–1　希臘及地中海　轉引自 William R. Biers, *The Archaeology of Greece* (Ithaca: Cornell University Press, 1986), 95.

圖 10–2　挪索斯宮殿重建想像圖　轉引自 William R. Biers, *The Archaeology of Greece* (Ithaca: Cornell University Press, 1975), 70.

圖 10–3　挪索斯宮殿遺址　轉引自 William R. Biers, *The Archaeology of Greece* (Ithaca: Cornell University Press, 1975), 71.

圖 10–4　邁諾安金飾　轉引自 Reynold Higgins, *Minoan and Mycenaean Art* (New York: Praeger, 1967), 45.

圖 10–5　邁諾安壁畫　轉引自 William R. Biers, *The Archaeology of Greece* (Ithaca: Cornell University Press, 1975), 97.

圖 10–6　邁諾安壁畫　轉引自 Reynold Higgins, *Minoan and Mycenaean Art* (New York: Praeger, 1967), 100.

圖 10–7　女神　轉引自 Reynold Higgins, *Minoan and Mycenaean Art* (New York:

Praeger, 1967), 16.

圖 10–8　線型文字　轉引自 Peter Levi, *Atlas of the Greek World* (New York: Facts on File Inc., 1987), 31.

圖 10–9　麥錫尼的石室　轉引自 William R. Biers, The Archaeology of Greece (Ithaca: Cornell University Press, 1975), 74.

圖 10–10　麥錫尼壁畫　轉引自 Reynold Higgins, *Minoan and Mycenaean Art* (New York: Praeger, 1967), 101.

圖 10–11　原初幾何型陶器　轉引自 Gisela M. A. Richter, *A Handbook of Greek Art* (London: Phaidon, 1965), 280.

圖 10–12　幾何型陶器　轉引自 Gisela M. A. Richter, *A Handbook of Greek Art* (London: Phaidon, 1965), 282.

圖 10–13　早期希臘雕像　作者自攝。

圖 10–14　木馬之計　轉引自 Gisela M. A. Richter, *A Handbook of Greek Art* (London: Phaidon, 1965), 304.

圖 11–1　希臘神廟　作者自攝。

圖 11–2　雅典衛城 Acropolis　作者自攝。

圖 11–3　波斯宮廷　轉引自 C. M. Bowra, *Classical Greece* (New York: Time Inc., 1965), 68.

圖 11–4　交易圖　轉引自 Gisela M. A. Richter, *A Handbook of Greek Art* (London: Phaidon, 1965), 297.

圖 12–1　英雄奕棋　轉引自 Gisela M. A. Richter, *A Handbook of Greek Art* (London: Phaidon, 1965), 322.

圖 12–2　阿奇力士之死　轉引自 John Boardman, *Athenian Red Figure Vases: The Classical Period* (London: Thames and Hudson, 1989), 20.

圖 12–3　戴奧尼索斯　轉引自 Gisela M. A. Richter, *A Handbook of Greek Art* (London: Phaidon, 1965), 322.

圖 12–4　德爾菲　R. V. Schoder, *La Grece Antique Vue du Ciel* (Editions Seghers, 1975), 49.

圖 12–5　謬斯女神　轉引自 John Boardman, *Greek Art* (London: Thames and

Hudson, 1964), 189.

圖 12-6　莎弗　轉引自 Peter Levi, *Atlas of the Greek World* (New York: Facts on File Inc., 1987), 107.

圖 12-7　戲劇演員面具　轉引自 C. M. Bowra, *Classical Greece* (New York: Time Inc., 1965), 151.

圖 12-8　大理石人像　轉引自 Gisela M. A. Richter, *A Handbook of Greek Art* (London: Phaidon, 1965), 88.

圖 12-9　銅像　轉引自 John Boardman, *Greek Art* (London: Thames and Hudson, 1964), 147.

圖 12-10　希臘風格繪畫　轉引自 Richard Seaford, *Pompeii* (New York: Thames & Hudson, 1978), 68.

圖 12-11　希臘風格繪畫　轉引自 Gisela M. A. Richter, *A Handbook of Greek Art* (London: Phaidon, 1965), 271.

圖 12-12　織布的婦女　轉引自 C. M. Bowra, *Classical Greece* (New York: Time Inc., 1965), 86.

圖 12-13　瓶畫　轉引自 C. M. Bowra, *Classical Greece* (New York: Time Inc., 1965), 87.

圖 13-1　亞歷山大像　轉引自 C. M. Bowra, *Classical Greece* (New York: Time Inc., 1965), 156.

圖 13-2　艾斯那神廟　作者自攝。

圖 13-3　羅塞塔石碑　轉引自 S. Donadoni et al., *Egypt from Myth to Egyptology* (Milan: Fabbri, 1990), 111.

圖 13-4　小泥塑像　作者自攝。

圖 13-5　米洛斯的阿弗若黛提　轉引自 C. M. Bowra, *Classical Greece* (New York: Time Inc., 1965), 136.

圖 14-1　伊特拉士坎壁畫　轉引自 Ramond Bloch, *Etruscan Art* (Greenwich: New York Graphic Society, 1965), 85.

圖 14-2　羅馬的創造者　作者自攝。

圖 14-3　凱撒　轉引自 Moses Hadas, *Imperial Rome* (New York: Time Inc., 1965),

34.

圖 14-4　羅馬帝國　轉引自 Harold Mattingly, *Roman Imperial Civilisation* (New York: Norton, 1971), 24.

圖 15-1　圖拉珍紀功柱　轉引自 Heinz Kähler, *The Art of Rome and Her Empire* (New York: Crown Publishers, 1963), 129.

圖 15-2　海外貿易　作者自攝。

圖 15-3　龐貝街道　作者自攝。

圖 15-4　羅馬時代的商店　轉引自 Moses Hadas, *Imperial Rome* (New York: Time Inc., 1965), 131.

圖 15-5　羅馬浴室遺址　作者自攝。

圖 15-6　競技場　作者自攝。

圖 15-7　競技場地下結構　作者自攝。

圖 15-8　賽車場　轉引自 Moses Hadas, *Imperial Rome* (New York: Time Inc., 1965), 54.

圖 15-9　格鬥士　轉引自 Moses Hadas, *Imperial Rome* (New York: Time Inc., 1965), 50.

圖 15-10　羅馬城牆　作者自攝。

圖 15-11　四個皇帝　轉引自 Moses Hadas, *Imperial Rome* (New York: Time Inc., 1965), 140.

圖 16-1　宗教祭典　轉引自 Heinz Kähler, *The Art of Rome and Her Empire* (New York: Crown Publishers, 1963), 83.

圖 16-2　羅馬貴族的家庭聚會　轉引自 Moses Hadas, *Imperial Rome* (New York: Time Inc., 1965), 134.

圖 16-3　一對青年夫妻　轉引自 Moses Hadas, *Imperial Rome* (New York: Time Inc., 1965), 78.

圖 16-4　奧古斯都頭像　轉引自 Heinz Kähler, *The Art of Rome and Her Empire* (New York: Crown Publishers, 1963), 37.

圖 16-5　羅馬城中心　作者自攝。

圖 16-6　羅馬時代引水道　轉引自 Heinz Kähler, *The Art of Rome and Her Empire*

(New York: Crown Publishers, 1963), 57.

圖 16–7　羅馬劇場　轉引自 Alfred Hoerth & John McRay, *Bible Archaeology* (Grand Rapids: Baker Books, 2005), 227.

圖 16–8　起重機　轉引自 Moses Hadas, *Imperial Rome* (New York: Time Inc., 1965), 155.

圖 17–1　北非羅馬殖民地　轉引自 Moses Hadas, *Imperial Rome* (New York: Time Inc., 1965), 28.

圖 17–2　農民與牛　轉引自 Moses Hadas, *Imperial Rome* (New York: Time Inc., 1965), 148.

圖 17–3　繳交稅金　轉引自 Moses Hadas, *Imperial Rome* (New York: Time Inc., 1965), 147.

圖 17–4　羅馬式的耶穌　轉引自 Moses Hadas, *Imperial Rome* (New York: Time Inc., 1965), 167.

圖 17–5　君士坦丁像　轉引自 Heinz Kähler, *The Art of Rome and Her Empire* (New York: Crown Publishers, 1963), 210.

圖 17–6　耶穌殉難圖　轉引自 Moses Hadas, *Imperial Rome* (New York: Time Inc., 1965), 168.

古代文明的開展——文化絕對價值的尋求　王世宗／著

現代世界的種種樣貌，根源於歷史演變的陳跡，從古代文明的開展，吾人可以從中理出當下發生事物的前因後果。現代人的物質享受日益豐富，而精神生活卻倍感空虛。因此，透過對以往人事的考察，使你我省思現代文明的得失利弊，是本書最大的關懷。

世界通史（增訂二版）　王曾才／著

本書作者以科際整合的手法及宏觀的史學視野，用流暢可讀的文字，以深入淺出的方式，敘述並分析自遠古以迄近代的世界歷史發展。內容包括史前文化、埃及和兩河流域的創獲、希臘羅馬的輝煌，以及經過中古時期以後，向外擴張並打通東西航路，其後歐洲及西方歷經自我轉型而累積更大的動能，同時亞非和其他地域歷經漸變，到後來在西方衝擊下發生劇變的過程。最後整個地球終於形成「一個世界」。本書不僅可做大學教科書，亦適合社會人士閱讀。

西洋上古史　吳圳義／著

西洋上古史，從時間來說，上自尚無文字記載的史前時期，下至西羅馬帝國滅亡的第五世紀；從空間來說，則涵蓋歐、亞、非三大洲。本書在時空的界定大致依循傳統的說法；在內容的探討上，則分別從政治、軍事、經濟、社會、文化、宗教等方面，來瞭解埃及人、兩河流域（西亞）各民族，希臘人和羅馬人在人類歷史舞台上所扮演的角色，及其對人類文化的貢獻。本書分本十三章，每章之後皆附有參考書目。本文之後有附錄《基督教的創立與發展》一篇，另外還附有專有名詞中西文索引。